贵州省教育厅本科教学工程"思政专业应用型人才培养的改革与实验研究——以《社会实践》课程建设为操作平台"（项目编号：GZSJG10977201503）改革成果。同时，获得2021年度贵州省哲学社会科学"十大创新团队"项目（编号：0057）、校级重点学科《马克思主义理论》（项目编号：LPSSYZDXK201702）、教学团队"思想政治教育专业"（项目编号：LPSSYjxtd201803）基金资助。

新文科应用型人才培养的理论与实践

张绪清　著

吉林大学出版社

·长春·

图书在版编目（CIP）数据

新文科应用型人才培养的理论与实践 ／ 张绪清著.—
长春 ： 吉林大学出版社，2021.11
ISBN 978-7-5692-9425-5

Ⅰ．①新… Ⅱ．①张… Ⅲ．①高等学校－文科（教育）－
人才培养－研究－中国 Ⅳ．① G649.2

中国版本图书馆 CIP 数据核字 (2021) 第 225072 号

书　　名：新文科应用型人才培养的理论与实践
XINWENKE YINGYONGXING RENCAI PEIYANG DE LILUN YU SHIJIAN

作　　者：张绪清　著
策划编辑：邵宇彤
责任编辑：李婷婷
责任校对：付晶淼
装帧设计：优盛文化
出版发行：吉林大学出版社
社　　址：长春市人民大街 4059 号
邮政编码：130021
发行电话：0431-89580028/29/21
网　　址：http://www.jlup.com.cn
电子邮箱：jldxcbs@sina.com
印　　刷：定州启航印刷有限公司
成品尺寸：170mm×240mm　　16 开
印　　张：15
字　　数：265 千字
版　　次：2021 年 11 月第 1 版
印　　次：2021 年 11 月第 1 次
书　　号：ISBN 978-7-5692-9425-5
定　　价：78.00 元

序　言

"国运兴衰，系于教育"。在中华民族伟大复兴历史进程中，加快教育大国向教育强国转变，助推人力资源大国向人才资源强国迈进，促进制造大国向"智造强国"转型，强化应用型人才培养满足经济社会转型发展中对人才素质的需求迫在眉睫。党的十九大报告明确提出："建设教育强国是中华民族伟大复兴的基础工程，必须把教育事业放在优先位置。"强化实践教学的育人功能与价值效用发挥，突出应用型人才培养中实践教学的重要性、关键性，以及战略性地位亦不言而喻。

如果说理论教学注重以"问题导向"和逻辑牵引为出发点开展，那么实践教学则以"过程导向"和任务驱动为目的而展开。实践教学作为实践育人的手段方法的前置条件，构建实践教学体系通常以教学目标为坐标原点，以价值约束为前提条件，在行动、程序与情景三维坐标中，构成一个相对稳定、立体架构的教学体系。强化实践教学环节的科学设计，以教学规范性推进实践教学开展的科学性、合理性，尤其是遵循课程设置的内在逻辑关系，以及前置后续关系，最终实现实践教学育人中的实践逻辑、价值逻辑、过程逻辑和历史逻辑有机统一。事实上，在实践中形成地方性知识系统化表达，将实践成果进一步理论化、系统化。也就是说，"实践性知识"借助于"行动"方式表达和积极交流。加强实践教学的实践性，是提高本科教学质量和教育水平的必然选择，也是应用型人才培养的战略举措和重要抓手。

当今世界，正处于"百年未有之大变局"，无论各国还是各地区经济社会发展的核心竞争力均聚焦于教育。高等教育由精英化向大众化、区域化向国际化、"数量型"向"质量型"的三大转型，已成为高教转型发展的时代方位与基本路向。强化理论教学的概念掌握与实践教学的"行动"有序开展，通过理论与实践的交互作用与逻辑转化，将有效地科学促进应用型人才培养与培养质量提升。大学的人才培养与知识生产，正在由过去以学科为基础的知识生产"学科中心"转向以问题导向为基础的知识生产"问题中心"，再向以运用转化为重要目的的"能力中心"转换。

21世纪以来，世界高等教育正掀起一场深刻的变革。尤其是在新文科建设背景下，作为知识象牙塔的大学人才培养与知识生产正在迅速地发生转型与行动转化。从知识演进角度看，高等教育改革发展正从"学科本位"走向"知识整合"。专业知识向自由知识转换，以及向以强化应用为要点的哲理思辨逻辑推演与方法论创新转换。在教学中，正从专业组织形式的专业主义向后专业主义转型；在科学研究方面，正由"专门化"发展向学科"综合性"建设演化，由分散化专业研究走向协同创新综合集成研究。在"专业为王"的时代，大学专业建设发展与价值功效正从传统的"象牙塔"转向社会"瞭望台"，即专业服务转向社会更宽领域、更深层次、更广时空的"服务站"，继而向引领社会发展，响应科技创新，尤其是服务生产力发展的时代"瞭望台"转型。因此，新建地方本科院校依托社会实践教学这一物质载体与实践平台实施应用型人才培养，既是深入贯彻落实教发〔2015〕7号文件关于新升本科普通高校向应用型技术大学转型的顶层设计与文件精神，也是积极响应国家新文科建设工作与改革发展的主动作为与科学应对。

在新文科建设背景下，本书以传统的思想政治教育专业应用型人才培养开展理论与实践研究，依托社会实践教学这一物质载体和实践平台并以此为实践研究对象。本书从社会实践教学的课程设置、教学安排、实践内容、操作方法、目标手段、过程监控、考核评价以及效果检测等方面开展多视角的理论和实践探讨，旨在促进应用型人才培养质量的提升，有效提高文科专业的内涵建设，为实现新文科高质量发展找到一个重要的突破口，同时可为相关专业开展新文科建设提供实践借鉴和样本参考。

六盘水师范学院

目 录

第一章　导　论

第一节　研究背景

新文科建设背景下，实践教学成为高等教育改革发展与应用型人才培养的物质载体与操作平台。强化实践教学既是新建本科院校应用型人才培养的基本立足点，也是建设区域性高水平应用型大学的一种教学形式与重要抓手。对于应用型人才培养，尤其是在深入观察经济社会问题，洞悉发展趋向，培养实践能力、独立思考研判水平、团队协作精神、创新创业意识、以及检验理论学习成效等方面具有重要的检视效用。

一直以来，国家十分重视实践教学的顶层设计，通过强化实践教学进行应用型人才培养。为进一步贯彻落实《中共中央、国务院关于深化教育改革，全面推进素质教育的决定》指出的"高等教育要重视培养大学生的创新能力、实践能力和创业精神"，教育部下发的《关于进一步加强高等学校本科教学工作的若干意见》第十条提出要"大力加强实践教学，切实提高大学生的实践能力"。《国家中长期教育改革和发展规划纲要（2010—2020年）》（简称"规划纲要"）第十九条提出"加强实验室、校内外实习基地、课程教材等基本建设""支持学生参与科学研究，强化实践教学环节"等。2012年4月，教育部发布的《关于全面提高高等教育质量的若干意见》（教高〔2012〕4号）第八条提出"强化实践育人环节"，第九条提出"加强创新创业教育和就业指导服务"等具体要求。此外，教育部、中宣部、财政部等七部门联合下发了《关于进一步加强高校实践育人工作的若干意见》（教思政〔2012〕1号）；2015年，国务院办公厅发布了《关于深化高等学校创新创业教育改革的实施意见》（国办发〔2015〕36号）；2018年，习近平在全国教育大会上指出，要在增强综合素质上下功夫，教育引导学生培养综合能力，培养创新思维。从整体教学的需求与实际的效用关系分析，笔者发现"跨学科理解和实践""专业教学实践""空间结构思维"建构等实践教学是实现实践育人的重要手段。2020年3月20日，中共中央、国务院发布《关于全面加强新时代大中小学劳动教育的意见》。2021年6月，以及教育部办公厅下发《关于开展2021年"小我融入大我，青春献给祖国"党史学习教育实践活动的通知》（教思政厅函〔2021〕9号）。这些文件提出强化实践教学的课程设置、教学安排，贯彻和落实社会主义办学方向、办人民满意大学的具体要求，加快创新创业教育和实践教学，促进高校办学质量和办学水平提高。

　　重视实践教学的实践功能与价值效用，强化应用型人才培养，成为众多新升本地方院校，抑或新建地方本科院校转型发展的重要举措与战略抉择。以六盘水师范学院为例，2009 年 3 月，教育部批准该校在专科基础上升格为本科；2015 年，该校通过教育部本科办学合格评估之后，作为贵州省教育厅首批普通本科院校向应用型技术大学转型发展的五所试点院校之一，拟通过强化实践教学进行应用型人才培养，扎根地方努力办人民满意的大学。根据学校的办学定位与功能发挥，"区域大学的希望和出路就在于区域大学自身，在于全方位为所在地区发展服务。区域大学通过社会，履行自己的使命，实现自我价值，赢得办学资源，开拓办学空间，增强办学能力，激发创造活力，从而实现区域社会和区域大学的双赢。"① 高校利用自身资源为学生、家庭、社会提供优质教育服务，努力培养担当民族复兴大任的时代新人。这既是积极响应教育强国战略顶层设计的生动体现，又是主动适应高等教育改革发展的底层实践与担当作为，同时更是积极主动把握高等教育改革发展的新趋势，培养应用型合格人才的"术"与"势"、"术"与"道"的改革逻辑与规律遵循。

一、研究背景

　　当前世界，正处于"百年未有之大变局"。无论各国还是各地区经济社会发展核心竞争力均聚焦于教育。高等教育从其内部正悄然地发生嬗变与演化，也即由精英化向大众化、区域化向国际化、"数量型"向"质量型"三大转型剧烈地转化。同时，转型已成为高教发展的基本路向。杜玉波（2018）指出，党和国家的最新战略部署转化为高等教育强国建设的实际行动，首要的是应该把高等教育放到国内外大背景下来审视、考量和研判，充分认识面临的机遇和挑战，准确把握新时代高等教育所处的历史方位和未来发展走向。② 于新升本地方普通院校而言，如何响应经济全球化、新型工业化、新型城镇化、信息化以及农业现代化发展向应用型技术大学转型，面临既"赶"又"转"的双重甚至是多重压力。新文科建设背景下，本着"为何转""转什么"以及"如何转"的问题，学界、政界亟须从国家、区域、高校等不同维度、改革角度、价值效度进行系统建构与积极回应。

　　首先，直面"为何转"的问题。21 世纪以来，在人工智能、互联网技术为

---

① 徐同文．区域大学的使命 [M]．北京：教育科学出版社，2004．

② 杜玉波．新时代高等教育的历史方位和发展走向 [J]．中国高教研究，2018（12）：1-4．

标志的第四次工业革命浪潮席卷下，世界经济发展与增长方式迅速发生转化。我们可从以下几个维度加以诠释。一是国家发展需要。全球产业结构深度调整，发达国家纷纷提出"再工业化"和"制造业回归"战略。高端制造业由欠发达国家或地区向发达国家或地区回流，这一"逆转移"趋势不断强化。其中，美国"再工业化战略"、德国"工业4.0"、日本"再兴战略"、"中国制造2025"等，客观上迫使高校对人才培养做出调整。二是社会发展需要。以往高校办学定位集中于学术型、管理型，造成其人才培养相对过剩，而应用技能型人才严重不足，导致学校毕业生无法满足经济社会发展的各级各类专门人才需求。岳昌君、周丽萍（2017）研究发现，"2011年，专科毕业生的落实率不仅高出本科生8.0个百分点，并且超出硕士生1.4个百分点。2015年和2017年，专科毕业生的落实率在各个学历层次中稳居第一，分别高达87.4%和88.9%。"[①] 三是高校发展需要。当前，中国高等教育处于结构调整、战略重组和质量提升阶段，高校办学同质化迫切需要对办学定位进行调整，走一条差异化、特色化之路。纵观欧美发达国家教育发展史，学术型高校与应用型高校占比为2∶8。同期，中国学术型和应用型高校占比则为6∶4，明显体现出结构不合理。四是就业发展需要。一方面，高校扩招造成就业压力加大，办学定位模糊加剧人才培养同质化，导致毕业生就业难和难就业。另一方面，由于科技创新和生产力进步，产业结构调整和转型升级，企业找不到合适的产业工人，技工荒问题在东部沿海城市较为突出。总体上看，人才市场供需失衡矛盾突出，短期内难以有效扭转。

其次，直面"转什么"的问题。新建地方本科院校围绕区域性、高水平、应用型技术大学转型发展，可从办学定位、专业设置、课程安排、教学内容、教育理念、教学模式、考核方式等主动作为。例如，师范院校紧紧围绕主动适应基础教育发展和行业产业发展，依托师资力量努力为中小学培养合格的教师；紧密服务地方基础教育和经济社会转型发展需要，为基础教育以及相关教育服务领域培养合格的应用型专门人才；为中小学培养合格师资，以师范专业认证为导向，能够实现早上报到下午上岗，帮助学生实现一毕业就上岗，一上岗就能上手，体现出能"做"、会"做"并做好的专业素质与职业能力。因此，高校转型发展涉及以下几个方面：学校定位上，由普通本科高校向应用型技术大学转型；人才培养上，由过去的理论型转向应用型、技术型；课程设置上，由过去"重理论、轻实践"向理论与实践并举，由过去轻视实践教学到重视并强化实践教学环节。

① 岳昌君，周丽萍.中国高校毕业生就业趋势分析：2003—2017年[J].北京大学教育评论，2017,15（4）：87-106.

　　伴随高校改革的不断深化，中国大学发展进入由数量扩展到质量提升阶段。大学既需要适应高等教育改革发展的新形势变化，又需要遵循教育发展的基本规律，实现生态环境的适应性生存。围绕"培养什么样的人、如何培养人、为谁培养人"①的问题，加大教育教学改革力度和步伐，以满足经济社会发展对专门人才的迫切需求，成为高校转型发展不可回避的重大议题和实践难题。因此，高校人才培养的质量和效率越来越受到家庭、学校、个人和社会的密切关注。新文科建设中，杜玉波（2018）提出贯彻全国教育大会精神，开启高等教育强国新征程，需要从"四个战略维度"找准高等教育所处的历史方位，从机遇和挑战把握高等教育新变化，从服务国家需要战略高度明确高教必须朝着"四个更加"的发展方向不懈努力。②

　　最后，回答"如何转"的问题。早在党的十七大报告中，就已明确提出培养实践能力强、富有创新精神的高素质人才。2007 年，教育部发布了《教育部关于进一步深化本科教学改革全面提高教学质量的若干意见》（教高〔2007〕2号）文件，明确提出要高度重视实践环节，提高学生实践能力。③根据教育部文件精神，高校需要通过积极转变观念、创新思路与时俱进地推动应用型人才培养。至于如何推进普通本科高校向应用型技术大学转型发展，我们需要从以下几个方面积极着手。

　　第一，提高对实践教学在应用型人才培养中的重要性认识，着力培养以实践能力和创新意识为核心的创新性人才。积极推进人才培养模式和培养机制创新，通过采取积极有效、灵活多样、丰富多彩的形式开展实践教学，将教学由课堂搬到饭堂和厨房，引导学生关注民生和自身生存；将课堂由校园搬到田园，让学生关注社会发展和未来走势。第二，多视角把握实践教学的内涵与外延，从而确立实践教学在人才培养中的重要地位和积极作用。将教学实践转化为生活实践、社会实践和人类实践，培养学生的家国情怀和人文关怀。在人才培养中将个人成长成才与家庭、学校、社会、国家、民族，甚至人类命运有机联系起来思考。第三，强化社会实践教学的课程设计和教学安排，以学生的实践能力和创新意识培养为重点，通过增加实践教学的课时比例和实践教学学分权重，

---

① 2016 年 12 月 7 日至 8 日，习近平在全国高校思想政治工作会议上强调，高校思想政治工作关系高校培养什么样的人、如何培养人以及为谁培养人这个根本问题。要坚持把立德树人作为中心环节，把思想政治工作贯穿教育教学全过程，实现全程育人、全方位育人，努力开创我国高等教育事业发展新局面。

② 杜玉波.新时代高等教育的历史方位和发展走向[J].中国高教研究，2018（12）：1-4.

③ 张闻.我国应用型本科教育实践教学研究[D].南昌：南昌大学硕士学位论文，2007.

以实践教学为重要抓手不断提高人才培养质量。第四，以本科教学评估、师范专业认证、工程认证为契机，进一步推进实践教学改革。通过实践教学体系完善、实践教学内容安排、实践教学方法运用、实践教学手段改革，形成实践教学模式，加快应用型人才培养助推高校的转型发展。

新时期，党中央、国务院强调高等教育要全面贯彻落实科学发展观，重在提高人才培养质量。"百年大计，教育为本"，任何国家和地区未来发展的核心竞争力关键在教育，教育肩负着国家发展和民族未来的重要责任和历史使命。高校在实践教学中要积极培养青年学子具有国际眼光、拥有家国情怀，既具备脚踏实地又具有开拓创新精神，以便能够担当民族复兴大任。故此，通过实践教学的开展，努力提升学生的实践能力、适应能力、服务能力和创新能力。同时，高校还需清晰地认识到提高人才培养质量的紧迫感、使命感、责任感以及危机感，通过提高对实践教学重要性的认知，采取强有力的措施扎实推进实践教学，助推应用型人才培养。为便于研究，本书中的实践研究部分主要依托本人在社会实践教学中的探索与思考。

二、机遇与挑战

21 世纪以来，新一轮科技革命和产业变革向更高水平迅速演替，世界进入以创新要素全球流动为特征的开放式创新时代。放眼世界，全球经济社会发展不平衡矛盾加剧，资源环境承载压力与全球气候变暖挑战加剧，科技创新成为重要的变革力量、支撑方式与发展手段，依托实践教学促进应用型人才培养，深化科技创新，以从根本上解决全球性问题，增加人类社会知识、增进人类福祉。国内，经济社会发展不充分不平衡与人民群众对美好生活向往的矛盾，对教育发展提出更高要求。高等教育由精英化向大众化、区域化向国际化、数量化向质量化、单一化向立体化转型，深化教育教学改革已成为世界性高等教育发展的必然选择。新形势下，地方院校如何响应经济全球化、利益多元化以及战略国际化发展，面临既"赶"又"转"的双重甚至多重压力。

高教改革发展要积极响应国家顶层设计，深刻把握《国务院关于进一步促进贵州经济社会又好又快发展的若干意见》（国发〔2012〕2 号）文件精神，《国家中长期教育改革和发展规划纲要（2010—2020 年）》的顶层设计，紧密结合《贵州省中长期教育改革和发展规划纲要（2010—2020 年）》深化改革，从国家、区域、省域等不同层面、空间尺度，从改革力度、实践深度以及价值维度等定位发展，根据学校办学定位和人才培养目标，紧密服务地方经济社会转型发展。

立足六盘水"一中心、一枢纽、三基地、四示范"①，按照"本科标准+行业目标"的原则，科学定位思政专业的人才培养规格、培养方向和培养目标，以及中学思想政治课程的教学需求。正是从该角度讲，未来学校思想政治课教师能力要求更高，承担责任更大，任务更加艰巨。思政专业在尊重基本教学规律基础上，使学生培养达到基本规格与目标要求，充分尊重和促进学生个性发展，使其与社会需求、岗位技能以及职业能力相适应。此外，思政专业的特性赋予了专业建设新的时代使命和任务要求。按照"四有"好老师的要求，学生要努力把自己培养成拥有大气度、大视野、大智慧、大战略和大格局的时代新人。学校通过战略前瞻思考和科学引导，帮助学生成长，使之未来能够成长为治国理政的专家，成为思想家、政治家和教育家。

社会实践教学，是有效检验和防范思想政治教育转型发展中历史虚无主义风险和碎片化风险的关键。孙其昂（2015）认为，思想政治教育断裂潜藏思想政治教育的现代性风险，主要来自历史虚无主义、碎片化、立体方向断裂以及分化中的整合乏力风险。②通过社会实践，直面现实，阻断人为地否定和割裂思想政治工作历史的做法，在思想政治工作领域谨防断章取义，"只知其一，不知其二"，要在整合、统合、协调、协同等发展中实现聚合，而不是横向的离散化，规避碎片化风险。针对社会分化问题，正确引导学生看待整个社会发展中形成相对独立的空间以及层次区隔，正确看待发展中出现的民间社会与国家层面差异问题，在分化中整合乏力需要通过各种机制弥合鸿沟，既是教育现代化遇到的思想政治教育体系秩序化与规范化问题，也是新时代高等教育科学化发展的实践难题。只能顺势而为，不能视而不见。在师范专业认证激励导向作用下，思政专业开展社会实践教学，积极推动面向中小学合格思想政治课教师的培养，强化国家意识形态高势位与学科发展生态位抉择，协同推进国家战略目标的实现。下面，笔者从国家、区域、社会以及高校自身等不同的空间尺度、时间维度以及价值效度加以诠释。

---

① "一中心、一枢纽、三基地、四示范"，具体是指六盘水市是川黔滇桂四省区交界处的经济、文化中心，贵州西部综合交通枢纽、国家战略能源基地、国际标准旅游休闲度假基地、贵州现代服务与新兴产业基地，国家循环经济示范区、长江珠江上游生态示范区、贵州城乡统筹示范区、贵州扶贫开发与民族团结进步示范区。

② 孙其昂.论思想政治教育转型的风险与对策[J].思想理论教育，2015（7）：52-56.

（一）战略机遇

1. 国家层面

"科教兴国"与"人才强国"战略的深入实施，特别是《国家中长期教育改革和发展规划纲要（2010—2020年）》《国务院关于进一步促进贵州经济社会又好又快发展的若干意见》（国发〔2012〕2号）等文件的发布，对贵州发展具有划时代的里程碑意义。它们从国家层面做好顶层设计，对高等教育的科学布局与战略调整，学科发展、专业建设、人才培养等都做了明确定位与战略规划。是2017年1月15日，教育部教师工作司司长王定华在中国教育学会"教师专业发展研究中心"成立大会暨首届全国教师专业发展研讨会上表示，"十三五"期间我国181所师范院校一律不更名、不脱帽。[①] 国家从顶层设计上予以重视，不仅从战略层面予以方向性指导，更从战术上予以保障其顺利推进，进一步聚焦教师培养主业，积极改进教师的培养机制、培养模式和课程设置，并通过师范专业认证为目标导向加强教师教育体系建设。

根据教育部、国家发展改革委、财政部联合发布的《关于引导部分地方普通本科高校向应用型转变的指导意见》（教发〔2015〕7号）文件精神，2010年以后升格的本科院校将按照一定步骤逐渐转型发展为技术应用型大学。依据《教育部关于印发〈普通高等学校师范类专业认证实施办法（暂行）〉的通知》（教师〔2017〕13号）文件精神，按照国家教育事业发展"十三五"规划工作要求，推进教师教育质量保障体系建设，提高人才培养质量，教育部决定自2017年开始开展普通高等学校师范类专业的认证工作。2018年10月，教育部在"四新"建设中明确了新文科建设；2019年4月29日，教育部、中央政法委、科技部、工业和信息化部等13部门在天津联合启动的"六卓越一拔尖"计划2.0，该项目的推进标志着新文科建设初现端倪。2020年11月3日，由教育部新文科建设工作组主办的新文科建设工作会议在山东大学（威海）召开，会上发布了《新文科建设宣言》，对新文科建设做出全面的战略部署。

2. 区域层面

20世纪90年代末期开始，国家为促进区域发展协调和均衡，相继启动和实施了西部大开发、振兴老工业基地等国家战略，以推进全面小康社会建设。"两个一百年"战略和西部大开发战略的深度推进之前，西部地区由经济发展初期物质资源、市场资源稀缺，逐渐演化到物质资源、政策资源、市场资源、科技

---

① 杨利伟. 叫停！这181所师范院校一律不得更名！[J]. 重庆与世界（学术版），2017（7）：13-14.

资源，以及人才资源共同稀缺的程度。历史性矛盾发生共时性承受，对于欠发达的西部地区造成极为不利的影响，在转型发展中不断地积累、汇聚和衍生矛盾和风险。殊不知，西部地区最紧缺的资源主要体现在人才资源上，进而市场资源稀缺影响未来西部地区的可持续发展。从根本上考究，西部贫困落后最大的问题依然是经济社会发展和建设中人才供给不足的问题。须知，任何时候内因是事物变化发展的根本原因，外因起作用一定要在内因基础上才能实现。在国家或区域工业化基本实现后，经济社会持续发展所需的人力资源、智力资源等，必须立足也只能依赖当地现有抑或潜在的各级各类管理实务型人才资源的开发利用来完成。

3. 省域层面

21 世纪以来，在党中央和国家的大力支持和帮扶下，贫困落后的贵州通过改革创新和锐意进取初步"走出一条有别于东部、不同于西部其他省份的发展新路"。特别是 2012 年，《国务院关于进一步促进贵州经济社会又好又快发展的若干意见》（国发〔2012〕2 号），提出加快推进以保障和改善民生为重点的社会建设，大力发展教育、卫生、文化、就业和社会保障等事业。并着重提出新时期应重点支持贵州不断优化高等学校布局和科学调整人才培养结构。对于"欠开发、欠发展"的贵州而言，如何在后发赶超中加速发展、加快转型、推动跨越，也即"两加一推"科学发展。鉴于此，中共贵州省委、贵州省人民政府重点实施工业强省与城镇化带动两大战略，为人才培养提供了行动方向。同期，《贵州省中长期教育改革和发展规划纲要（2010—2020 年）》明确提出大力推进高教事业改革发展，迫切需要高校培养出各级各类应用型人才，尤其是贵州省2013 年实施的"穷省办大教育"战略行动，对未来经济社会发展、贫困落后地区实现后发赶超与弯道超车提供了动力支撑和人才资源。

4. 市域层面

六盘水地处贵州西部，是 20 世纪 60 年代一座因"三线"建设而兴起的工业城市。从地理区位看，六盘水地处川滇黔桂渝五省（市）区接壤地带，是一座区域性的中心城市。作为一座典型的煤炭资源型工业城市，六盘水经过半个世纪大规模煤炭资源开发，不仅加快了区域工业化进程，也为国家工业化发展做出了重要贡献。21 世纪以来，伴随经济全球化和区域一体化发展，在中国经济"三期叠加"新常态发展中，亟须通过产业结构调整和经济转型带动资源型城市转型发展。六盘水师范学院作为六盘水市最高学府，对紧密服务地方经济社会发展和培养应用型人才肩负着重要的使命和艰巨任务。因此，借助于市场优势、资源优势、政策优势等，大力发展山地特色农业、全域旅游、现代金融服务业、现代物流等第三产业既是资源型城市转型升级发展的方向所在，也是工业化后期科学发展的客观需求。因而，城市转型发展迫切需要高校培养适应现代产业发展的服务类、管理类等专门人才。

5. 学校层面

自 2015 年开始，为贯彻落实教育部、国家发展改革委、财政部发布的《关于引导部分地方普通本科高校向应用型转变的指导意见》（教发〔2015〕7 号），加快普通高校转型发展。根据中国高等教育发展的战略规划和顶层设计，结合贵州省的客观实际，省教育厅将贵州工程应用技术学院、黔南民族师范学院、铜仁学院、遵义师范学院和六盘水师范学院作为普通本科高校向应用型高校转型发展的试点学校。经过几年实践，目前六盘水师范学院转型发展取得了显著成效。思想政治教育作为传统的师范专业，通过实践教学开展深化应用型人才培养，为区域中小学培养合格的思政课教师责无旁贷，同样肩负着转型发展重要的艰巨任务和历史使命。伴随项目推进，本书不仅增加了相关研究内容，而且研究对象和研究名称也发生了相应变化。①这既符合教育教学发展的基本规律，也符合项目研究的客观实情。

（二）发展挑战

在高校转型发展视阈下，传统的文科思想政治教育专业（以下简称"思政专业"）应用型人才培养首要任务是划清学科边界、厘清学科属性、定位学科意识。在此基础上，树立科学的学科自觉意识和专业属性定位发展。应该说，思

---

① 著作中有几点需要说明：一是数据来源。2015 年本人主持的贵州省教育厅本科教学工程"思政专业应用型人才培养的改革与实验研究——以《社会实践》课程建设为操作平台"（项目编号：GZSJG10977201503）》项目，经过 3 年多的建设顺利结题。文中数据除需要特别说明和标注外，其余数据主要源自思政专业社会实践教学改革与实验的研究收集，以及后期建设实施、跟踪观察、实验记录等整理而得。二是学校转型发展所需。2015 年，六盘水师范学院迎接教育部本科办学合格评估之后，积极响应教育部、国家发展改革委、财政部《关于引导部分地方普通本科高校向应用型转变的指导意见》（教发〔2015〕7 号）文件要求，向应用型技术大学转型发展。2016 年，六盘水师范学院成为贵州省首批向应用型大学转的试点高校之一。为建设区域性高水平应用型大学的办学定位，本项目依托基层教学部门和教学实践单位的社会实践教学课程设置这一物质载体和实践平台展开理论与实践研究。三是项目实施单位几易其名。伴随学校、学院两级管理改革，强化基层教学组织建设，在此基础上建立学校、学院、专业系三级管理体制。本项目申报之初是 2015 年，当时项目建设单位为六盘水师范学院政治教育与法学系，简称为"政法系"。2017 年实施学校、学院两级管理体制改革，5 月由系更名为学院，全名为六盘水师范学院政治与公共管理学院，亦简称为"政治公管学院"。2019 年 11 月，随着高等教育改革发展进一步强化思想政治理论课建设的需要，国家要求马克思主义学院标准化建设，于是将思政专业根据学科归属为马克思主义理论一级学科，成立马克思主义学院。

政专业内容涵盖服务社会主义主流意识形态的规律，借鉴依托相关学科发展成果的规律，追踪社会热点等规律研究，还要进行学科本质与内涵、学科属性，以及相邻学科边界等问题研究。基于系统性研究的学理审视，思政专业可从理论与实践两方面加以诠释。

从理论属性看：思政专业是一门多科融合、具有交叉边缘特性，又是马克思主义意识形态的一门软科学；另外，更是一门具有中国特色社会主义的思想政治理论学科。学科属性上，归属于人文学科特征较强的社会科学；学科范畴上，当属意识形态较强的马克思主义理论一级学科。从实践属性讲：问题集中在三个方面，即理论来源的实践性、目的指向的实践性、学科特定的应用性。理论来源根植于党和国家的意识形态工作实践，属于国家意识形态高势位建构；学科理论建构的目的指向在于人的政治社会化实践过程和结果的有机整合，实现整体统一；直面实践形态的教育现象和问题，目的在于通过实践有用性积极检验学科建设的基本成效。建设区域性高水平应用型大学，迫切需要增加实践教学的课程设置与教学权重安排，将先进的教学理念与科学的育人机制有机地整合起来，积极将理论转化为现实行动指导具体实践，以推进应用型人才培养。因此，加强实践教学投入与教学安排不仅是实现知识与能力、理论与实践有机结合的途径，更是理论教学的学理延伸与空间拓展。

1. 国家层面

进入 21 世纪，中国大学培养适应产业结构调整和转型升级的应用型人才，成为动能转化与结构转换对人才的新要求。强化应用型人才培养服务国家战略，成为高等教育改革发展的基本大逻辑。在中华民族伟大复兴的过程中，其核心竞争力与内生动力依然还在于学校，根据新时代国家对学校"四有"好老师的要求，塑造无数的大国良师成为国民素质提高的关键。现在看来，高校服务社会功能弱化，大学肩负着重大责任和异常艰巨的历史使命。

2. 区域层面

2008 年以来，中国—东盟教育交流周已成功举办十二届。高层领导的定期会晤机制，以及在战略框架下教育交流活动不断地推进区域教育的国际化进程。当然，每年在贵州举办的中国—东盟教育周活动，已经成为贵州面向东南亚国家和地区教育改革和开放发展国际化路径的生动实践。教育国际化与区域发展一体化的实践操作模式与路径，为教育改革发展提供了发展空间和平台。借助区域合作平台尽快步入正常的发展轨道成为历史性必然趋势。然而，地方院校实践操作层面亟待加强和持续深化。实事求是地讲，国际化视野下培养思政专业人才成为新的挑战。

截至 2018 年底，在贵州省的 21 所本科院校中有 12 所设置思政专业。除贵州民族大学设置的思政专业属于非师范专业以外，其余 11 所院校设置的思政专业都属于师范，专业设置同质化问题尤其明显。不可否认，省内高校在办学师资建设和学生生源方面内部竞争激烈。一方面，高校思政专业面向中小学培养思想政治（品德）专任教师，对口就业时就业渠道狭窄、就业市场狭小，发展空间遭挤压。另一方面，很长时间里，无论是中小学管理者、普通教师，还是管理部门不同程度地存在对中小学思想政治学科教学的认识偏差。在乡村中小学，普遍存在非专业教师承担思想政治课教学的现象，因而教学中存在"只知其一，不知其二"的现象。另外，大量非师范毕业生涌入教师队伍，亟须提升思政课教师的专业理念和教学技能，强化岗位能力训练和提升。

3. 学校层面

学校 2009 年升本，2015 年完成本科办学合格评估。可以说，本科办学经验不足、历史积淀不多，由专科向本科办学转型还有很长的路要走。实践教学是实施素质教育、培养富有实践能力和创新型人才的关键。学校应进一步拓展专业教育的教学空间与实践场所，以人才培养为核心，以社会实践教学为载体，以课程建设为平台，有效推进理论教学与实践教学深度融合。遵循教学规律和人才成长规律，强化实践教学开展是思政专业应用型人才培养的内在要求和战略抉择。因此，实践教学既要兼顾实践教学的战略性、实践性和科学性，更要兼顾实践成果知识产权的保护度、社会分工的深广度以及合作机制的成熟度，切实提高社会实践的教学质量，通过积极振兴本科教育，努力培养具有较强实践能力、运用转化能力以及创新精神的专门人才。

第二节 资料来源与研究方法

一、资料来源

本书数据来源，主要依托项目实施建设组织学生多次深入六盘水市的特区、市、区等开展现场调研，分别在 2015 年 11 月，2016 年 4 月、8 月，2017 年 10 月，2018 年 8 月，2019 年 10 月等不同时段，在盘州市石桥镇鲁番村、乌蒙大草原景区、坪地乡，水城县发耳镇、鸡场镇、米萝镇偢么村、玉舍镇大田村，钟山区大河镇、梅花山景区、钟山区的北部五乡镇；六枝特区大用镇、郎岱镇花脚村、落别乡纳骂村等地开展。同时，学生根据老师教学任务安排，结合实际开展"返家乡"的社会调查、劳动锻炼、志愿服务等活动。鉴于本校学生更多以省内为主，实践所在地不局限于六盘水，几乎覆盖贵州省内 3 个少数民族自治州和贵阳、遵义、安顺、毕节、铜仁等 5 个地级市的户籍所在地，结合"三下乡"积极开展。当然也有少部分学生来自省外，他们的社会实践主要是"返家乡"活动并写出实践报告。

针对经济社会发展中存在的实际问题，老师指导学生选择极具代表性、典型性的矿区、社区、工厂、农村等作为研究对象或者实践样本；以主题性问卷抽样调查为主，以召开座谈会、个别访谈、电话访谈、入户走访等为辅展开；主要探究农村留守儿童教育、农村医疗与养老保障、乡村文化振兴等相关问题。劳动锻炼中，就职业岗位设置、劳动收入与强度、实践技能要求问题开展调研；产业发展中，就农村产业扶贫、特色农业产业发展、市场风险规避等问题开展调研；社会服务层面，主要是就社会服务能力、服务精神和意识培养等问题开展调研。一是带领学生集体深入现代农业园区，经济开发区，龙头企业，农民专业合作社，典型乡镇、乡村开展集中实践，诸如深入盘州市乌蒙大草原开展乡村旅游调研，深入钟山区大河镇开展"三变"改革现场探究现代农业农村发展，深入国家现代农业产业园猕猴桃基地了解建设情况及土地流转的市场风险，深入六枝特区落别乡纳骂村开展脱贫攻坚后续工作安排等；二是集体组织参加志愿服务、劳动锻炼，诸如参加中国凉都·六盘水夏季国际马拉松大赛；三是利用全国大学生"三下乡"暑期社会实践，整合资源开展社会实践教学等。

笔者通过多渠道、多视角收集资料，力求做到全面、客观和公正，并在前人研究基础上，积极整理、挖掘社会实践的教学资源，通过社会实践教学资源整合、挖掘以及开发，进行应用性人才培养；借助文献研究、观察法、田野调查法、定性定量研究、行动研究法等综合运用，形成研究发现和最终结论。本书在文献研究基础上，以思政专业为实施载体，以年级为单位采取规范研究和实证研究相结合推进应用型人才培养。上述资料，有的是随机调查实地走访获得，有的是深入跟踪观察发现，有的是项目组成员调研中所获，更多的是资料的收集和整理所得。所有这些宝贵资料，不仅可以弥补传统定性定量研究的不足，还可以对实践研究提供样本支持。

二、研究方法

本书针对新文科背景下社会实践教学促进应用型人才培养开展的问题研究，主要采用文献研究、定性与定量研究、实证与规范研究，以及行动研究法等的综合集成运用。笔者在社会实践教学、教学效果以及教学反思基础上，通过仔细观察和认真分析社会实践教学在应用型人才培养中的价值作用和功能地位，尤其是根据实践教学中存在的问题及原因展开分析，深入解构社会实践教学的问题密码，旨在找到一条始终坚持"以学生为本"的科学路径，为其提供研究借鉴与实践参考。

文献研究法，主要通过国内外相关新文科、实践教学、应用型人才等概念的特征、功能等研究，为社会实践教学开展提供理论支撑，为应用型人才培养和实践教学开展构建理论大厦。田野调查法，主要是深入农村、社区以及工厂等开展实地调查，并对相关高校和部门进行资料收集。跟踪观察法，以年级为单位进行跟踪观察，就实验前后各种表现进行比较研究。通过暑期开展社会实践教学，观察学生的学习状态、思维方式、生活态度、思想表现等，从科研申报立项、英语和计算机等级考试、研究生报考等方面进行比较，并形成方法论运用。定性定量研究法，关于实践教学开展的特征、状况以及成效等，主要通过数据表现出来。通过开展实践教学，树立实践育人理念，巩固专业思想，提升学习效率，更新学习方法和转变学习态度。根据研究需要，运用多种研究方法开展集成研究。目的在于深化实践教学的本质、内涵、价值和意义研究，提高研究质量和研究水平，促进应用型人才培养。

（一）文献研究法

笔者通过文献深入探究新文科的理论源流、时代背景以及学科前沿等相关问题。在学理层面，主要从新文科的内涵与外延，定义、特征及定位，新文科建设、应用型人才培养，新建地方本科院校、社会实践教学、实践性教学环节、实践教学的理论基础与方法论，实践教学模式，实践教学研究方法，实践教学环节等方面开展研究。对新文科应用型人才培养，形成一个清晰的客观认识，以帮助学生在了解社会实践教学的理论与方法基础上，为新文科建设应用型人才培养提供理论与实践支撑。

当下中国，实践教学不仅要从既有理论与前人实践中总结经验教训，更要从创新思维、转变观念，积极响应经济社会发展，尤其是社会和工作岗位对人才的素质要求方面，强化应用型人才培养。通过创新实践，培养适应经济社会发展和满足基础教育要求的合格师资，助推地方高校建设区域性高水平应用型大学，实现高质量发展提供理论支撑与实践依据。特别是新时代，学校教育高质量发展对思政课教师的综合素质提出了更高要求。客观上，高昂的试错成本使得高校传统文科专业再也不能按照此前粗放型的发展方式与培养模式进行人才培养。因此，无论是课程设置还是教学安排均需要做出理性抉择，通过增加实践教学环节，强化学生的实践能力培养，以适应新文科发展。针对新文科建设中的应用型人才培养问题，可借助学界建构主义、新的知识观、教育目的观，自适应学习等相关理论，通过实践教学、社会实践教学的实践性和目的性开展探究。

（二）田野调查法

本着"没有调查，就没有发言权"的务实态度与科学的求真精神，遵循科学研究的科学性、真实性、客观性，按照原则性和灵活性、理论性与实践性相结合的原则开展实践教学。田野调查法坚持问题导向，以强烈的"问题意识"，引导学生带着问题深入基层一线，以理性和科学直面社会现实问题，并与指导老师时刻保持联系协商解决。

带着问题，以求真精神积极思考社会实践中遇到的具体问题，并以科学精神积极求证求真，在实践中将发现的问题努力运用所学知识加以分析、阐释，着力加以解决。根据教学任务安排，开展方式可以分成3种形式：一是以集体的名义全班同学参加。在老师带领下，全班同学利用17～18周，集中深入实践现场开展主题性社会实践活动。二是以小组的名义组成团队参加。要求学生根据所调查的对象、问题，抑或是同一地方组成一个团队，自行前往实践目的地开展社会实践活动。三是以个人的名义单独开展。在保证人身财产安全前提下，学生根据指导教师安排，并与指导教师商讨社会实践的内容和主题。学生在实践中遇到的问题随时向指导教师反馈。根据教学任务安排，指导老师不仅要对学生的实践内容和实践方法，以及实践报告具体指导，还要做好过程性的指导记录；同时，指导老师要对学生实践中的问题记录下来。在此基础上，所有学生要积极发挥主观能动性，对各自所关注的问题在不同的时间维度、空间尺度、价值效度以及实践力度等开展深入思考。因此，著作中所用资料主要来源于社会实践教学与跟踪观察所获得的第一手资料。

（三）比较研究法

立足思政专业社会实践教学的实情，笔者采用比较研究法深入展开剖析。既有对不同年级、不同实践类型、不同实践效果开展的纵向对比分析，也有对同一班级、同一实践类型、同一专业内部的横向关联比较。从数据上看，一部分来源于实地调研和日常观察的数据记录；另一部分采用实践运行过程和结果数据反馈，尤其是通过具体年级的数据比较分析，得到实践教学效果并用以开展实践教学的效果测度检验。

通过纵向、横向对比，对实践育人有一个深刻和比较全面的清晰认识。运用相关数据对思政专业人才培养进行纵向与横向比较，尤其是全国大学生英语考试、全国计算机考试以及普通话等级考试等，教师资格证通过率等情况本身就是一个有效的检验方式和量化指标。可依托大学生就业和升学率，从专业对口就业率、研究生入学考试通过率以及研究生成绩上线和录取率，有效检验实践教学效果。当然，还可依托大学生科研项目申报立项、大学生创新创业类项目申报及立项、全国大学生"互联网＋"创新创业大赛、思想政治学科教学技能大赛等，用以检验实践育人的功能和目标达成情况。另外，社会实践成果还可以为大学生毕业论文选题、大学生优秀社会实践成果评选、大学生挑战杯，以及大学生课外学术活动竞赛等提供选题来源和素材。通过定量研究反映社会实践教学开展情况，比较研究法通常被用于对实践教学开展前后学生的个体性变化、成长抑或整体性提升和变化发展进行比较。关于比较，既对同一个班级在高年级段和低年级段的发展状态进行内部纵向比较，又对不同年级、专业学生在同一个阶段学习的状况进行外部横向比较，还对不同专业同一年级学生是否开展，以及开展社会实践前后的年级进行横向比较。书中的数据选择主要依托思政专业进行实践探究，不仅对 2013 级、2014 级、2015 级、2016 级、2017 级的实践成效进行内部纵向比较，也对 2012 级和 2018 级、2019 级，甚至 2020 级学生的学习成长情况进行横向比较，通过数据的深入挖掘整理和比较分析，用以检验社会实践教学活动开展的育人价值与实践功效。

根据人才培养方案，强化第二课堂的活动安排与项目实施，在实践育人中扮演着重要角色。作为应用型人才培养的物质载体和实践平台，实践教学对学生能力成长和综合素质提升可谓举足轻重。可以说，通过实践教学提升人才培养质量，既是抽象实践也是具体执行，既是纵向比较也是横向参照。一定程度上讲，社会实践为实现高质量发展提供了理论依据和实践支撑。通过对实践教学开展前后的对比研究分析，尤其是对实践育人成效比较分析，对实践过程实施控制、精确设计和精准施策，在实践成果基础上逻辑推理和抽象分析，然后在具体数据和客观事实基础上概括总结，将其上升为科学理论。通过教学实践，进一步明确实践教学何以推动应用型人才培养，实践教学怎样促进学生内在发生裂变。实践教学开展后，部分学生为何能够从思想到行动、从行为到语言、从感性到理性等，由内向外发生裂变、嬗变，甚至是质变。其主要表现为对转变学习观念、端正学习态度、改进学习方法、增强学习自觉、强化纪律观念等问题加以科学阐释，对实践育人的问题生成、逻辑演化、内生动力激发、自我觉悟等提出对策建议。

（四）行动研究法

从学理上讲，"行动研究"最早始于二战时期美国社会工作者约翰·考尔（John Collier）、著名社会心理学家勒温（Kurt Lewin）等人在对传统社会科学研究反思中提出的一个概念。行动指的是实际工作者的实践活动，而研究则是指受到过专门训练的研究者所进行的一种专业性探索实践，究其内容而言本质上二者并没有相关性。两人研究发现，社会科学研究者如果仅凭个人兴趣爱好搞研究，那么其研究工作就不足以满足社会实践需求；而如果实际工作者不研究所身处的实地环境和所面临的实际问题，又得不到研究者的具体指导和帮助，仅凭一己之力或一腔"热情"搞实践，难以产生"有条理、有成效的行动"。为改变这种状况，他们探索性地提出一条关于社会科学研究的新思路与新方法。也就是说，从实际工作需要寻找真正解决问题的研究方法，着力解决工作难题和发展问题，这样的工作方法为学术研究。

　　对于这样一种探索性的实践活动，既需要实际工作者与研究者共同参与，也需要理论工作者提供理论指导，他们为解决问题协同支撑形成合力，使研究成果为解决实际问题而被理解、掌握和应用。因而，在新文科背景下，通过社会实践教学开展提高应用型人才培养质量，从而开展理论与实践研究具有重要的实践指导价值。

　　根据"行动研究"内涵，按照教育情境参与者为提高所从事的社会或教育实践的理性认识，笔者为加深对实践活动及其依赖的背景理解进行了反思研究。这样一种适应小范围比较与改革的探索性研究方法，目的旨在于针对教育活动和教育实践中存在的问题，在不断探索、改进和解决问题中为实践教学开展提供理论与实践指导。这源于以解决问题为出发点、以改进实践为根本目的的行动研究，从实践逻辑与研究内容上看，行动研究的过程实质上是研究进行的过程，但同时是问题解决的过程。所以，研究与行动以"共同合作"的方式耦合关联，实现扬长避短。行动研究既要求教师运用理论系统地反思实践教学，又要求研究深入问题本质，在实践中发现和解决问题。更重要的是，教师通过行动研究直接参与从计划到评价的全过程，在教学行动中与学生共同研究问题，从而搭建教师之间、学生之间、师生之间的桥梁，通过内在的耦合关联实现共轭协整。按照行动研究的路径、环节与方法形成学术研究的归因逻辑，较好地诠释行动研究何以可能。譬如，按照"计划—行动—考察—反思"形成的四阶段模式，按照"预诊—收集资料初步研究—拟订总体计划—制订具体计划—行动—总结评价"形成的六阶段模式，理论与实践互动生成，对实践教学改革和完善具有很强的解释力。

第三节 研究价值及意义

"社会实践"作为高校实践教学体系中的一个重要组成部分与关键性环节，它与实验室、实训室工作，封闭式上机试验，专业见习，专业实习，以及教学研习等以习得具体知识与操作技能为目标的实践教学环节有所不同。从教学形式上看，社会实践教学主要以社会调查、志愿服务、参观考察、劳动锻炼等形式为主，目的在于帮助学生在专业理论知识学习基础上，带着问题接触、感知、理解现实社会，参与社会的公共生活以及观照当下和未来的经济社会变迁。正是从该角度讲，社会实践教学既是一种重要的教学手段与教学措施，又是一种推进学以致用，培养创新能力、责任担当意识、职业能力素养，以及提升人文素养的有效途径。

一、研究价值

实践教学作为学校教育教学的一个重要组成部分，与理论教学形成应用型人才培养的一种互补关系。从教学内容上看，它涵盖了课堂实践教学、校园实践教学和社会实践教学等。教学中，正确处理各种关系，建构实践教学体系对于应用型人才培养具有重要的实践价值和现实意义。

第一，科学处理理论教学与实践教学的关系。思政专业的教学体系包含了理论教学与实践教学两部分。从一定意义上来说，理论教学和实践教学的关系，实质上是一种"知"和"行"的关系，"论先后，知为先"，理论教学是前提，客观上要求教学设计和教学实践必须注意引导学生所学的理论、专业知识，培养学生分析具体问题和解决实际问题的基本能力，这就要正确处理两者的关系。我们既要重视理论教学，更要注意实践教学，否则培养创新型应用型人才将会成为一句空话。

第二，正确处理课堂教学和校园实践教学的关系。实践教学作为思政专业的教学体系不可或缺的重要组成部分，可以作为独立的实践课程和教学环节存在于课程设置与教学计划之中，也可以作为一种教学理念和教学方法、教学手段贯穿于课堂内外整个教学过程之中。因此，我们应围绕应用型人才的培养目标，以创新精神和实践能力为核心，将课堂实践教学与校园实践教学有机结合，课堂上采取灵活多样的实践教学形式，促进学生的养成教育和实际动手动脑以及组织协调能力的提高。

第三，正确处理好校园实践教学与校外社会实践教学的关系。培养应用型人才的有效途径是实践教学，对学生而言，校园实践教学有利于学生深化对理论知识的把握和学习，培养实践技能和科研能力，提高学生学以致用、分析和解决问题的能力。校园实践教学虽然是培养学生创新精神和实践能力不可或缺的重要方面，但我们更要注重校园实践和校外社会实践的有机结合，特别是要看到，相对于校园实践教学，社会实践是一项综合性很强的实践，它更贴近于现实生活，有利于学生真切地感知和接触社会，了解社会发展需要与自己的不足，为日后顺利走入社会、适应社会打下坚实基础。因此，加强校园课堂内外实践教学，结合思政专业的学科特点，强调马克思主义理论与社会现实问题的有机结合，积极开展各种社会实践主题活动，实现校内外理论与实践有机融合，同频共振协同发展，使实践教学达到实践育人的效果。

第四，建构实践教学体系和质量监控体系。一方面，根据思政专业人才培养方案实际情况，通过建章立制，规范执行实践教学，进一步规范实践教学的各环节，确保实践教学实效性得以体现。另一方面，制定符合人才成长规律的实践教学评价指标体系，既重视对教师的教学状况和教学效果科学、客观的评价，又关注学生参与学习的实践情况以及实践效果评价和总结；坚持教学评价做到过程性评价与终结性评价有机统一。引导学生在社会实践教学中直面经济社会发展中的现实问题，坚持在实践中学习，在学习中接受教育和劳动锻炼，扎实地推进创新精神和实践创新能力培养。当然，社会实践教学中还需要注意另外几个问题。一是社会实践教学的方向性问题，二是社会实践教学的组织管理问题，三是社会实践教学的资金和家庭、社会及相关部门的支持问题。社会实践活动的宽泛性、灵活性以及机动性，在一定程度上增加了实践教学管理、组织和监控的难度，无形中增加了实践教学的风险。

就其价值而言，强化实践教学不仅是新升本地方院校谋求转型发展的实践逻辑遵循，而且更是新文科建设背景下主动适应经济社会发展的新形势、新常态和新要求，培养应用型人才的关键环节和重要抓手。正如马克思在《关于费尔巴哈的提纲》中所言："全部社会生活在本质上是实践的。凡是把理论引向神秘主义的神秘东西，都能在人的实践中以及对这个实践的理解中得到合理的解决。"[①] 2016年，学校在修订人才培养方案时明确要求尽量增加实践教学的比例和权重，实践教学的学分大幅提高，实践教学环节的学分占总学分的比重达30%。为切实执行好人才培养方案，学校根据教学大纲和课程设置安排，着力构

---

① 中共中央编译局.马克思恩格斯选集：第一卷 [M].北京：人民出版社，1995：60.

建"四层次、五模块"①的实践教学体系，不断提升应用型人才培养质量，确保实践教学取得实效。主要采取以下举措：

一是强化社会实践教学设计。注重实践教学环节的完整性和整体性设计与执行。学校审批完成 2017 年、2018 年的各类实习（实训）教学项目计划，督促各二级学院根据专业人才培养方案科学安排实践教学，按照学校教学工作要求和时间节点按时将实习实训、实践类课程录入教务系统。一方面，这一举措有力地督促各学院利用好每学期两周的实习实训时间，对学生的实习（实训）实践从课程内容到教学任务，从理论教学到实践教学等都做出了周密安排和科学部署。另一方面，根据不同学科的专业特色和实践需求，学院积极与实践单位进行教学大纲论证、教学任务安排、实践环节落实，联合编制实践教学方案。这其中的主要内容涵盖实践教学设计、实践教学准备、实践器材采购等，安排教师进行具体的实践教学指导。同时，二级教学单位即二级学院层面专业教学系（教研室）要配合指导老师就实践结果进行考核评定，然后将实践成绩录入系统，并最终顺利完成教学任务。

二是加强实践教学课程管理。为加强实验教学内涵建设，增强实践教学的综合性、设计性、创新性、开放性和实验性，积极组织项目申报和论证，截至2019 年 5 月，学校已完成 11 个专业论证，第四批 11 个项目论证；目前，综合性、设计性实验项目数量达 89 个，同时积极加强实验教学的常规检查和专项检查。学校对文科专业学生的毕业论文要求 50% 以上选题来源于社会实践的调研、生产实际和服务社会等。这不仅符合应用型人才培养的客观实情，更符合学校建设区域性高水平应用型大学的办学目标，符合立足六盘水、面向贵州、辐射全国的办学定位。因此，学校提倡将科研论文和毕业论文写在乌蒙山巅，写在中国凉都的改革发展实践大地上。

三是强化本科毕业论文工作。根据应用型人才培养目标，学校强化毕业论文工作，尤其注重扎根实践大地写论文，即通过广泛的社会实践调查研究、劳动锻炼和深入思考帮助学生开拓视野，提高观察事物和辨识社会，以及为未来发展的研判能力。首先，要求学生的毕业论文从选题来源、开题报告论证、论文撰写过程、评审程序完善、答辩环节等进行严格监控，加强中期进度检查、论文选题筛选，以确保论文质量过关。其次，从论文的查重和论文重复选题上严格把关，通过在源头上严防死守、过程有效监控、结果严格管理以控制学术不端行为的发生。最后，学院积极配合学校积极推动开展和完善思政专业的社

---

① 在实践教学中，"四层次"包括基本素质层次、基础技能层次、专业技能层次、综合训练层次；"五模块"即构建素质拓展模块、实验教学模块、实习实训模块、论文设计模块、科研创新模块。

会实践教学工作，健全实践教学体系，扎实开展校级优秀毕业生论文（设计）的评选工作。

四是强化人才培养反向设计。学校依托实践教学检验理论教学质量、学生学习效率，加强学生的社会认知、专业发展认识以及未来就业预判。实践教学的开展促进了学生有效学习，帮助学生牢固树立专业思想和有针对性地确定职业方向，为未来就业选择做出规划，实践教学帮助学生发现自己的认知不足，研判就业形势，明确职业定位，了解就业岗位以及专业核心素养，让学生能够尽早明白自身的不足，做到"知耻而后勇"，明确未来学习中的行动方向和价值意义。学校通过教学的反向设计和正向施工，引导学生进行有效学习与健康成长。学校围绕社会实践课程教学的开展，主动对接"师范专业认证"工作，通过对号入座、对标建设心无旁骛地进行应用型人才培养，目的就是帮助学生在就业时能够根据自己的兴趣爱好选择就业机会。

在世界高等教育改革发展历史洪流中，李忠军（2015）提出通过社会实践教学开展完成思想政治教育工作"两个巩固"的根本任务更加繁重，增强社会主义意识形态"三位一体铸魂"[1]育人甚为关键。牢固掌握专业基础知识，强化实践育人，以回应变革时代的发展需要与理论实践创新，有待于教学的理论思维和精神原则有所突破。因此，围绕"创新培养机制是学校内涵发展的核心及紧迫要求"这一主题，我们应明晰高教发展的新形势，主动适应教育改革新趋势，紧跟高教内涵发展大方向，加大应用型人才培养力度。从高等教育发展规律和大学转型发展的时空领域深度观照，通过实践教学推动应用型人才培养，可谓十分紧要，迫在眉睫。这不仅有利于树立面向应用、能力为重、全面发展的人才培养理念，而且有利于加大产教融合、校企合作力度，努力实现专业对接产业、对接岗位，职业资格证对接岗位技能证，以及对接生产和管理过程的"五个对接"。学校通过提高实践教学质量，可以促进学生实践能力、创新创业能力培养，达到学以致用的目的和综合素质提升的客观要求。为有针对性地解决问题，本书主要依托六盘水师范学院[2]开展探究分析。

---

① 李忠军.中国梦·社会主义核心价值观·中国精神三位一体的铸魂逻辑[J].社会科学战线，2015(6)：9-15.

② 六盘水师范学院地处有"中国凉都"之称的贵州省六盘水市，是一所"省市共建、以市为主"的全日制普通本科院校。2009年由六盘水师范高等专科学校升格为六盘水师范学院，2013年获得学士学位授予单位资格，2015年列为贵州省向应用型转型发展试点院校，2016年通过教育部本科教学工作合格评估，被列入贵州省"十三五"新增硕士学位授予立项建设单位，2017年加入全国应用技术大学（学院）联盟（资料来源：六盘水师范学院官方网站）。

在高教转型发展的历史机遇期和战略关键期，六盘水师范学院作为一所新建地方本科院校，如何响应世界高教改革发展新形势，需要以灵敏的嗅觉和敏锐的触觉，精准地感知、触摸并及时地抓住教育变革带来的重大机遇，主动做出调整，迎接人才培养结构的重大变革。我们既要充分认识到人才培养的重要性、关键性和战略性，又深刻领悟培养模式改革的艰巨性、长期性和紧迫性可。在新一轮教育重大变革和结构转换中，实践教学不仅要从国家、区域、社会、家庭等用人单位需求上加以考虑，还要从高校、教育主管部门以及国家战略层面等人才供给角度谋划。只有学校、教师、学生等都认识到实践教学的重要性、关键性和战略性，才能通过思想动员、组织安排、资源配置、制度设计、政策保障等对实践教学改革予以全方位保障。唯其如此，才能充分发挥实践育人的功能和价值。

二、研究意义

当前，实践教学受诸因素制约被视为理论教学的一个有益补充，因而实践教学被降格为理论教学的附庸，而没有获得应有的重视和固有地位。其突出问题在于，大多数的"社会实践"缺乏学科课程支撑和依托，教学安排时间多是在寒暑假期展开，其随意性较大、灵活性较强以及可控性较弱的客观事实，导致实践教学往往变成一块实践"飞地"①，出现教学中"只见教师、不见学生"的现象。当然，如果实践教学重视度不够、课程设计不科学和管理欠规范，又可能出现"只见学生、不见教师"的另一个极端。须知，教师在社会实践教学上的"旁观者"角色或冷漠态度将在某种层面上削弱学生参与实践教学的积极性，结果将会使社会实践教学流于形式。一定程度上看，又将导致学生的社会实践报告层次低、质量差，无法达到预期的教学效果和教学目标。通过实践教学提高大学生的社会参与度、提高实践能力，反思实践教学理念、探索实践教学改革路径、方法与策略，需要我们在新文科建设背景下，通过课程内容、教学手段以及评价方式改革为高质量实践育人提供新思路。

随着高等教育改革快速推进发展，王洪才（2004）看到"世俗化、实用化、

---

① "飞地"一词的概念，最早产生于欧洲中世纪，但作为一个术语，第一次出现于1526年签订的《马德里条约》的文件上。飞地形成原因复杂，具有边缘地带的某些特征：政府控制力相对薄弱，行政管理松弛且成本较高；社会经济相对落后，文化多样性色彩比较浓郁。针对"飞地"这一种特殊的人文地理现象，通俗地讲，就是某一行政主体拥有一块飞地，那么它无法取道自己的行政区域到达该地，只能"飞"过其他行政主体的属地，才能到达自己的飞地。在本项目中，借助"飞地"现象来阐明实践教学在整个教学体系中的重要性和尴尬发展。

大众化与个性化"①趋势更加明显。显然，实践能力被视作与理论素养同等重要的指标体系，被纳入大学生的综合素质培养体系加以考量。高校人才培养中的社会实践教学环节，通过利用暑假组织学生开展社会调研、志愿服务等一系列实践活动，目的在于促进学校与地方、学校与企业，以及学校与社会组织机构等交流合作；通过开展暑期社会实践活动，不断丰富学生的社会生活，拓宽知识视野，加深对现实生活的理解，实现学校与社会、课堂内外、理论与实践的有机衔接；通过开展实践活动，不断推动知识社会化与社会知识化的进程与积极转化。然而，社会实践教学的经费、活动场地、师资设备等办学条件与教学资源的有限性导致社会实践教学开展得并不理想。针对实践教学中的问题，建构主义理论为高校社会实践教学提供理论支撑与实践参照，并将建构主义的核心理念通过实践教学转换为更高层次的科学"研究"，为鼓励学生"像研究者一样"参与社会实践，从而走出当前高校社会实践教学的困境。笔者建议社会实践教学应该是建立在师生共同参与基础上的研究活动，实践教学中师生间均是平等的，且处于平等的地位，两者在平等对话和参与互动中共同推动社会实践活动的有效开展。刘翠霞（2014）认为，"教（师）—学（生）—研究"三者在社会实践教学中形成递进关系，可以促进知识的再生产与进步。②这为思政专业的实践教学改革，缩短学生成长中学校和社会之间的距离与跨越专业成长和学习的发展鸿沟，提供了一定的思维线索与策略依据。对于改革的价值与意义而言，笔者将其概括为以下几个方面。

1. 改革是应用型人才培养目标的内在要求

当前，我国正处于中国特色的新型工业化、信息化、新型城镇化和农业现代化"四化同步"发展的关键期，正在通过改革创新积极推动工业化和信息化实现深度融合、城镇化和工业化形成良性互动、城镇化和农业现代化耦合发展，按照"五大发展理念"，"五个文明"一起抓，勠力同心奋力推进社会主义现代化建设。无论是国家还是区域经济社会发展，对高校的人才培养提出了更加多元、更高级别的要求。

伴随着国际高等教育的迅猛发展，教育观念、教育模式、教育技术以及教育手段革新日新月异；国内，伴随人们物质生活水平的提高，千家万户将目光聚焦在对美好生活的追求上，尤其是对教育的投入增多和需求增加，因而对高

---

① 王洪才.论高等教育大众化发展的四个时期[J].北京大学教育评论，2004，2（3）：108-112.

② 刘翠霞.建构主义视域下高校社会实践教学理念反思[J].扬州大学学报（高教研究版），2014（5）：84-88.

质量教育供给提出了迫切要求。在教育改革中，教育竞争的重点是教学质量的竞争，而实践教学的成功与否直接影响着教学质量和人才培养水平的高低，关乎着人才培养目标能否实现。结合我校实际，作为一所地方性本科院校，我们着力培养教师、工程师等具有一专多能的高素质应用型专门人才。学校在转型发展中，形成以本科教育为主，适时开展研究生教育，适度举办继续教育；着力培养教师、工程师等应用型人才，构建多科性学科格局。学校牢固树立终身教育理念，并以此为先导，积极加快职前职后教育一体化发展，正在形成以人才培养模式、教学内容与课程体系改革为主线，主动适应地方经济社会发展的需要，按照强基础、厚专业、重实践的思路全面深化教育教学改革。

从总体上看，实践教学无论是思想认知、重视程度，还是人力、物力、财力投入程度均存在不足。叶茜茜、郭思村（2011）从实践教学基地建设的角度探究国内社会实践教学存在几大共性问题，集中为几点。第一，缺乏成熟的实践教学理论指导；第二，缺乏企业元素，诸如参与基地建设、规划运行、管理的元素较少等；第三，缺乏规范性的制度保障；第四，缺乏"双师型"的师资队伍；第五，教学基地运作效率低下。[①]此外，余祖光（2009）提出，参与企业没有得到必要的成本补偿，也没有提高社会声誉，缺乏对高校、企业承担产学合作教育责任有约束力的政策法治保障。[②]尽管国家在推动应用型人才培养方面先后出台了一系列的政策，鼓励开展校政、校企、校地、校校等合作实践，共建实践教学基地，共同开发实践教学课程，推动实践教学有效开展。但是，基于各种原因时至今日仍未建立权威、完整的合作准则与相关规章管理制度。既没有对实践教学基地进行准确的功能定位、职责划分以及目标任务等做出制度性规定，也没有对基地设置标准、建设程序以及基地建设的评估制度做出要求；同时，没有对人才培养的经费来源保障、共同出资标准，以及经费支付方式和操作办法等提出具体要求。更为重要的是，校企共建的条件、共建过程中合作方各自应承担的法律责任等缺乏明确规定。这些均是应用型人才培养过程中建立各种类型合作基地需要认真考虑的问题，不能跨越也无法跨越。

经济社会发展对不同层次、类型、专业以及岗位的人才需求，尤其是规格和层次、数量与质量各异，客观上要求大学在人才培养问题上亟须改变传统"理论教学为主，实践教学为辅"的教学模式。高校应在坚持教育公益性发展背景下，牢固树立为地方经济发展服务，结合国家和社会发展需求，坚持职业教育

---

① 叶茜茜，郭思村.借鉴国外经验加强实践教学基地建设研究[J].宁夏大学学报（人文社会科学版），2011，33（3）：180-184.

② 余祖光.职业教育校企合作的机制研究[J].中国职业技术教育，2009(4)：5-11.

的发展方向，始终突出强调应用型人才培养的专门性、针对性、实践性和行业性，本着"定向在行业，定性在专业，定型在应用，定位在教学，定格在实践"的理念和原则，秉承"人人有才，人无全才，扬长避短，皆能成才"的新时代人才发展观和培养观，使学生最终实现成人、成才、成功一体化发展。因此，积极转变教育观念、更新教育理念、转变教育方式，提升教育思想，培养学生的创新能力、实践能力和创业精神，强化实践教学的科学设计和科学部署以及精细化执行，这对于培养学生的实践能力、提升学生的综合素质、强化专业核心素养等均具有重要的理论价值与实践意义。因此，坚持实践教学与理论教学并举，进行应用型高素质专业人才培养，既是对高等教育自身发展规律基本遵循的把握，又是对建设区域性应用型大学的现实需要，更是办人民满意大学的历史使命与责任担当的需要。同时，加大实践教学在教学体系中的比例和权重，强化实践教学的实施力度是提高学生就业创业能力、建设创新型国家、建构社会主义和谐社会的迫切需要。

未来议程中，根据教育部发布的《普通高等学校师范类专业认证实施办法（暂行）》（教师〔2017〕13号）文件神精，思政专业人才培养工作的总体思路为：以社会需求和学生就业为导向，培养理想信念坚定、政治素质过硬、道德品质优良、专业基础知识扎实，能够在中等教育学校从事本专业的教学、科研和管理服务工作，以及在教育培训机构从事教育活动的应用型高素质专门人才。结合"本科教学质量工程"的项目建设，以实施"跨越式发展"为契机，着力有效地提升师范生的专业技能。通过统一思想提高认识，进一步深化教育教学的改革实践，扎实推进实践教学的教育工作开展。强化实践教学的内容改革、方法创新和手段改革，完善教育教学体系，优化实践教学的课程资源配置，加大实践教学的投入力度和师资队伍建设，加强实践教学的规范性、专业化、现代化管理，全面提高实践教学质量。

2. 改革是主动适应高等教育发展新形势的需要

陈宝生（2018）曾指出："高等教育是一个国家发展水平和发展潜力的重要标志；党和国家事业发展对高等教育的需要，对科学知识和优秀人才的需要，比任何时候都更为迫切"[①]；培养社会主义建设者和接班人是各级各类学校的共同使命；走内涵式发展道路是我国高等教育发展的必由之路。鉴于高等教育的地位和作用，新时代背景下地方院校转型发展需要新思路、新思考和新举措，从

---

① 2018年6月21日，教育部党组书记、部长陈宝生在新时代全国高等学校本科教育工作会议上发表了"坚持以本为本　推进四个回归　建设具有中国特色、世界水平的一流本科教育——在新时代全国高等学校本科教育工作会议上的讲话"。

"本科教学"向"本科教育"转型发展，坚持"以本为本"，强化实践教学改革是提高思政专业学生实践能力和综合素质的重要途径。可以说，社会实践教学是培养应用型人才培养不可或缺的重要环节，对于弥补和完善理论教学具有相得益彰的作用。为适应建设区域性高水平应用型大学的办学定位，培养具有实践能力和创新精神的应用型人才，任何离开科学合理的实践教学都是不现实的。因此，我们必须转变观念，摒除"重理论、轻实践"的教育观念，树立正确的实践教学观、实践课程观和实践育人观，积极开展实践教学，培养学生对知识的理解、掌握和运用能力，提高分析和解决问题的能力。

教师应充分运用现代化技术手段，强化课堂实践教学环节，提高课堂实践教学的实效性。可以说，课堂实践教学是理论与实践相结合的产物，是以学生为本，突出学生主体地位，注重培养和提高学生的创新精神和实践能力的课堂教学模式。思政专业是一个理论性、思想性、政治性较强的文科专业。为适应转型发展的应用型人才培养的要求，课堂教学必须变革灌输式传统教学模式，充分运用现代技术手段，把现场教学、课堂讨论、情景模拟、案例分析等形式贯穿到课堂教学中，使那些抽象、枯燥的概念及相关知识变得生动有趣、通俗易懂，调动学生的课堂参与率，真正实现以学生为主体的教学理念，使学生在增长知识的同时，思辨能力、语言表达能力、分析问题和解决问题的能力等得到提高，综合素质得到提升，让学生通过课堂教学做到学以致用，从而提高学生的创新意识和实践能力。

3. 改革是新建地方本科院校转型发展的客观需要

当前，学校普遍存在"重理论、轻实践""重课内轻课外""重教书、轻育人"现象，尤其是重理论教学与考试，对社会实践教学重视不够，文科专业教学中尤为明显。实际上，大学生要在大学的学习生活中逐渐完成从半社会人到社会人，由专业学习向职业岗位技能学习，以及完成岗位能力需求的蜕变。学生在校期间完成人格、体格和社会适应性的成功转化，关键在于通过社会实践课程设置与教学安排帮助学生实现角色和身份转换。

殊不知，社会实践是帮助学生通过接触社会、丰富生活体验获取求职资质及相关工作经验，缩短进入社会后从思维到技能、从角色到身份转化的一个重要环节。王武（2014）提出，真正做好这一环节的教学，对学生的职业发展至关重要。[①] 关于这一点，陈超、赵可（2005）认为，确实有必要向欧美高教发达的国家学习，他们在大学教育过程中，对学生实践能力的培养一贯重视，也

---

① 王武.浅谈高校大学生社会实践的重要性探究及意义[J].中国科技博览,2014（47）：3-4.

有相应的良好社会氛围。[1]国外的课堂教学很多时候通过课堂讨论、演讲、讲座等形式来完成教学基本任务，目的在于通过这些教学形式，使学生对所学知识进行运用和练习，以此巩固所学知识，从而有效地提高分析和解决问题的能力。课堂外，他们主要通过自学、小组研讨、参与学习、科研活动和操作实践等锻炼学生的实际掌握、理解和运用知识的能力。目前，很多教育活动主要在课堂上体现，以老师的理论教学和传统"填鸭式""满堂灌"讲授为主。即便有形式上的改观，却很难在实质上有根本性变化。甚至有的还会出现违背"教学常做常新"的运行规律。究其原因，韦玉（2017）、任雨（2017）认为，一方面可能是学生的实践意识不强，不能充分意识到实践环节对他们未来职业发展的重要意义；另一方面是学校、家长和社会也没有为他们做好相应的准备和衔接。[2][3]

实践教学是提高人才培养质量的重要环节，在应用型人才培养中对于提高教育教学质量，培养学生的动手能力、创新精神和创业意识等具有重要的作用。加强实践教学工作是学校内涵建设和实现人才培养目标的必然要求，是深入实施素质教育，深化创新创业教育，实现从外延式发展向内涵式发展转变，提高高等教育人才培养质量的重要举措。加强实践教学工作，是提高教师教学能力的重要途径。加强教师的实践指导和强化社会实践教学，推进实践教学基地建设，促进校企、校政、校校等协同育人，深入生产一线、社会生活场域开展社会服务等，对于积极响应新文科建设国家教育改革发展，以及全面推进乡村振兴战略具有重要意义。地方院校思政专业主动服务地方经济社会发展和培养合格的应用型人才，谋求高质量发展尤为紧要而迫切。

① 陈超,赵可.国外大学实践教育的理念与实践[J].外国教育研究,2005,11（32）：33-37.

② 韦玉.论大学生社会实践教学环节的缺失[J].教育教学论坛,2017（51）：35-36.

③ 任雨.地方本科高校转型视域下大学生思想政治教育实效性研究[D].保定：河北大学,2017.

第二章 国内外研究现状与文献述评

第一节 新文科理论研究

一、新文科概念界说

学界关于新文科（new liberal arts）问题研究，最初由美国俄亥俄州一所四年制私立学院希拉姆学院（Hiram College）校长 Lori Varlotta（2017）提出。随后，出台的 new liberal arts 教改方案主要涉及教学改革而非学科改革。同期，美、英、澳等国将教育创意、创新理念作为人文学科战略转型的理论指引与发展方向。曲卫国、陈流芳（2020）将"new liberal arts"翻译为"新文科"，"旨在在更高、更深、更广层面上建立 liberal arts 教育与学生个体发展关联性的系统改革，其改革理据是学生的人生或职业规划而不是社会需求或学科，重点是从学生个体发展的角度去重新定义教育科目的系统性和学科关系"[①]。鉴于此，中国随之也将其引入大学，从理念到行动推进文科建设教育并作为一项战略行动。

（一）新文科

"新文科"作为一种教育改革理念，主要针对传统文科文理泾渭分明的界限划分与实践中存在的突出问题而提出。根据经济社会发展对人才综合素质要求而进行学科重组、文科与理科进行交叉，就是将最新的科学技术融入传统的哲学、文学、语言等课程中，即形成"文科＋新技术"。目的在于丰富学生的课外体验，以增强动手能力的培养和提升就业率为核心，并贯穿大学本科教育全过程。事实上，"新文科"概念一经提出，立即引起了学界特别是高等学校专家教授，包括许多高等学校书记、校长的高度关注，可谓是众说纷纭，见仁见智，莫衷一是。在全球新科技革命与新经济发展背景下，中国社会主义步入新时代，探究这一问题具有重要的实践价值与现实意义。

事实上，早在新文科之前学界就已有了相关探讨。乔·古尔迪（Jo Guldi）

---

① 曲卫国，陈流芳."新文科"到底是怎样的一场教学改革？[J].当代外语研究，2020（1）：14-25.

（2017）就曾指出，"整个人文学科一直处于危机之中，虽然危机在每个国家的表现有所不同"①。J. 康利（1993）认为，美国"二十世纪六十年代社会科学拥有的自信心，到了八十年代已变为绝望"。利奥塔（Jean-Francois Lyotard）（2018）甚至宣称"死掉的文科"。从学科交叉角度看，新技术发展促进学科交叉。从知识生产的角度，知识不再是"闲逸的好奇"，而是在应用下生产；知识不再是只解释过去，更重要的是面向未来。Michael Gibbons（1995）将传统的知识生产模式称为"模式 1"，而将新的知识生产模式称为"模式 2"。相对于"模式 1"来说，"模式 2"具有一些新特点，其中一个特点就是知识在应用的背景下生产②。在知识生产模式 2 的基础上，Elias G. Carayannis 和 David F J. Campbell（2012）、韩立新、杨润东（2021）等人为知识创造、扩散与使用提出并阐释知识生产模式 3，即由"创新网络"和"知识集群"组成的模式。它是一个多层次、多模式、多节点和多边的体系，包括相互补充和不断加强的创新网络以及由人力资本和智力资本组成的知识集群。③④哈佛心理学家 Stephen Pink（2013）提出，陷入危机的人文学科需要科学来拯救。英国文学理论家 Terry Eagleton（2015）指责大学已经丧失其作为人文批判中心的地位，认为大学教育呈现商业化和人文学科逐利现象。贾文山、马菲（2021）⑤对 Paul Reitter（2020）等人将韦伯研究描述为"现代人文学科危机的典型"。Pippin R.（2021）为新文科建设提出反思与批判，同时为新文科在百年未有之大变局中积极响应主动作为提供了学理思辨与哲学思考。

　　21 世纪，经济全球化发展与产业结构调整，使生产力布局由自工业革命以来形成的以欧洲为中心逐渐转移到以亚洲国家为中心的"亚洲世纪"中来。人类社会发展正经历一场以互联网为标志的工业文明 3.0 逐渐迈入以人工智能为代

---

① 黄启兵，田晓明."新文科"的来源、特性及建设路径 [J]. 苏州大学学报（教育科学版），2020,8（2）：75-83.

② GIBBONS M. The university as an instrument for the development of science and basic research: The implications of mode 2 science[M]//DILL D D, SPORN B. Emerging patterns of social demand and university reform: Through a glass darkly. Paris:IAU Press, 1995:92.

③ CARAYANNIS E G, CAMPBELL D F J. Mode 3 knowledge production in quadruple helix innovation systems: 21st-century democracy, innovation, and entrepreneurship for development[M]. New York:Springer, 2012:3.

④ 韩立新，杨润东.新文科文献考察及新闻传播学的两个维度 [J]. 出版广角，2021（7）：17-20.

⑤ 贾文山，马菲.从对中国新文科的回望到对全球新文科的畅想 [J]. 扬州大学学报（人文社会科学版），2021, 25（2）：104-111.

表的工业文明 4.0。面临世界变局，学界呼唤推进新型全球化、新型全球治理，构建新型世界秩序和新型人类文明秩序解决方案。如何在变革中突破传统思维定势与固有模式，如何通过在继承中实现创新，在交叉中实现融合，在协同中实现共享，从而形成有机整体，推动传统文科从学科导向转向需求导向，新文科应运而生。从泾渭分明的专业条块分割转向有机融合，从适应服务转向支撑引领，各国均从国家战略层面开启新文科建设与思考。

（二）中国新文科

2017 年，美国希拉姆学院提出的新文科教育强调把新技术融入人文社会科学，为学生提供跨学科的学术共同体和研究平台，为学生提供跨学科学习[①]打开了一扇窗口。对传统文科人才培养出现断代、能力素质无法满足和适应新形势发展等问题，新文科因其概念蕴含的理论创新和实践张力迅速引起学界、政界和社会各界广泛关注。王震宇等（2020）指出，文科建设不仅影响文科本身、影响理工农医教育，更影响高等教育发展全局。[②]因此，推动新文科建设就是培养适应新时代要求的应用型、复合型文科人才。

在中国，新文科发端于 2018 年。同年 10 月，教育部高教司在"四新"建设中明确提出了加强新文科建设，随后进一步提出新文科建设的工作任务与推进目标策略。2019 年 4 月 29 日，教育部、中央政法委、科技部、工业和信息化部等 13 部门在天津联合启动"六卓越一拔尖"计划 2.0，新文科建设初现端倪。从该角度看，2019 年被学界视为"新文科建设元年"。2020 年 11 月 3 日，由教育部新文科建设工作组主办的新文科建设工作会议在山东大学（威海）召开，会上发布了《新文科建设宣言》，做出新文科工作的全面部署。《新文科建设宣言》旗帜鲜明地指出，新时代必须加快文科教育的创新发展，因为新文科不仅仅是提升综合国力、建设文化自信、培养时代新人的客观需要，更是建设高等教育强国、实现文科教育交叉融合与创新发展的内在需求。当前，高校文科占学科门类 2/3，专业种类和在校生占半壁江山。鉴于门类众多、特色各异，新文科建设只能按学科专业特点分类推进。2021 年 3 月 2 日，教育部办公厅发布《关于推荐新文科研究与改革实践项目的通知》（教高厅函〔2021〕10 号）。目的在于深入学习贯彻习近平新时代中国特色社会主义思想，贯彻落实全国教育大会、

---

① 刘曙光.新文科与思维方式、学术创新[J].上海交通大学学报（哲学社会科学版），2020，28（2）：18-22，34.

② 王震宇，薛妍燕，邓理.跨越边界的思考：新文科视角下的社会科学实验室探索[J].中国高教研究，2020（12）：61-68.

新时代全国高等学校本科教育工作会议、新文科建设工作会议等精神，深入、有效、系统、全面地推进新文科建设工作。

黄启兵和田晓明（2020）在深入探究"新文科"来源、特性及建设路径[①]中发现，新技术推动、新需求产生以及新国情需要等既是"新文科"产生的大时代背景，也是生产力与生产关系发展到一定阶段的矛盾产物，生产关系中人的综合素质与能力因素不能继续满足生产力发展的现实需求，因而高校人才培养需要做出调整。正是从该角度看，"新文科"产生也就兼具学科交叉、知识应用、适应国情等一系列的特性。需注意的是，"新文科"源于新国情，适应新国情，又有别于其他国家，中国"新文科"建设兼具一种自上而下、政府主导的国家战略工程，以及强调对传统优秀文化的执着坚守和传承创新的本质特征，并着重体现在大学的人才培养、科学研究、文化传承、社会服务等层面，具有课程设置科学化的特点，教学手段技术化、教学内容跨学科、"新文科"教学目的适应国家发展与社会需求，教学结果逐渐模糊学科边界，通过改革创新实践，依托跨学科平台，扶持优势学科，打造特色学科，形成高原学科、高峰学科。

纵观社会发展史，大变革时代通常也是哲学社会科学大繁荣与大发展的时代。樊丽明（2020）指出了中国建设"新文科"的核心要义：着眼实现传统文化的创造性转化创新性发展的新任务，基于坚持推动构建人类命运共同体的新主张，促进文科发展的融合化、时代性、中国化、国际化，服务人的现代化目标。新文科建设的重点在于新专业、新方向、新课程、新理论的探索与实践。[②]新文科建设既要顺应新科技革命和产业变革大趋势，又要立足中国特色社会主义新时代、新阶段、新节点的发展要求，顺势而为迎头赶上。鉴于新文科建设工程重大，操太圣（2020）提出需深入内涵解读与策略研究，运用新技术和多学科手段促进知识生产，强调"应用性"，新文科是在知识生产与教人成人的结合体，其焦点在于科学研究与教育教学均需回归人的生活世界。新文科放眼全球化、智能化和个性化的生活世界，聚焦中国实践、进行主体性阐述，并积极与国际对话[③]，开展合作与创新实践。

那么，究竟"新文科"来源何处？"新"在哪里？建设路径如何走？如何突破？马骁、李雪（2019）认为，"必须直面传统文科教育的根本性问题，对传

① 黄启兵，田晓明．"新文科"的来源、特性及建设路径 [J]．苏州大学学报（教育科学版），2020，8（2）：75-83．

② 樊丽明．"新文科"：时代需求与建设重点 [J]．中国大学教学．2020(5):4-8．

③ 操太圣．知识、生活与教育的辩证：关于新文科建设之内在逻辑的思考 [J]．南京社会科学，2020(2)：130-136．

统的学科发展路径、知识生产机制、人才培养模式等进行系统性变革，才有可能构建起适应时代需求和未来发展要求的'新文科'"[①]。就其内容而言，新文科是相对于传统文科而言的，是以全球科技革命、新经济发展、中国特色社会主义进入新时代为历史背景，以传统文科服务于新科技革命，从而实现学科交叉融合发展的逻辑转换，以及立足特殊的时代背景与生产力发展水平突出新的要求开展的理论研究与实践探索。

目前，从学术界来看，目前新文科相关问题研究和关注焦点主要集中在新文科的内涵建设与发展路径、新文科人才培养模式的改革与创新、新文科课程体系构建等相关问题上。从其内涵上看，我们需要了解和明确新文科"新"在哪里？回应和把握新文科的实质与时代关切。一方面，体现在人文精神主题变化、多学科交叉融合、信息技术影响上，另一方面新文科绝不是"文科＋技术"的简单融合。李凤亮（2020）认为，新文科缘起于新形势下对传统学科和人才培养模式的自觉和反思，"新"重点体现在范围更广，研究指向与新时代形势适应，模式上注重学科间融合与创新。[②] 黄启兵、田晓明（2020）从建设目标、学科管理、培养模式等多个层面剖析、梳理、总结认为，新文科还在于新时代文科如何借助技术工具与哲学思辨助推其科学发展。[③] 宁琦（2020）基于国家与社会对新文科在人才培养和知识创新方面的需求，提出教育理念、人才培养和师资队伍建设[④]等相关问题。在人才培养模式改革和创新研究方面，根据其建设目标，新文科重在构建中国特色的高等文科新型人才培养体系，以此来全面提高文科人才的培养质量。另外，依据"新文科"建设的理念和内涵，根据其培养的侧重点，按照教学类型可以从教学型、科研型、职业型、技术型等几个主要维度进行分类。段禹、崔延强（2020）[⑤]站在教育学的学科专业视角，积极探索人才培养模式创新问题，将落脚点放在理念、模式和方法上进行了具体的阐释。在课程体系构建方面，黎海波、谢健民（2020）基于大数据调研并将数据科学理论融入传统专业，提出文

① 马骁，李雪.创新与融合：学科视野中的"新文科"建设[J].中国大学教学，2020（6）：31-33.

② 李凤亮.新文科：定义·定位·定向[J].探索与争鸣,2020(1):5-7.

③ 黄启兵，田晓明."新文科"的来源、特性及建设路径[J].苏州大学学报（教育科学版），2020,8(2):75-83.

④ 宁琦.社会需求与新文科建设的核心任务[J].上海交通大学学报（哲学社会科学版）,2020,28(2):13-17.

⑤ 段禹,崔延强.新文科建设的理论内涵与实践路向[J].云南师范大学学报（哲学社会科学版），2020，52（2）：149-156.

科与理科、工科的交叉融合，提出多种设置课程群的方案，实现课程模块优化组合。① 根据"六卓越一拔尖"计划，新文科建设中需要及时地开展"金课""金专"建设，形成建设的基本标准和实践路径。在未来的新文科建设中，高校还可根据实际情况按照人才培养的层次和规格，通过对课程内容重组、课程结构优化、课程体系创新，采取"课程敏感度"区分专业类课程，以实现课程体系结构优化和动态建设，目的在于推动专业建设高质量发展。

二、新文科的定向与定位

2019 年 5 月，国家启动实施"六卓越一拔尖"计划 2.0，通过实施顶层设计全面推进"新工科、新医科、新农科、新文科""四新"建设，高职只有深刻领悟国家实施这一学科建设的重大顶层设计精神，准确把握其内涵和目标任务，才能在特殊背景下把握学科建设的时代特点与未来方向。李凤亮（2020）、夏文斌（2020）均从四个方面关注新文科建设：一是服务国家战略上有新要求，二是促进学科的交叉和融合，三是形成高水平的人才培养体系，四是人文精神的现代传承。②③

要从深层次上解决发展战略问题，既要打破传统个体化、独立性的精神世界研究，从关注历史感和距离感的研究转向现实社会生活的理论与实践研究，诸如中国与世界、当下与未来、社会治理与全球问题，以及从更宏大的视野观照新文科的学科使命。从相互独立的视角走向学科交叉与融合，运用系统思维，加强学科融合，联合攻关，从跨学科角度开展应对现实问题的研究和学科整合。高校应站在综合性和实践性角度，形成高水平的人才培养体系，科学准确把握新文科建设的内涵与目标任务，在课程设计、教学方式、评价方式上做出重大革新，真正培养出一批具有家国情怀、知识结构全面、善于解决实际问题的高素质人才。另外，新文科还要从历史与现实中汲取营养，注重打通学科与产学研等壁垒，真正激活文科效能。要处理好集成与创新的关系，在继承好经验、好模式基础上，把握中国历史人文精神的走向和演变，将优秀文化根植于青年学子心中，用现代化的方式对传统文化进行创造性转化，使其既有历史底蕴，又有现代生机活力。

---

① 黎海波,谢健民.信管专业在新文科背景下的数据科学课程群建设研究 [J].情报科学, 2020, 38（8）: 128-133.

② 李凤亮.新文科：定义·定位·定向 [J].探索与争鸣,2020(1):5-7.

③ 夏文斌.新文科新在何处 [J].石河子大学学报（哲学社会科学版），2019, 33（6）：封 3.

（一）务实发展的学科定向

当今世界，科学技术的迅猛发展，早已超出了普通人的认知范围和未来的预知空间。生活秩序、价值观念、集体意识以及社会形态等新问题扑面而来，尤其是新技术、新工具、新产品以及新问题层出不穷，不断地突破医学伦理、价值边界，行走于道德边缘。这些问题对人类的生存发展不断提出一系列新的挑战和价值标准质疑。

我们经过系统梳理新文科建设的诸多路向和现实举措发现，理论建构滞后于实践发展问题，使新文科定向发展显得十分焦虑和急迫。针对该问题，李凤亮（2020）提出从坚持以人为本、突出跨界融合、强化实践导向，以及探索范式创新[①]等四个维度探究新文科发展定向问题。具体而言，首先，坚持学科建设的以人为本，主要是指小到学科建设，大到教育发展，根本目的在于促进人的完善与提升。其次，鉴于人类知识与技术产出进入新时代，交叉、融合、渗透、创新成为新的方式与特征。如何助推"学科导向"向"问题导向"变化，回应并实现"不为融合而融合"需要进一步强化跨界融合。再次，新文科要克服传统文科"重文轻理"、重视逻辑推理忽视数理推论等弊病，强化人文科学研究与教育同新科技变革、社会实践深入结合，突出与未来世界、现实生产实际的无缝对接。最后，将文科建设的创新实践与科技革命的工具手段、新文科的历史背景与新技术的学术语境有机结合，本着求实求真的态度和科学创新精神，借助科学技术的工具理性与人文社科的价值理性共轭协整与协同演化，加快新文科"范式革命"，实现其创新发展与集成创新。

新文科能否在教育大变局中适应新形势变化？能否在变化中遵循学科发展规律？能否将学科建设紧贴科技发展前沿？能否将学科建设与服务社会紧密对接？能否为生产发展提供足够的动力支撑？这些问题，既是新文科需要直面的现实问题和实践难题，又是新文科建设中需着力解决的理论课题和实践命题。高校应直面发展需求面向，努力突破固有评价模式，把握革新方式以及融合尺度，并以其前瞻性、战略性、突破性作为重要的评价尺度实现价值与目标转换。所以，新文科在实践中应从国家顶层设计的战略高度，积极回应国计民生，立足当下与人类未来发展。同时，我们应积极将实践经验上升到理论高度，并开展追踪性、引领性研究，以新理念、新思想、新作为、新技术引领新文科建设，体现责任使命与时代担当，还应严谨、审慎、科学地考量在新文科建设中，在教学层面应思考教师究竟要教什么、教多少、如何教、怎样教，以及如何强化

---

① 李凤亮.新文科：定义·定位·定向[J].探索与争鸣，2020（1）：5-7.

责任担当与家国情怀等问题，这些均是新文科定向发展要解决的现实问题，也提供了新文科发展的时代方位与前进路向。

新文科应围绕专业优化、课程体系、模式创新以及文化质量等开展建设。第一，促进专业优化，积极推动大数据、区块链、人工智能、基因技术等现代科学技术最新发展与文科专业深度融合。如何助推文科类新兴专业建设和科学发展，如何推动原有的传统文科专业改造和升级转换，如何积极促进文科与理科、文科与工科、文科与农科，以及文科与医科的交叉融合，不断优化文科专业结构是目前文科建设中无法回避的现实问题。第二，夯实课程体系，将当下中国特色社会主义的最新建设理论成果和实践经验科学地及时引入课堂、写入教材，高校适时开设跨学科、跨专业的新兴交叉课程，培养学生的跨领域知识融通能力和实践能力。第三，推动模式创新，直面需求，聚焦交叉学科混合型文科人才培养，开展新闻、经济、艺术、法学等系列大讲堂，促进学界业界优势互补；聚焦国家战略和"一带一路"倡议，加大涉外人才培养，加强高校与实务部门、国内与国外"双协同"，完善全链条育人机制。第四，依托传统优质文化，坚持产出导向特色办学，努力实现持续改进，构建中国特色的文科教育质量保障体系，建设特色质量文化；建立健全以大数据为基础的文科教育，强化教学质量监测体系，以专业认证为导向和引领，强化质量意识，促进新文科人才培养。

（二）重新出发的定位

2016 年，习近平在哲学社会科学工作座谈会上曾经指出："一个国家的发展水平，既取决于自然科学发展水平，也取决于哲学社会科学发展水平。一个没有发达的自然科学的国家不可能走在世界前列，一个没有繁荣的哲学社会科学的国家也不可能走在世界前列。"樊丽明（2020）指出，"中国建设'新文科'的核心要义是，顺应新科技革命和产业革命的大趋势，着眼实现传统文化的创新性转化创造性发展的新任务，立足中国特色社会主义进入新时代的新节点，基于坚持推动构建人类命运共同体的新主张，促进文科发展的融合化、时代性、中国化、国际化，服务人的现代化目标"[①]。

"新文科"，是相对于"狭义文科"即文史哲等人文科学而提出的一个新概念。事实上，"狭义文科"是对于人文社科的一个统称，通常是相对于"广义文科"而言的。众所周知，人文科学探究着力点主要在于人的观念、精神世界、内心情感、价值理想等主观世界；而社会科学探究的问题主要侧重于各种各样

---

① 樊丽明."新文科"：时代需求与建设重点[J].中国大学教学，2020（5）：4-8.

的社会现象、社会规律。所以说，新文科是对传统文科建设而言和既有现存人才培养模式的自我批判、理性反思和科学解构。在很长的一段时间里，世界各国的高等教育发展过于注重其学科建设的相对稳定性、建设规范性和内在继承性问题，而对其学科建设中的创新性、突破性和发展性兼顾重视不足。正是从这一角度讲，2018年的全国教育大会、新时代全国高等学校本科教育工作会议，以及2019年的全国教育工作会议等都十分重视并强调学科建设和人才培养工作需要及时地进行战略性调整，从而使其能够从根本上发生变革与突破，以适应新的国际局势变化、国内形势变迁、产业发展趋势、学科演化态势。从该角度讲，相比传统文科，新文科具有范围、指向以及模式的显著性差异。一是涵盖范围更广，学科覆盖所有传统文科的学科范围。二是实践指向明确具体，强调响应形势变化与时代需求对接。学科建设与人才培养，需要主动对接新时代新形势变化发展。三是实践模式创新，既要不断地突破传统文科的自我设限与突围，又要加强不同学科之间的交叉融合与创新发展，从而不断地提升高等教育质量和适应经济社会变迁的能力，发挥其基本功能主动支持和服务国民经济社会发展。

21世纪，新文科建设作为一场影响深远、波及全球、具有强大影响力的高等教育改革运动，需要在探索实践中不断丰富完善和推进创新发展。当然，作为一场自上而下的高等教育改革，还需谨记教育部门出台建设方案的初心，通过加强新文科建设，努力把握新时代哲学社会科学发展新内涵和新文科建设新使命，以积极响应高教改革发展的国家顶层设计，努力培育并形成（李凤亮，2020）"具有新时代中国特色、中国风格、中国气派的新文化，培养新时代哲学社会科学家，推动哲学社会科学与新一轮科技革命和产业变革交叉融合，形成哲学社会科学的中国学派"[1]。事实上，自2019年5月我国提出新文科建设方略以来，在短短的两年时间里，"求新图变"的改革实践在学术界和教育界逐渐达成共识，并呈现出"对策化、技术化、跨界化、国际化"的良好发展态势。

在实践中，我们既要积极突破原有的学科局限与知识领域，以解决客观存在的实际问题，又要不断地尝试"四新"，郁建兴（2021）认为，"大科际"的跨越与文科内部"小科际"的融合渗透[2]，通过模糊边界实现"跨界化"发展，突破文科理论与新科技运用，促进建设文科的模式变革与途径创新。此外，新文科强调数据采集与分析、人工智能以及算法、新媒介、虚拟仿真、人机交互等技术研究与教学模式运用，通过工具化、智能化等新技术的运用，从而支撑

---

① 李凤亮.新文科：定义·定位·定向[J].探索与争鸣，2020（1）：5-7.

② 郁建兴.以系统思维推进新文科建设[J].探索与争鸣，2021(4)：72-78.

新文科创新发展，最终实现文科建设与技术支撑的深度结合。在经济全球化背景下，我们既要重视意识形态安全，又要重视跨国跨境协作，在全球交流与互动发展中推进知识资源共享，努力"讲好中国新文科的发展故事"，走出一条具有中国特色的新文科"国际化"发展之路。高教司吴岩司长针对为何实施新文科有过深刻阐释：从世界范围看，新科技革命加速产业变革，从而实践创新呼唤新文科建设；从中国改革发展全方位透视，新时代强烈呼唤新文科建设；从教育变革与实践创新看，新时代高教改革发展呼唤新文科建设；在新的历史方位与百年未有之大变局中，站在世界舞台的中央，在全球化视野下建构新文科，时代与实践强烈呼唤新文科建设。

事实上，要改变文科"自身羸弱"状况，唯有苦练内功自我革新，从内部实施变革寻求新定位。在百年未有之大变局中，世界政治风云变幻，因疫情导致的全球性经济衰退尚未触底。因此，新时期的新文科建设可从强化硬通识、催生新思想、体现新担当着手，遵循教育发展规律和服务经济社会的实践逻辑。高校在政府号召下积极响应新文科建设，针对不同学科专业的特点与目标任务，不仅在专业优化、课程改革与育人模式等方面实施新文科建设与探索性实践；更重要的是，高校新文科建设由此实现了从概念、政策到行动的转向。鉴于此，黄明东、王祖林（2021）认为需要从知识创新与立德树人的角度进一步厘清新文科的内涵，从改革建设思维迈向系统创新思维，理性审视我国高校的新文科建设。[①]

（三）未来发展趋势

伴随经济全球化，尤其是新一轮科技革命催生和带动新经济发展，中国社会主义建设发展进入新时代。为响应世界经济形势变化与产业结构调整，国家从战略层面开启了新文科建设。人才培养如何通过课程体系重构，突破传统文科思维模式，需要在传承创新中实现理论自觉与超越扬弃，在交叉融合中实现吐故纳新。因此，推动传统文科转型升级和交叉融合发展，具有重要的理论意义和实践价值。

近年来，在政府引导、市场主导、高校参与以及社会协同下，我们扎实地推进新文科建设工作。应该说，新文科的理论热度伴随实践强度而持续升温，建构"新文科"的价值理念，内在诉求与理论探究可谓方兴未艾。尽管学界从不同层面、空间尺度、学科领域等开展宏观、微观研究，但新文科建设作为一项系统工程不可能一蹴而就。除了要遵循基本教育规律，按照目标、原则、方

---

① 黄明东，王祖林.高校新文科建设的探索与理性审视[J].新文科教育研究，2021（2）：31-38，141，142.

法、保障四个维度，聚焦"励志维新、温故知新、融通致新、优评促新"外，我们还有很多问题亟待深入思考。新文科建设中的应用型人才培养，需要以课程体系构建为抓手，重构课程内容与知识体系，通过专业准确定位，注重内涵建设与核心素养提升，进一步优化人才培养方案，创新人才培养模式，从而获得学生和家长认可，满足行业需求，服务经济社会发展，最终培养出具有较强创业意识和一定创新能力的高素质应用型人才。

三、新文科内涵、特征及前瞻

根据新文科建设的目标任务和具体要求，高校紧紧围绕发展理念、专业优化以及模式改革扎实推进应用型人才培养；通过分类推进，按照师资结构优化、特色文化建设、内涵质量提升，在遵循守正创新、价值引领、分类推进的三个基本原则基础上，努力培养适应新时代发展与实际要求的应用型、复合型的新文科人才。

2016 年 5 月 17 日，习近平在哲学社会科学工作座谈会上指出："要按照立足中国、借鉴国外，挖掘历史、把握当代，关怀人类、面向未来的思路，着力构建中国特色哲学社会科学，在指导思想、学科体系、学术体系、话语体系等方面充分体现中国特色、中国风格、中国气派。"① 本次座谈会的召开，为中国哲学社会科学发展提供了科学指引，明确了努力与行动的方向。新文科建设是一项继往开来、影响深远的系统性工程。创新理念是新文科建设的理论基础，创新学科的结构体系是构建新文科的战略重点，创新学术话语与研究范式是新文科建设的理论创新与理论自觉的重要体现。因此，围绕应用型人才培养的模式创新是新文科建设的实践核心与理论内核。正是从这一角度讲，通过创新形成具有马克思主义中国化的理论创新发展，是新文科发展的基本路向，也是创新具有中国特色的学术体系、学科体系以及话语体系的使命担当。有鉴于此，我们需要强化科技与学科的融合，始终坚持学科的自主性、行动的自觉性，以及理论发展的科技化，构建新时代的全生命周期育人体系。最重要的是，借助工具化增强服务社会的基本能力，提升中国的文化软实力，实现新文科的系统化建构，在未来的发展中形成新气象，使新文科达到新高度、新硬度、新温度、新黏度、新气度和新广度。在新文科的"六新"建设中，努力辨识新文科的内涵、特征，以及未来发展趋势，提出新文科建设的目标任务和发展路向，成为新文科建设的实践起点与逻辑起点。

---

① 习近平.在哲学社会科学工作座谈会上的讲话 [J].人民日报，2016-05-19（2）.

（一）新文科的内涵

2019 年 4 月，教育部部长陈宝生在"六卓越一拔尖"计划 2.0 启动大会讲话中提出，"四新"建设的"新"，不是"新旧"的"新"，而是"创新"的"新"。新文科是文科教育的一场革命性运动，体现出学科建设的内生变革，是裂变甚至是聚变，是一场前所未有大变革。新文科依托新科技、新经济、新时代的伟大变革以及特殊的时代背景，探索实践路径、形成逻辑以及演化机理，不断地丰富学科发展内涵，从而有力地推动社会科学健康发展。究其内涵，郁建兴（2021）归纳为六个方面[①]：

第一，创新发展理念是新文科的理论基础。鉴于研究方法可推广、研究思路可借鉴、研究结论可重复，以及数学基础的紧密程度，使得自然科学之间存在较为紧密的关系。而人文社科之间的联系相对紧密，加上学科研究工具和研究方法的差异，由此出现文科和理科的相对隔离与脱节。有自然学科工作者认为文科缺乏科学性，只是现象描述和思辨推理，因而持有某种轻视态度，甚至否认文科的科学性存在。同样，文科工作者也因理工科精深、专业，需要严密论证、实验、精确计算、系统分析推理而持有某种神秘感、敬畏感。这种学科分野的客观存在，导致文科与理科、工科之间人为割裂。新文科就是要努力打破文、理、工、医等学科之间的自我封闭，强化研究方法的科学运用，促进学科深度交叉融合，不断丰富研究对象，拓展研究领域，改进研究方法，革新知识体系，促进文科创新发展。但同时，文科也要充分利用现代科技先进的技术手段、技术思想，以及科技伦理，促进不同学科间交叉融合发展。

第二，创新学科结构体系是新文科的重点。当前，世界正面临"百年未有之大变局"，一场席卷全球的新冠疫情进一步加快世界政治经济格局的调整。要解决人类在这场大危机中的政治、经济、金融、文化、社会，以及能源、环境、生态、人口、战争等危机冲突，仅靠某一个抑或某几个学科的力量难以较好地解决。危机面前需要人类以积极的态度整合力量。新文科回应大变局时代的社会需求，为攻克人类面临的共同难题，发挥多学科、跨学科的优势力量共同应对人类的挑战。尤其是学科的交叉融合，不断突破传统的文、史、经、管、法等文科之间的内部边界，逐渐淡化文科和理科、工科、医科等边界，吸纳自然科学的最新成果、研究方法，以及思维模式，增强新文科的实证性、科学性研究；理科不断强化思想资源、工具伦理底线，增强人文关怀，即"淡化学科边

---

① 郁建兴．以系统思维推进新文科建设 [J]．探索与争鸣，2021（4）：72-78.

界，强化学术分工"①。文科学者借助"互联网+"、大数据、云计算、区块链、人工智能等科技手段促进经济整体发展，对文科学科的知识体系进行有机整合与综合集成，围绕重大的理论和实践问题，开展有组织、有计划、多视角、多领域、多尺度和多维度的综合集成研究。

第三，实现研究范式革命是新文科的关键。库恩（1981）认为，科学进步"总是明显地伴随着革命而发生"②，准确地讲，科学革命主要体现为研究的范式革命。范式作为"科学共同体成员共有的东西"③，无形中涵盖了世界观、价值观、本体论、方法论，认识论，以及基本原理等内容。按照库恩的"前科学→常规科学→反常和危机→科学革命→新的常规科学……"的科学发展模式形成规律，由此得出常规科学总是和一定的特定范式及其科学共同体密切关联的。应该看到，范式革命之前范式早已陷入危机，也就是说既有的学术理论对当下世界和中国已发生或正在发生的诸多问题及现象，尤其是对新情况、新发展、新事物、新成果、新模式等缺乏应有的解释力和阐释力，从而造成范式革命危机，这恰好印证了"新办法不会用、老办法不管用、硬办法不能用"的尴尬发展与窘困问题。因而，迫切需要社会科学进行自身革命加快内部创新，利用新知识、站在新视角、运用新手段等观察、分析和解构现有问题，而不是退避三舍。在新文科建设中，对高教改革发展中的新情况、新问题，亟须借助新工具、新知识以及跨学科思维，增强对过去事实、现实世界以及未来发展予以理性观照；借助工具理性的技术与和价值理性的思辨，促进社会科学研究范式革命，努力为发展哲学社会科学贡献中国的文化力量和"中国智慧"，以此形成中国哲学社会科学的中国气派、中国话语以及国际表达。

第四，创新人才培养模式是新文科的核心。在高等教育发展中人才培养是永恒的核心使命。同样，新文科建设的出发点和落脚点依然在于人才培养。在人才培养方案中的课程体系与内容安排，主要通过通识教育平台、学科基础教育平台、专业教育平台，以及实践教学环节，简称为"三平台一环节"。随着经济社会发展对人才综合素质提出更高要求，人才培养需要进一步增强通识课程中的自然科学素养和交叉性的人文素养涵育，目的在于尽快打破过分细化、条块分割的学科专业壁垒，努力拓宽专业人才的国际视野、发展格局，以及提高

① 　郁建兴.淡化学科边界，强化学术分工[J].浙江社会科学，2007（4）：19-21.

② 　托马斯·库恩.科学革命的结构[M].金吾伦，胡新和，译.北京：北京大学出版社，2003：149.

③ 　托马斯·库恩.必要的张力[M].纪树立，范岱年，罗慧生，译.福州：福建人民出版社，1981：291.

知识储备等的能力和水平，形成真正的"宽口径、厚基础、复合型"高级专门人才。新时期，我们不仅要进一步借助新科技革命的力量推动哲学社会科学发展，还要利用哲学社会科学助推新科技革命成果的转化与应用，从而实现二者之间的深度融合。在教学中，我们要立足时代背景，以全球视野与家国情怀建构新型的哲学社科卓越人才培养体系，努力将新科技融入文科教学，努力构建跨学科、跨专业的课程体系与教学团队，拓展学科视野，激发创新思维，不断提高"发现问题—分析问题—解决问题"的综合能力。

第五，创新形成自主性理论是新文科的方向。张绪清（2021）发现，"实际上，任何社会科学理论诞生，都率先发生在经济社会变革最剧烈的地区。不仅具有地区性特征，而且带有时代烙印，由局部上升到整体，由区域地方性上升为国家整体性。"①这不仅是理论生成与发展的基本逻辑，也是理论自主性发展的客观规律遵循。从世界范围看，不得不承认当下中国仍处于文科学术理论研究的"边缘"地带，一定程度上，依然是西方学术理论研究和知识产品的"消费者"而不是生产者。故此，努力推进和加快中国的新文科学术理论创新发展和自主性建设，既是中华民族实现伟大复兴的文化建设内容，也是新文科建设价值引领的重要任务与物质载体，更是努力推动构建人类命运共同体的价值遵循与使命担当。郁建兴（2005）指出，"新文科语境下的中国文科自主性建设是一种全球意义上的自主性，是中国文科学者的重要任务。"②新时代，中国比以往任何时候都更加接近国际舞台的中心，这为提升中国文科的自主性意识，增强"四个自信"提供了良好的内部与外部环境，也为开展文科学术前沿研究提供了实践场域与研究素材。新文科应在正确处理目标引领与问题导向、系统集成与知识转化、人才培养与学科建设中推动形成要素整合、学科融合集成发展。努力推进中国哲学社会科学的自主性建设与发展，既是新文科建设的新使命与新作为，也是繁荣发展中国哲学社会科学的基本任务和工作方向。

第六，创新学术话语体系是新文科的担当。纵观人类发展史，每一次的社会大调整、大动荡、大变革时期，也是学术思想更加活跃和哲学社会科学的大繁荣、大发展时期。实际上，哲学社会科学的研究水平已经成为一个国家，抑或一个民族发展在全球话语表达上的国际地位体现。如果研究水平较弱势必在全球表达的话语权就会较弱，这也将构成一个国家话语权的明显"短板"。事实上，近代社会以来到中华人民共和国成立，由于中国经济发展水平滞后于西

---

① 张绪清."三变"改革的中国特色社会主义政治经济学理论与实践 [J].世界经济探索，2021，10(2): 9-16.

② 郁建兴.寻求具有全球意义的本土性 [J].中国书评，2005（3）：104-109.

方主要发达资本主义国家，导致中国文科的学术话语一定程度上跟从西方的话语体系，甚至还有人对中国问题的研究刻意地做出"语境化"处理，真实的意图在于攀附谄媚于西方的学术话语体系，寄希望于获得洋人的认同。须知，经济发展滞后并不意味着文化发展滞后，也无法推演得出由此及彼的结论。因此，在新文科建设中，我们需要传承中国的文化精神与文化精髓，向世界展现上下五千年璀璨的文化，以真实的、立体的、全面的文化奉献给世界，向世界讲好中国故事，传递中国改革发展好声音，通过"挖掘新材料→发现新问题→提出新观点→构建新理论"，努力推动构建人类命运共同体，形成与中国"四个自信"相匹配的国际话语、表达方式以及话语体系，努力用中国语言阐释中国现象、指导中国实践、引领中国发展，形成国际话语体系。

总之，新文科要直面改革开放以来，尤其是新时代中国之巨变。陈凡、何俊（2020）指出，首先，新文科要在知识生产上寻求知识的增量建设，而不是知识的存量重组；新文科要在世界的视野中，重新观察与分析改革开放以来的中国现代化进程，提炼出有效解释中国现代化的知识话语。其次，新文科应该重新思考与探索人的培养，在立德树人上彰显新文科建设的中国文化内涵与路径①，从而改变将新文科建设等同于简单将文科与理科交叉叠加的误解。

（二）新文科的特征

针对中国文科自主性建设问题，从近代中国文科发展史观照，郁建兴、江华（2006）研究发现，特别是社会科学的概念体系、理论话语主要以西方为主导，中国学术理论的自主性不足，已经不能适应新技术发展、中华文化繁荣复兴的需要。②学术界如何回应时代呼唤，成为十八大以来新文科建设的战略重点与内在抉择。新时代呼唤新思想，这对构建具有中国特色的哲学社会科学体系提出了新要求与新期待。华勒斯坦等（1997）指出，"我们正处在现存学科结构遭到质疑、各种竞争性的学科结构亟待建立的时刻。"③正如教育部高教司吴岩司长（2019）所言："加强新文科建设，是适应世界变革、中国发展、教育改革和国际方位的需要。"④

① 陈凡，何俊.新文科：本质、内涵和建设思路[J].杭州师范大学学报（社会科学版）.2020,42(1): 7-11.

② 郁建兴，江华.中国社会科学自主性：一种全球性视野[J].复旦学报（社会科学版），2006（3）：58-67.

③ 华勒斯坦，儒玛，凯勒，等.开放社会科学[M].刘锋，译.北京：生活·读书·新知三联书店，1997: 110-111.

④ 吴岩.加强新文科建设 培养新时代新闻传播人才[J].中国编辑，2019（2）：4-8.

积极应对大数据、人工智能、云计算、区块链、基因技术等新一轮的科技革命，是传统文科的理论研究、学术实践、思想碰撞，以及人文教育等必须历经的阵痛与成长。处于世界舞台中央的中国，如何"起跑、并跑、领跑"世界发展，中国发展需要理论支撑回应现实追问，亟须积极建构"理论中国""学术中国"以及具有中国特色的"话语中国"学术体系。

一个时代有一个时代的使命，一个时代有一个时代的文科特色；同理，一个时代有一个时代的认知与思维模式。刘曙光（2020）认为，从传统文科到新文科，是从简单性方法到复杂性方法的转变，是从还原论到整体论的转换。① 发展新文科，不是对传统文科根本性否定，抑或彻底性放弃与颠覆，而是对传统文科的创新超越、积极扬弃，通过自我革新实现赶超跨越与转型发展，从而实现跨学科、多学科包容开放与协同建构。新文科带来复杂性与公有域的变化，由个体向整体发生思维转换，利用复杂性、系统性、整体性融合，促进自然科学向社会科学融合，其特征为：

首先，人文与科技跨学科交流，尤其关注现代社会中人的生存处境和发展命运。新文科注重将人文关怀与科技创新相融合，更加关注人的思考和人的中心本位，依靠科技革命加快产业革命并将其革命的积极成果进一步改善人们的生产方式、生活方式，从而改善人类的生存状态，不断提升人的精神面貌和思想境界，促进科技与人文的沟通与交流。其次，教育学习与培养模式的新变化。物联网时代，人才定位与能力需求早已变化，客观上应具备渊博学识、富有情怀、情感优美、圆融贯通。这种复合型人才不仅要求学生具备专业知识，还要求兼具学科交叉融通知识，因此需要学生通过跨院系、跨专业、跨年级选课、开课提升综合素质。再次，建构中国特色的哲学社会科学。按照习近平的讲话要求，哲学社会科学应积极回应最广大人民群众普遍关切的理论问题和实践难题，回应社会需求和国家战略需要。我们应坚持问题导向，促进学科知识的"集成"与"组装"，开展多角度、多尺度和多层次、跨学科思考。最后，形成开放融合的跨学科体系，培养应用型人才。高校要通过自觉构建最终实现新文科人才培养由简单性向复杂性、由个体性向整体性、由体系性向协同性转型，由还原论向整体论、由认识论到本体论，以及由价值论到方法论的转换。

---

① 刘曙光.新文科与思维方式、学术创新[J].上海交通大学学报（哲学社会科学版），2020，28（2）：18-22，3.

（三）新文科建设重点①

"新文科"核心要义在于引领学科未来发展方向，回应社会关切，坚持问题导向，打破既有学科壁垒，以解决实际问题为目的。事实上，新文科建设中重点工作在于找准新方向、形成新模式、开发新课程、构建新理论。这既是工作重点又是实践难点。我们可以从四个方面着手：

第一，建设新专业或新方向。按照交叉融合的深度与广度，新文科专业构建路径可有以下几种选择。①人文科学内部融合。传统文史哲专业在内部打通，通过交叉融合着力构建和培养新型文科人才。山东大学尼山学堂培养未来的国学人才就是深度融合的一个探索与实践典范。同样，贵阳孔学院、贵阳学院的阳明文化研究院等也可借鉴该培养模式建立新型的国学人才培养机制。②人文与社科融合。根据社会发展需要，高校可以培养"外语＋法学、外语＋国经、外语＋国政、外语＋哲学、外语＋历史"等模式的新型国际化复合型人才。③文科理科交叉融合。高校可以运用大数据、人工智能等新科技，培养新文科人才，诸如培养金融工程、科技考古等专业。④培育"文科＋理工科"，文工、文医、文农融合。高校可以按照应用型复合型、国际化路径培育特殊文科人才，诸如"医学＋伦理、生态＋哲学、工学＋艺术"等特设专业。

第二，探索新模式。一方面，依据新文科特点，高校培养不同类型人才亟须形成新模式，譬如能否采取本研贯通模式培养学术型人才；科学设计课程和培养机制，运用末位淘汰制进行本硕博贯通式人才培养。当然，为了提高人才培养质量，高校还可与国内外大学、机构和用人单位等开展联合培养，并通过严格的考核进行合格高端人才培养。另一方面，我们应积极探索国内的校政、校企、校校联合培养机制，探索双学位、微专业建设和实施策略进行交叉性应用型复合型人才培养，从而不断提高人才培养质量。

第三，建设新课程。一是直面新需求，改造旧课程，努力开发新课程。按照社会发展需求和岗位职业技能需求，在原有课程基础上参照国标开发新课程，适应专业新发展。二是直面新发展，补充新内容，实施新教材撰写计划。根据专业建设和社会发展需要，在最新实践基础上编写反映中国与世界新发展，尤其是新时代中国特色社会主义理论与实践的新教材，运用最新的研究方法和手段编写新教材，补充新内容到专业建设中去。三是运用新思维，采用新手段，开发新产品。按照新需求着力推进线下、线上、线上线下混合式、虚拟仿真、社会实践等5类一流课程建设，着力打造"金专""金师""金课"金字招牌的

① 樊丽明."新文科"：时代需求与建设重点[J].中国大学教学，2020（5）：4-8.

新文科专业。四是促深度融合，强改革创新，构建新理论。通过科学设计与精准实施，尊重逻辑规律推进应用型人才培养，在实践中积极科学总结和提炼富有成效的人才培养机制、实践模式。通过"实践→检验→反思→深化→推广"的往复循环，努力丰富和发展实践教学理论体系。

　　总而言之，新文科建设不仅需要正视难点、抓住重点、聚焦痛点，还需要努力克服缺陷，排除机制体制障碍，避免食古不化。高校要走出象牙塔实现观念更新与改善制度供给，充分认识新时代文化传承与创新，充分把握新时期中国与世界文科发展大趋势，在变革中抢占先机、把握规律，参与全球治理。在学院层面，需谨记任何学校都是依托学院办学，学院要根据学校顶层设计，加强专家论证，明确突破重点与时序，努力争取在学科专业建设有新突破。在专业系建设层面，系作为专业建设主体，需要吸收借鉴工科认证、专业认证的路径方法与实践经验，按照国家标准和行业标准施行。此外，高校要进一步完善评价指标体系，利用评价导向破除"五唯"。

第二节　应用型人才培养研究

一、人才培养

　　高校作为人才培养、文化传承、知识创新的主体，为社会进步和生产力发展提供智力支持和动力之源。新文科建设背景下，大学在党的领导下始终全面贯彻落实立德树人根本任务，通过专业教育为社会主义事业发展培养合格的建设者和接班人。黄铭、何宛怿（2021）认为，"在原理上，马克思主义指明新文科建设的实践导向；在实践上，马克思主义启示新文科建设推进学科融合；在人才培养上，马克思主义要求新文科建设落实立德树人根本任务，培养新型领导人才、传播人才和治理人才。"[①]

（一）人才

　　人才既是发展的一个核心要素，又是理论研究与实践运用的重大问题。2 000多年前，在《诗·小雅·菁菁者莪·序》中就有"菁菁者莪，乐育材也。君子能长育人材，则天下喜乐之矣"的描述。古代典籍无不体现人才的培养、选拔、使用、激励等思想。然而，不同时期、历史背景甚至发展阶段等不同情境下人们对人才的概念界定莫衷一是，但都将

---

① 黄铭，何宛怿. 在新文科建设中强化价值引领 [J]. 中国高等教育,2021(7)：56-58.

"德""能""贤""仁""义""礼""智""信"等做人的道德标准和能力水准作为人才评判依据。毋庸置疑，人才由于特质的不同自古就有将才、帅才、匠才的划分。北宋胡瑗在《松滋县学记》中提出，"致天下之治者在人才，成天下之才者在教化，教化之所本者在学校"的学校育人功能。清代龚自珍"我劝天公重抖擞，不拘一格降人才"，强烈呼吁人才选用和发现机制革新。足见，中国古代对人才更多地倾向于"学而优则仕"和德才兼备等思想。

近现代以来，学界和政界对"人才"界定与解读发生了相应变化。在《辞海》里，"人才是有才识学问的人或德才兼备的人"。叶忠海等（1983）指出，所谓人才是指"那些在各种社会实践活动中具有一定的专门知识、较高的技能和能力，能够以自己的创造性劳动认识、改造自然和社会进而对人类进步做出某种较大贡献的人"[①]。孙瑖、白东明（1988）在《领导科学辞典》中指出，"人才是在各种社会实践中具有一定专门知识、较高技能和能力，能够以自己创造性的劳动对认识、改造自然和社会做出较大贡献的人，是人群中的精华"[②]。王通讯（2001）将其表述为"为社会发展和人类进步进行创造性劳动，在某一领域、某一行业、某一工作上做出较大贡献的人"[③]。徐维（2017）对国家的人才方针政策进行系统性梳理发现，中国人才发展经历了五个发展阶段，即"模糊不清时期（1949—1977 年）、讨论探索时期（1977—2003 年）、规范调整时期（2003—2009 年）、明确定型时期（2010—2017 年）、战略提升时期（党的十九大以后）"[④]。在《国务院批转国家计划委员会关于制定长远规划工作安排的通知》（国发〔1982〕149 号）中，又将人才划分为 6 类，即党政、企业经营管理、专业技术、高技能、农村实用，以及社会工作等。可见，当代中国对人才定义普遍强调自身素质、创造性和贡献，忽视人才的道德品质要求，一定程度上折射出功利色彩和实用标准，且具有一定的代表性和广泛性。

国外虽然没有与汉语中"人才"可画等号的词语，但与之相近的词，诸如human resources（人力资源）、genius（天才）、talent（天才）等并不影响对人才的认可与感知使用。1851 年，马克思在一封信中指出，"我们应当非常珍惜我们现有的人才"，恩格斯（1852）在一篇文章中写道，"勃鲁姆被认为是法兰克福议会里最善于雄辩的人才之一"[⑤]，列宁将人才定义为精明强干的人，斯大林也

① 叶忠海，陈子良，缪克成，等.人才学概论 [M].长沙：湖南人民出版社，1983:59.

② 孙瑖，白东明.领导科学辞典 [M].长春：东北师范大学出版社，1988：35.

③ 王通讯.人才学通论 [M].北京：中国社会科学出版社，2001:2.

④ 徐维.我国人才概念的现代演变 [J].中国人事科学,2017(12)：60-64.

⑤ 叶忠海.新编人才学通论 [M].北京：党建读物出版社，2013:29.

有过"有创造性的同志""有能力和才华的工作人员"[①]等提法。经过仔细考察，近代西方学术界与中国"人才"概念较相近的是 human resource（人力资源）或 human capital（人力资本）。研究发现，近代西方学术界与中国对"人才"的概念均具有异曲同工之妙，无论人力资源还是人力资本并不影响其内容与内涵的表达。

约翰·洛克斯·康芒斯（John R. Commons）在《产业政府》的著作中使用"人力资源"一词。现代管理学之父彼得·德鲁克（Peter F. Drucker）在《管理实践》一书中开宗明义阐释人力资源定义，"认为企业或事业单位拥有的唯一的真正资源是人，与其他资源相比人力资源特殊性主要在于必须通过有效的激励机制才能合理开发利用，为组织带来可见的经济价值。"[②]此外，西奥多·W·舒尔茨（Thodore W. Schultz）（2002）认为，"人力资本是经济增长的主要动力"[③]，与其他资源相比，人力资源特殊性就在于通过有效激励为其组织带来经济价值，因此，任何企业或事业单位都将人力资源作为最重要的资源加以开发利用。

从人才发展定位看，一直以来，中国共产党把人才工作放在很高的重要地位加以重视，甚至当作战略性资源来抓落实，认为人才是"决定性因素"。毛泽东在斯大林"干部决定一切"的基础上，提出"政治路线确定之后，干部就是决定因素"[④]的观点，邓小平明确提出"尊重知识，尊重人才"[⑤]；胡锦涛则提出"以人为本"的科学发展观科学人才观和"人才强国"[⑥]战略。习近平在关于人才工作中提出"必须把人才作为支撑发展的第一资源"，足见人才工作在经济社会发展中的重要性。

古今中外对人才的概念界定和科学阐释，与中国特色"人才"概念的内涵与外延，不仅要积极避免人才泛化的概念和人才精英化的价值取向，还要在使用和评价上做到不拘一格，突出业绩导向和社会的贡献度大小考量，以及对特殊时期、特殊人才的界定，以鼓励人人皆可成才，形成爱才、重才、用才、惜才的良好氛围。鉴于此，董博（2019）从三个维度加以概括总结："首先，应不受资历条件束缚，对于那些具有一定的专业知识或专门技能，能够进行创造性

① 斯大林. 斯大林选集：下卷 [M]. 北京：人民出版社，1979:288.

② DRUCKER P F. The Practice of Management[M]. New York:Harper & Brothers, 1954:1-20.

③ PAUL S T. Wage gains associated with height as a form of health human capital[J]. Amercan Economic Review, 2002, 92（2）：349-353.

④ 毛泽东. 毛泽东选集：第 2 卷 [M]. 北京：人民出版社，1991:526.

⑤ 叶忠海. 新编人才学通论 [M]. 北京：党建读物出版社，2013:52.

⑥ 胡锦涛文选第二卷 [M]. 北京：人民出版社，2016.

劳动并对社会做出贡献，对中国特色社会主义事业有价值，能力和素质较高的劳动者都属于人才；其次，应坚持更长远眼光，人才分类上应包括现有人才和潜在人才，既有主力军也应有后备军，在校大学生、研究生等尚未就业的群体中能力素质优秀的人就属于潜在人才；再次，应该秉持开放的态度，为我所用的海外人才、留学生、全职（兼职、聘请）的外国专家等都应涵盖在我国的人才概念范畴之内。"①

（二）. 人才培养

人才培养目标，一直是教育理论和实践关注较多的一个焦点问题。教育的目标是培养人的总目标，顾明远（1998）将人才培养的重要性上升到一个重要的战略高度，"关系到把受教育者培养成为什么样的社会角色和具有什么样素质的根本性质问题，是教育实践活动的出发点。"②它往往反映一定社会对受教育者的总的要求或共同标准，需要回答"培养什么人"这样一个大问题；而人才培养目标则是教育目的的具体化，是对各级各类学校及各个学段所要培养的人提出的具体标准和要求。

随着现代大学诞生至今，大学就担负着为各行各业培养骨干人才的重任。在象牙塔时代，传统大学人才培养带有精英教育的色彩。在中世纪，西方教会学校的"七艺"培养，以及文艺复兴时大学讲授"古典人文学科"等多为富人和统治阶级服务而设立，目的在于培养"绅士"进而形成精英化教育。

工业革命以来，现代大工业对知识和技术需求的增长，教育开始关注并强调人的弱点，促使大学通过开展建制化的科系以及相对应的专业课程，为产业发展培养并造就出一大批具有专门知识和精通专业技能的人才。此时，越来越多的社会职业从高等教育中"招贤纳才"满足经济社会发展需要。然而，当时的学科分类、专业设置和教育方式等诸多弊端的存在制约了教育的快速发展，表现在两个方面：一方面，学科专业"割据"人为地割裂了学科知识的完整性，学生无法走出狭窄的专业小圈子。人才培养偏重专才，通过坚实的基础知识和系统的专业知识训练学习形成某一领域的专门人才，但也造成无法获取和了解本领域以外知识的学科专业局限，由于缺乏跨学科思维和宽广的视域，难以形成解决综合性复杂问题的能力。另一方面，从社会需求上看，个体专注于单一专业化的知识教育体系，使得个体性逐渐脱离社会的整体性，作为社会化、多元化、整体性、复杂性的需求，个体难以获得全面发展。传统大学教育泾渭分

---

① 董博. 中国人才发展治理及其体系构建研究 [D]. 长春：吉林大学, 2019:28-31.
② 顾明远. 教育大辞典（增订合编本）[M]. 上海：上海教育出版社, 1998：765.

明的学科分野，强调专业知识和技能养成培养，把学生培养成为具有一定专业知识和技能的"单向度的人"。

在"大科学"时代，个体究竟需要什么样的教育，学校究竟要培养什么样的人是绕不开的必答题。某种程度上，强化科学时代的科研项目联合攻关，推进世界性、地区性复杂问题解决，无形中对高校人才培养需要从多维视角进行系统思维和逻辑建构。正是从该角度讲，单一学科思维在新文科背景下已很难适应"大科学"综合发展，也难以实现功能与效用最大化发挥。这可从大学教育发展的历史进程中找到规律性存在，学科分化与学科交叉形成不同层次的教育融合与运行轨迹，学校教育正发生一场较大的转型调整与变革转换。正如叶澜（2002）教授所言："从以传递知识为主要直接目标，转换到通过包括知识、教育在内的各种手段，培养具有主动发展的意识与能力，从而能在各种不同和变化着的具体情景中，努力开发自己创造潜力的人为主要、直接目标。"[1]如何调整专业，实现由"分科教育"走向"学科综合"，规避大学专业设置过窄过细，以及过分专业化而综合性不足的问题，突出个性批判思维训练，强化综合与创新能力培养成为教育的新时代改革命题。

何为通才之"本"？刘仲林（1998）研究表明："应是有大学科观念，了解当代交叉科学和跨学科发展规律，并灵活地运用到实践中去，不受传统学科界限限制，创造性发展自己和事业的人"[2]。钱伟长（2006）指出，"我们主张学生的知识面要广，在广的基础上提高，在广的基础上专，才能提得高，专得有水平。"[3]。现代大学人才培养的改革就是要在跨学科基础上，努力培养好专业基础人才。事实上，20世纪30—40年代开始，高校为应对科技发展和社会需要展开策略与行动，将跨学科作为组织教育内容和推动学习手段的人才培养模式改革。英、美、法、德等主要发达国家开启教育改革。美国先后在哈佛大学、斯坦福大学、麻省理工学院等著名高校实施"科学、技术与社会"跨学科研究和教育项目，旨在推动复合型人才培养。

在人才培养模式上，近代以来我国大致经历三个阶段。第一阶段：新中国成立前专业起步建设阶段（1949年前），采用美国模式重视"通才"教育。特殊背景下成立的国立西南联合大学虽仅存短短八年，却培育出各个学术领域如群星灿烂般的知名专家、著名学者。第二阶段：新中国成立后专业调整与成长阶段（1949—1984年），高等教育全国性院系大调整、以专业设置为中心进行

① 叶澜.实现转型：新世纪初中国学校变革的走向[J].探索与争鸣,2002(7):10-14.

② 刘仲林.现代交叉科学[M].杭州：浙江教育出版社,1998:12.

③ 钱伟长.论教育[M].上海：上海大学出版社,2006：96.

教学改革，参照苏联高等教育模式设置专业和课程体系，建立"窄、专、深"的专业体系与人才培养模式。第三阶段：建设恢复与发展改革阶段（1982 年至今），学习美国经验，高等教育迅速发展。专业设置强调拓宽专业口径，课程设置方面强调厚基础、宽口径，大量缩减专业课时；同时，推行学分制和选修制。通过系统性研究，李佳敏（2014）预判，"现代科技的进步、经济社会的发展，加之各种突发、复杂问题的出现，社会对具有跨学科知识背景的复合型创新人才的需求将越来越大，基于学科交叉的人才培养正成为适应社会发展需要的新型人才培养模式，成为国际高等教育改革的主要方向。"[①]

新时代新文科建设对专业人才赋予了更多的期待与更高的要求，不论是对人才所具备的知识储备与知识体系、科学素养与能力水平，还是从教育本质、成长规律遵循，无不体现出人才成长的规律性、发展的阶段性以及个体的差异性。新文科建设，在知识体系上，具有更为综合的学科专业属性；在教育本质上，拥有根植于 OBE 理念以及在此基础上更为前沿的教育教学理念；在能力素养上，具备更高层次的人才培养要求。因而，对人才的认知需要从外部环境与内部需求，以及成长规律上加以准确把握和科学地解决。周杰、林伟川（2019）提出，需要"通过及时转变理念，打破学科专业细分与培养模式的壁垒，通过遵循'中国逻辑''教育规律'，拓宽教育视野，推进学校专业结构调整，优化学科布局，改革培养方式，强化质量意识，打造具有学校特色、区域特色、中国特色的新文科，培养出更加符合新时代发展需要的人才。"[②]

二、应用型人才

人才培养一直是大学固有的，也是最基本的职能。学科最初的创建与发展，主要是为了培养人才。学科通过"专业"建设承担人才培养这一基本职能。作为学校和社会之间人才供需的结合点，专业为学科承担起相应的人才培养职能而设置，不仅为满足社会职业需求而作相应的培养和训练安排，而且为培养学生适应现代工业社会经济发展的需求而努力。本科阶段是人才培养的重要环节，是实现由基础人才到高层次技能型人才培养的重要阶段，也是国家实施人才战略和实施科技创新的重要载体。鉴于人才的功能地位与价值作用，我们需要强化人才是第一资源的观念，坚持将创新作为第一动力。

新建本科高校在"转型发展"中，均把"培养应用型人才"作为人才培养

---

① 李佳敏.跨界与融合：基于学科交叉的大学人才培养研究 [D].上海：华东师范大学，2014：63.

② 周杰，林伟川.地方院校新文科专业建设的掣肘及路径 [J].教育评论，2019（8）：60-65.

目标。学术界，潘懋元教授率先提出"应用型本科高校"概念，并把大学分为学术型大学、应用型本科高校和职业技术高校三种类别，这一观点被学界广为认可。同时，潘懋元（2010）认为应用型本科高校应具备"四个为主"：以培养应用型人才为主，以培养本科生为主，以教学为主，专业设置以面向地方为主。①与传统"学术性大学"相比，应用型本科高校发展目标定位就是"应用型大学"，应用性是其突出的基本特性。积极推动新建地方本科院校向应用型大学转型发展，既符合国家教育现代化的总体布局和战略需要，又符合建设区域性高水平应用型大学的目标定位与实际需求。

随着现代科技进步和经济社会发展，高校发展早已超越原有的传统格局并赋予了新的时代内涵与实践特征。人才培养依然是高等学校发展的首要功能，从 1088 年世界上第一所大学——博洛尼亚大学在意大利诞生开始，人才培养作为高等学校与生俱来的重要使命就没有动摇过。在高等教育高度多样化发展的今天，不同类型的高等学校在人才培养上也呈现出不同的特点。

本书主要探讨地方本科院校人才培养的评价体系与方法，对应用型本科教育、地方本科院校应用型人才培养模式评价的重要性与必要性、评价内容和评价方法等问题进行深入分析和研究，从而可以督促教育者更好地从设定的目标和要求出发，提高教学质量，进行科学的人才培养，以期对地方高等院校人才培养质量的提升有所裨益。

第三节　实践教学研究

一、实践教学

实践教学是在一定的理论指导下，按照教育发展规律而实施的一种科学路径与教学设计安排，是在"人本理念"指导下，积极引导学习者进行有效学习的一种具体的教学活动。张念宏（1991）指出，实践教学"根据高等学校培养目标，按照教学计划的要求所进行的参观、实习、习题课、讨论课、设计等教学环节"②。伴随实践教学开展，其内涵与外延不断延展；根据教学的内在规定性，郭水兰（2004）认为，实践教学大致包括课堂、校园和社会三个层次，每个层次有其自身的适应范围和功能定位。③在思政专业实践教学内容建设上，彭

---

① 潘懋元. 什么是应用型本科？[J].高教探索，2010（1）：10-11.

② 张念宏. 中国教育百科全书[M].北京：海洋出版社，1991：118.

③ 郭水兰. 实践教学的内涵与外延[J].广西社会科学,2004（10）：186-187.

继红、伍屏芝（2012）提出既要保证实践教学的时间，又要保证大学生接受完整的专业教育[①]；同时，我们还应兼顾到不同层次的实践教学在不同时空进行合理分配，以革除实践教学碎片化、分散化执行，不利于教学内容和教学体系的系统化构建。

（一）概念界定

从学理上讲，蔡则祥、刘海燕（2007）认为，"实践教学是学生在教师指导下以实践操作为主，获得感性知识和基本技能，提高综合素质的一系列教学活动的组合。"[②] 作为一种认知性活动，实践教学主要针对理论教学中的缺陷和不足而提出教育教学改革问题。突出教学的实践性，目的在于在教学过程中培养学生的动手动脑、操作实践以及成果转化等能力。当然，高校应注重实践育人的功能发挥，充分利用实验室、实践基地、研究中心、科研平台等相关教学设施和办学条件，以保障实践教学的顺利开展。需要明确的是，实践教学与理论教学就其教学整体性而言，同样是由"教师—课程—学生"等教学的主客体之间，通过课程这一中介（包括授课目标、课程目标、授课方法、评价方法）和条件等一系列的要素构成。

从概念上讲，实践教学是指在教学活动中建构一种具有教育性、实践性、探索性的实践活动，以激发学生主动参与、思考、探索，促进学生素质全面发展的教学形式。Dewey（1916）指出，一般实践教学的经验理论认为，学生的经验是教育的核心。[③]Corcoram 与 Rogat（2009）认为，美国主张的个性化教育实践，宏观上导致专业实践教学"广而不深"，具体教学和效能评价"各自为政"；微观上无助于学生知识迁移、实际问题的解决与实践过程的参与。[④] 作为一种教育理念和教学活动，在推进应用型人才培养过程中具有重要的理论价值与实践意义。李剑萍（2008）指出，"大学实践教学则是指高等学校根据其培养目标要求，组织和引导学生参与各种实践环节并使大学生能从中接受教育、培养综合

---

① 彭继红，伍屏芝. 前移后拓：构建师范大学思想政治教育专业四年连续性实践教学体系初探 [J]. 当代教育论坛，2012（5）：28—33.

② 蔡则祥，刘海燕. 实践教学理论研究的几个角度 [J]. 中国大学教学，2007（3）：79—80.

③ DEWEY. Democracy and education, An introduction to the philosophy of education[M]. New York: Macmillan, 1916.

④ CORCORAM T, MODHER F A, ROGAT A. Learning progression in science: An evidence—based approach to reform[R]. Philadelphia: Consortium for Policy Research in Education, 2009.

素质的一类教学活动"①。通过实践教学培养学生的社会适应性，增强专业核心素养，强化教师的指导能力，对于学生在今后适应就业岗位以及培育创新创业精神等具有重要作用。

（二）实践教学理论

1. 建构主义理论——实践教学理论根基

建构主义（constructivism），通常被译为结构主义，是认知心理学派中的一个分支。20 世纪 90 年代在实践基础上兴起，最初由心理学家皮亚杰（J. Piaget）、科恩伯格（O. Kernberg）、斯滕伯格（R. J. Sternberg）、卡茨（D. Katz）、维果斯基（Vogotsgy）等人在对人类学习认知规律的深入研究基础上产生的一种知识体系。建构主义蕴含的教学思想，主要反映在知识观、学习观、学生观、师生角色定位及其作用、学习环境和教学原则等 6 个方面。陈威（2007）将建构主义理论运用到教学过程之中研究得出，建构主义学习理论被誉为"当代教育心理学中的一场革命"，是学习理论从行为主义到认知主义的进一步发展。②很长一段时间里，建构主义学习理念被认为是具有哲学和心理学的两种学科特质与渊源存在。

事实上，建构主义学习理念可以看成是一种学习过程的知识体系和能力建构与综合素质培养。学生通过能动的选择、积极主动的建构，以及实践过程的全面把握，强调其对既有知识和经验的运用，即更为突出在真实情境和实践教学过程具体运用。诸如社会工作这样一门理论与实践技巧结合较为紧密、理论与实践并重的学科，建构主义学习理论对实践教学具有重要的实践指导。根据建构主义学习理论，覃志敏（2016）认为，其一方面有利于促进社会工作教学的理论与实际紧密结合和提升学生学习能力，另一方面也会对教师教学活动和学生专业知识的体系化带来消极影响。③

从学理上研究发现，建构主义具有深刻的哲理思辨和哲学特质，古希腊著名哲学家苏格拉底运用"助产术"式的教学方法帮助学生学习，可以说是建构主义在实践教学中成功运用的典范。此外，意大利著名哲学家、文学家和法学家维柯以及德国古典哲学家康德等人将理性主义和经验主义进行融合发展，特别是哲学思想中更具鲜明的建构主义理论色彩。基于此，维柯、康德等人被后人誉为建构主义学习理念的先驱行动者，他们为建构主义理论的形成发展奠定了坚实基础和提供了理论来源。古典哲学中，康德以理性批判思维视角建构主

① 李剑萍. 大学教学论 [M]. 济南：山东大学出版社，2008：151.

② 陈威. 建构主义学习理论综述 [J]. 学术交流，2007（3）：175-177.

③ 覃志敏. 建构主义学习理论对社会工作教学实践的影响 [J]. 亚太教育，2016（10）：246-247.

体性思想，杨维东、贾楠（2011）提出，鉴于主体的主观世界不能直接通向客体的外部世界，因而需要借助内部建构认知原则去组织经验和发展知识①，最终达到主观符合客观、主体认知客体的目的。然而，近代科学哲学进一步论证了科学哲学理论，何兵、王青青（2008）认为，科学社会学理论也对建构主义提供了理论素养与思辨方法。自然哲学中，库恩哲学从表象知识观向实践知识观转化②，这一具有革命意义的转向为建构主义思想发展提供了有力的理论支撑。特别是综合考察基于物质"实践"的概念，不论是唯心主义还是唯物主义，都持有实践是第一的哲学观点。

马克思把实践看成是"人的感性活动"或"对象性的活动"，实践在马克思哲学中始终处于核心地位和基础性地位。具体说来，马克思实践概念强调实践是人类的根本存在方式。人的本质特征在于实践。马克思曾指出，"环境的改变和人的活动的一致，只能被看作是并被合理地理解为革命的实践"③。实践是人类社会的前提、本质和动力。正如马克思在《关于费尔巴哈的提纲》中所说："全部社会生活在本质上是实践的。凡是把理论引向神秘主义的神秘东西，都能在人的实践中以及对这个实践的理解中得到合理的解决。"应该说，马克思实践观为实践教学提供了方法论、认识论以及本体论基础。

首先，实践教学是一种重要的教学方式。人们通过自己的实践活动，不断地建构着社会并改造着社会的组织形式和内容，在不断寻求新的发展的过程中创造新的自我，实践具有生成性和建构性。其次，实践教学促进学生全面发展。马克思认为实践创造了人，劳动实践使"生产者也改变着，炼出新的品质，通过生产而发展和改造着自身，造成新的力量和新的观念，造成新的交往方式，新的需要和新的语言"④。实践在改造客观世界的同时，也在无形中改造着自己的主观世界。通过开展课堂内外的各种应用性、综合性、导向性的实践活动，可以引导学生掌握理论知识，激发课外自我教育和相互教育的热情和兴趣，促进他们形成高尚品格、祖国观念、人民观念、创新精神、实践能力。实践教学不仅可以验证知识，重演知识产生的过程，还可以生成、建构新的知识。Rouse（1987）认为，从表象转向操作，从所知转向能知，并不否认科学有助于揭示周

①　杨维东，贾楠.建构主义学习理论述评[J].理论导刊，2011（5）：77-80.

②　何兵，王青青.从表象知识观到实践知识观——库恩哲学革命的意义[J].重庆大学学报（社会科学版），2008，14（3）：107-110.

③　中共中央编译局.马克思恩格斯选集：第一卷[M].北京：人民出版社，1972：17-18.

④　中共中央编译局.马克思恩格斯全集：第46卷（上）[M].北京：人民出版社，1979：494.

围世界这一种常识性观点。① 通过实践，学生能充分感知知识的魅力、实践的效用以及内在意蕴，掌握探究事物的内在方法，提高广大师生从事教改和科研的基本素质。最后，实践能发挥学生的主体性和主观能动性。这对解放人性、尊重个性以及因材施教具有重要的作用。应该说，这将把人放到更高的地位来认识和实践。实践中主体均是具体的人，通常我们强调"以人为本"，在教学中要充分体现学生的主体性。唐文中（1990）指出，"学生的认识主要是在实践和活动中发展起来的。认识这一规律的重要意义在于必须使学生在教学过程中既动脑，又动手、动口，积极参与教学过程，而不是静听、静观。这是涉及教学观念变革的一项具有根本意义的变革"②。在实践教学的过程中，学生运用所学知识和理论发现问题、分析问题，尝试解决问题，张英彦（2006）认为，为使观察问题和解决问题的能力明显提高，学生在实践环节中要发现新的现象和新的问题，再把这些现象和问题带到理论学习的领域来讨论，然后尝试解决问题，在实践过程中学到解决问题的方法。实践教学能有效地发挥学生的主体性。③

建构主义理论的价值效用，可用一句话加以概括，即以学生为中心，强调学生对知识的主动探索、主动发现，并对所学知识意义进行主动建构。因此，社会实践教学要强调基础理论知识的理解掌握、分析综合以及运用转化，从而实现"从知识到能力的跨越"。在教师"教"与学生"学"的教学实践中，教学环境获得最新信息技术成果强有力的支撑，从而实现广大教师在教学实践中普遍将建构主义理论具体用于指导教学实践。在教学模式转型发展的要求下，建构主义理论成为实践教学改革的重要指导。

2. 新的知识观——实践教学认识论基础④

长期以来，受实证主义知识观影响，理论知识教学在高校处于绝对地位，而实践教学尚未形成相对独立、完整的教学体系。20 世纪 60 年代以来，特别是英国科学家波兰尼提出缄默知识的概念，此概念的提出不仅扩展了人们的知识视界，而且对知识的性质和知识的范围有了新的认识，这一点尤其体现在知识的深度和实施的广度，以及知识由认知层面向实践层面的转化上。与此同时，波兰尼经过长期思索和探究后提出显性知识和缄默知识两种类型。尽管有了两类划分，但客观存在并对人们的行为产生了深刻影响。显然，缄默知识作为一种元认知，

---

① ROUSE J. Knowledge and power: Toward a political philosophy of science[M]. Ithaca: Cornell University Press, 1987.

② 唐文中 . 教学论 [M]. 哈尔滨：黑龙江教育出版社，1990：115.

③ 张英彦 . 实践教学的理论基础探析 [J]. 中国大学教学，2006（6）：50-52.

④ 同上。

不仅是个体获得外显知识的向导和背景知识的基础，而且某种程度上支配着整个认识活动，对人的行为具有导控、定性的作用。此外，相对隐性的缄默知识为人们认知提供最终的解释框架和诠释话语，乃至知识指引的理念及行动。从该层面讲，缄默知识对于开展实践教学活动具有潜移默化的作用。

首先，缄默知识在人们尝试分析和解决问题时是必不可少的。人们通过自己的实践活动在尝试分析和解决问题时，不仅能够认识事物的现象，还能够通过现象把握和抓住事物的本质，以便最终能够为我所用。正是通过实践教学活动的开展，不断地建构人与自然、人与人和人与社会的和谐。也正是从该角度讲，人们在实践中不断地追求并实现生成性知识建构。

其次，根据实践经验和学理发展判定，缄默知识是显性知识的"向导"和"主人"。正确理解缄默知识有助于人们全面客观地理解人类的实践行为特征。在"实践→理论→再实践→再理论"的往复循环中，不断的证实与证伪推进人类的实践认识和理论发展到一个高度。从知识体系构成上讲，实践实现了缄默知识和显性知识的有机构成。

再次，人们通过亲身参加相关实践活动并从中领悟与习得缄默知识。根据知识形成机理和理论来源考证，R. J. Brownhill（1983）将知识形成分为四类：以数学、逻辑学、语言学为典范的工具性基础学科知识叫"形式知识"；以物理学、生物学和社会科学为典范的确认关系与事实的知识，叫"描述性知识"；以艺术和文学为代表的有关真善美的知识称为"说明性的知识"；以及"仅存在于实践中，并且获得它的唯一方法是通过学徒制来掌握，这并不是因为师傅能教给他，而是因为这种知识唯有通过持续不断地与长期以来一直实践它的人相接触才能获得的""实践性知识"。[①] 理论为实践教学提供认识论基础，促使人们重新评价实践教学价值。

最后，理论与实践构成知识体系，主要是指通过实践途径使学生对课堂所学知识有理解和应用。实践教学不是理论教学的点缀，而是其延伸和有效补充。石中英（2001）提出，这种价值定位很大程度上影响实践教学开展，没有充分意识到实践教学的目的和意义。实际上没有个体缄默知识的参与实践，学生难以真正掌握理论知识，理解其真谛。[②] 重视"实践教学"，不仅是为了受教育者会用显性知识，而且实践环节不能讲授的缄默知识，能够通过实践使有关知识真正深入人心并创造性地解决实际问题。

---

① BROWNGILL R J. Education and the nature of knowledge[M]. Lodnon: Biddles Ltd, 1983.

② 石中英. 知识转型与教育改革[M]. 北京：教育科学出版社，2001：241.

3. 教育目的观——实践教学价值论基础

千百年来，教育作为一种实践活动本身具有启蒙和开智的价值效用。教育始终是一个国家发展和民族未来的兴业之本。当下中国，作为世界上第二大经济体站在世界舞台的中央。在新的历史发展起点上，高校通过高教改革加快应用型人才培养已成为新时期的历史使命与现实需要。它们通过教育教学改革和教学模式创新实践，积极培养扎根本土、具有国际视野以及创新思维的应用型人才义不容辞。新时期，开展实践教学为高校转型发展增强了内生动力。

大学实践教学的目标，是为党和国家培养具有创新精神和实践能力、有较高综合素质的专门人才。基于实践教学目标的价值论基础，强化实践教学对于推动应用型人才培养具有重要的积极作用。陈佑清（2006）认为，"人的心理品质不能被看作是与经验方式相脱离的普遍的'心理能力'，……相反，人的发展以人在不同经验方式中的发展为前提"[①]。课程论专家泰勒提出了选择学习经验的一般原则，其中一条是："为了达到某一目标，学生必须具有使他有机会实践这个目标所隐含的那种行为的经验。"[②]

创新精神和实践能力的培养更离不开实践教学。著名心理学家斯腾伯格明确指出实践智力与缄默知识相关，实践能力只能在实践中形成。郭本禹（2004）认为[③]创新始于实践。实践教学中通过实验、实习、课程设计、毕业设计（论文）、社会调查、生产劳动等具体实践，可有效激发学生的科技创新兴趣、好奇心和探究活动，激发学生调动个人潜力，敢于突破某些定论和模式羁绊，从而形成和发展学生的创新能力。陶行知先生强调，"所以要创造，非要你用脑的时候，同是用手去实验，用手的时候同时非用脑去想不可。手和脑一块干，是创造教育的开始。"[④]培养学生创新精神和创新能力的基点，就是让学生通过实践活动接触自然、接触社会、接触问题，为学生思考、探究、发现和创新提供最大的空间。

从概念上讲，实践在马克思主义的哲学中始终处于核心地位。所以，马克思认为，实践是"人的感性活动"或"对象性的活动"的体现。实践教学作为一种基于实践教育理念和具体教学活动，目的在于教学活动中建构一种具有教育性、创造性、实践性的能力。作为应用型人才培养的重要手段，实践是一个重要的物质载体和操作平台，是一个实现由理论知识到能力转化的重要环节。

---

① 陈佑清. 论活动与发展之间的相关对应性 [J]. 教育研究，2005（2）：77-82.

② 泰勒. 课程与教学的基本原理 [M]. 北京：人民教育出版社，199：51.

③ 郭本禹. 当代心理学的新进展 [M]. 济南：山东教育出版社，2004：280.

④ 陶行知. 陶行知全集（第3卷）[M]. 成都：四川教育出版社，1991：533.

因此，宋晓玲、王娟（2008）借助哲学、教育学、心理学、社会学等学科理论，从不同的学科视角对高校思想政治教育实践教学展开理论探讨。他们认为，马克思主义哲学中的认识论和实践观提供哲学依据，教育学中的启发性原则、"以学生为本"的现代教学理念以及思想政治教育学中的渗透性原则、道德认知和道德实践相结合的原则原本是教育学的理论依据，却因其理论张力被运用于实践教学中，而心理学依据和社会学依据更是印证了它的科学之处。①

2007 年，教育部颁布《关于实施高等学校本科教学质量与教学改革工程的意见》，明确要求高校要加强本科教学改革，积极调整和扭转传统的知识灌输教学模式，向知识与能力并重的素质教育模式过渡。如何对实践教学进行科学检测与考核成为高校努力探索和改革的方向，受到社会广泛关注。随着经济社会转型发展，产业结构升级对高校人才培养提出了更高要求。高校培养的毕业生正由卖方市场转为买方市场，这对人才培养的规格和质量提出了更高标准。因此，高校应从课堂教学模式、教学理念、课程设计、教学安排以及效果评价等方面变革，以增加实践教学权重和加大实践教学环节，积极促进传统教学模式的转型转化。鞠巍（2012）从实践教学的理念、目标、常见模式、影响实践教学的考核原则、保证支持等方面讨论了如何高质量地完成实践教学工作，从中使学生真正受益。②

4. 自适应性学习——实践教学本体论基础

实践教学是一种基于现实需要的教育理念与教学活动。高校在实践教学中，亟须建构一种具有教育性、创造性、实践性以及以学生为主体活动的教学形式，以激励学生主动参与、思考、探索，促进学生整体素质全面发展。学生作为学习的主体，在教学中通过自我发现不足、自我完善更新，以及适应新变化进行自主性学习。他们既是教学中的实践主体，也要主动适应教育改革发展新形势、新变化而进行的观念革新和行为实践。从唯物辩证法的角度看，实践教学是实现学生自适应性学习的一种最佳体现。所以，教学实践不仅要突出学生的主体身份认同和角色转化，还要实现学生由"要我学"到"我要学"的转化，方能印证马克思关于"环境的改变和人的活动的一致，只能被看作是并被合理地理解为革命的实践"之道理。

应该说，马克思主义认识论和实践观为实践教学开展提供了哲学依据和理论支撑。实践教学的实践性特征，突出"一切以学生发展为中心"的现代教学

①　宋晓玲，王娟.略论高校思想政治理论课实践教学的理论依据[J].科技致富向导，2008（6）：13-14.

②　鞠巍.高校实践教学理论初探[J].学理论，2012（33）：227-228.

理念，以及教学中思想渗透、道德认知和道德实践相结合的原则等，为学生的自适应性学习指明了行动方向。当然，学习中的专业认知和品德认知活动是一个不断同化、顺应而达到平衡的过程，既是一个感知适应的过程，也是一个认知深化的过程。课程思政与道德实践强化，将有效地促进心理结构和专业结构协同发展。所以，专业理论知识可以在适应基础上逐渐吸收消化并内化为基本的能力养成。关于实践教学与理论教学的异质性问题，赵晖和王和强（2013）认为，理论教学暗含由实践到理论的抽象过程，以实践为背景和支撑，通过实践生成、检验和完善理论；实践教学内隐着从理论到实践的具体过程，突出体现为以理论为前提和约束，运用理论引导、规范和优化实践。[①]另外，甄阜铭（2015）认为，理论教学与实践教学关系，不仅受理论与实践的相关性影响，还受社会教学活动中的要素与结构、过程与机理的制约。[②]可以说，理论与实践教学中的人才培养目标任务的内在同一性，不断地实现理论与实践转化中的互释和互融、互动与互补。同时，两者间的相互独立性、异质性、自洽性特征不断地促进教学相长。教学中理论与实践的异质性，不仅表现在教学内容、手段、方法，以及评估等差异性上，而且在教学效果上也有显著差别。

研究发现，理论教学主要面向"客体"的"运动"世界，而实践教学主要面向"主体"的"行动"世界。在内容呈现上理论教学表现为以"必然性"维系的"规律"体系，实践教学表现为以"应然性"为依托的"规则"体系。理论教学模式主要通过"表达"而形成"教—学"模式，实践教学模式通过"表现"而形成"训—练"模式促进能力培养。关于这一点，庄西真（2010）从学做技术工人的视角，从职业技术学校到工厂过渡展开实证研究。[③]借助教学目标的不同，理论教学着眼于"求真"取向而建构"知识"，实践教学着眼于"求用"取向而塑造"能力"。实践活动被普遍地认为是人类具有的高级的、综合性的应变、调适行为，包括认知与辨识、权衡与选择、规划与设计、决策性行为。

大学的应用型人才培养，均将实践教育作为一种制度而施行，在国外有着较长的发展历史和实践基础，形成了诸多宝贵经验。张秀芳、付方方（2016）探讨借鉴国外先进的教育理念和方法，发现国外实践教学通过明确实践教学目标、丰富实践教学内容、规范实践教学管理、完善实践教学质量保障体系等措

---

① 赵晖，王和强.实践教学与理论教学的异质性辨析[J].教育探索，2013（9）：4-5.

② 甄阜铭.理论教学与实践教学的同构关系[J].现代教育科学（高教研究），2011（5）：79-80.

③ 庄西真.学做技术工人——从职业技术学校到工厂过渡的实证研究[M].北京：外语教学与研究出版社，2010：35-40.

施推进实践教学开展。针对国际贸易专业的实践教学，我国高校在吸收国外经验基础上构建了国贸专业本科实践教学模式。[①]

二、社会实践教学

1798 年，埃奇沃斯在《实践教育》一文中最先探讨并提出实践教育的学习方法。他认为，实践教育应建立在非书本基础上，主要涵盖思维行动、运动、游戏的灵巧性，进行观察、实验、发明创造、解决疑难等[②]方面的内容。可以说，该论文的发表和文章中提出的实践教育教学观点，对当今的实践教学产生了深刻影响。根据理论与实践的逻辑推演，实践教学概念的形成大致经历了"理论→实践→再理论→再实践"往复循环、螺旋上升的不断深化和完善的过程。根据概念的生成逻辑与演变更替，社会实践教学的定义形成过程是一个不断被证实和证伪的过程；完整意义上讲，任何概念的生成都要历经一个由实践到经验总结，再由经验到再次实践，以及最终将实践经验在地化、理论化、系统化表达，从而实现概念创制的过程。

社会实践教学，是依据传统课堂教学将所学过的基本理论、基本原则和基本方法，根据课程安排需要设置出一定的课时比例，积极组织和引导大学生利用寒暑假和课余时间走出校门，投身社会实践活动，尤其是带着问题和思考深入到农村、企业、社区、政府部门等真实社会与劳动现场，按照一定的教学要求和任务目标，要求学生通过眼睛观察、头脑思考、心灵感受，投身时代、回报社会的一种具体的实践活动，从而提高认识自我、分析问题、辨别真伪、判断是非以及自我教育的能力。在这一过程中，白云、王环（2012）通过积极发挥和融合思想政治理论课教师和学生主体性，以及学生自我管理者的基本职能，使之成为一个协调一致的系统和有机结合的整体，构建"社会实践实施前的计划＋指导、实施中的控制＋指导、实施后的反馈＋指导"的动态教管模式。[③]这为提高和增强实践教学实效性、优化社会实践活动途径提供了操作范例和实践参考。

在高等教育转型发展与应用型人才培养深度演进过程中，宇文利（2012）

---

① 张秀芳,付方方.国外实践教学经验对我国国贸专业本科实践教学体系构建的启示[J].对外经贸,2016（2）：124-126.

② EDGEWORTH R L. Practical education [EB/OL].[2004-11-24]. http ://www.nal.vam.ac.uk/exhibits/iniaturelibraries/practica/eduction.html, 1998-05-30/2004-11-24..

③ 白云,王环.思想政治理论课社会实践教学的思考与建议[J].当代教育科学,2012（15）：61-62.

指出，"就目前我国思想政治教育学科和专业的实际情况看，各地各校专业开设的课程并不规范，不仅广泛存在着因人设课、因岗设课情况，甚至也有随意开设或不开设某些课程的情况。这不仅与增设马克思主义一级学科的精神和要求不相符合，而且滞后于中学新课改和新课标精神。"[①]可以说，思想政治教育职业敏感性的基础要件和专业核心素养问题，涵盖了人类社会活生生的物质世界和精神世界。从物质层面透视，思想政治专业实践教学涉及内容、功能、作用、价值以及意义，目的在于提高认知、增强能力。从精神层面考究，思想政治专业实践教学大致涵盖了政治理论、社会思潮、思想动态、媒体舆情、时事政治、社会热点、民生痛点、学术热点以及国际政治等一系列敏感问题，需要深入持久地关注。因此，它不仅要求教师对现实世界和现实问题有所感知、有所触摸和有所领会，而且要求教师及时正确地引导学生在学习、生活过程中理性地看待和科学地识别现实问题，尤其是当下机遇与挑战共存的情况下。这些均需要通过实践教学这一物质载体，帮助学生形成正确的理性判断和逻辑推演。唯其如此，方能使徜徉在"书斋"里的学子做到"家事国事天下事事事关心"，做到学以致用。

（一）实践教学环节

本项目以思政专业的社会实践课程建设为物质载体和操作平台，通过开展社会实践教学进行应用型人才培养，目的在于进一步提高人才培养质量。根据实践教学的科学性、实践性、针对性、对象性和实效性，项目对社会实践教学的课程设置、任务安排、过程实施、教学组织、结果考核、成绩评价以及质量监控等进行探索。通过实践教学的开展，高校可以检验教师的课堂教学质量、教学目标的实现情况以及教学水平；可以强化教学质量监控，实现教师对课程资源的有效开发，便于改进教学方法与提高教学质量。同时，高校通过实践教学还可有效检验学生的学习效果。一方面，有效检验学生对基础理论知识的学习、理解、掌握和运用程度；另一方面，强化学生的基础知识转化、专业核心素养提升，提高职业道德修养、专业技能、综合素质以及开发实践能力。

在实践教学中，首先，高校要对其进行科学设置和合理安排，根据课程性质和课程特征做好教学大纲与实施方案。其次，教师要对课堂教学具有教学设计的理念。既要积极有效地进行课堂教学设计，又要及时有效地启发学生思考，并开展创新思维训练。最后，高校要对实践成效进行科学评价，通过建立科学合理的评价指标体系，科学监测和检验学生的理论学习和实践行动是否统

---

① 宇文利.现代思想政治教育课程论[M].北京：北京大学出版社，2012：2.

一，以及最终从教学层面上检验教学目标是否达成。教师要通过坚持问题导向，引导学生在实践中仔细观察、认真实践、科学分析，对经济社会发展中的客观问题能够由此及彼、由表及里、从现象到本质进行形成机理与演化逻辑的科学研判，并对事物发展基本规律以及未来趋向有清醒认识，科学推进应用型人才培养。

当下，中国作为世界第二大经济体逐步进入世界舞台的中央。受到新冠疫情影响，国际政治经济风云变幻，国际关系错综复杂，经济社会转型中的热点、焦点、难点，甚至"痛点""盲点"问题，需要学生积极思考，予以理性关注。特别是国际社会普遍关注的重大事件和国内民众密切关注的焦点、学术理论的热点、社会发展的痛点、深化改革的难点，以及未来潜在的盲点问题等，均需要教师正确、及时、科学地引导学生科学识别、理性分析和精准预判。教师要以求真务实的态度引导学生一分为二地看待和分析客观事物的运动变化和发展规律；以客观公正的态度理性看待实践教学的针对性、目的性、实践性和科学性，对应用型人才培养形成准确判断。一是，教师要引导学生在实践教学中善于观察和发现问题，通过学生主动接触和感知社会，触摸社会形成正确认识，把握实践的规律性，有的放矢地尝试解决问题。二是，教师要让学生在感知和接触真实社会的过程中，直面问题而不回避存在的问题，努力探寻实践教学的本质、规律。教师通过努力揭示实践教学的内在逻辑与运行轨迹，并在对社会实践教学促进应用型人才培养的规律性认识基础上进行理性深入阐释，努力找到开展实践教学和提升人才培养质量的破解之道。学生要广泛地深入基层生产一线，通过积极参加劳动锻炼、展开调查研究、主动服务社会以及创新创业训练等活动，通过开展多种形式、不同内容的实践项目，促进自身快速成长。

本项目围绕研究主题，综合运用文献研究法、跟踪观察法、实验实践法、田野调查法和对比研究法等展开，目的是在思政专业认证背景下，按照国家专业建设标准对标，努力推进思政专业的应用型人才培养，为中小学培养合格的思想政治课优质的"四有"好教师。因此，本项目在课程设置、教学安排、教学实践以及成绩评定中遵循教育教学的基本规律，扎实推进实践教学改革实践。围绕"应用型人才培养""实践教学""课程资源开发""探索性实验"等关键词展开实践教学改革与实验研究，既是新时期地方高校主动适应基础教育发展的现实需要，也是普通本科院校向应用型技术大学转型，进行应用型人才培养的战略抉择。

在转型发展视角下，地方高校转型发展和应用型人才培养需要遵循教育教学规律、学科发展规律、专业建设规律以及人才成长规律，通过开展实践教学活动扎实推进人才培养质量的提高。因此，地方高校要强化实践教学的顶层设计，深化教学内容和教学体系改革，构建应用型人才培养新模式，通过激发学生的学习兴趣和学习积极性，夯实学生的学习基础，激发学生的内在潜能与创新思维；进一步优化实践教学的培养方案，推进模块化、探究性、专题式教学；根据学生的学习兴趣、爱好进行系统化、专业化、综合化集成培养，根据学习对象的个体性差异，采取有针对性、差别化的教学方法进行分类指导。高校通过采取灵活多样的教学方式和教学形式开展实践教学，注重过程和结果相结合的综合考核方式，以柔性的执行方式科学推进教学实践。

（二）实践教学研究方法

蔡则祥、刘海燕（2007）发现，"实践教学作为再现实践过程、建构实践模式、传授实践知识、训练实践技能、提炼实践逻辑、生成实践策略的'训—练'体系，是人类实践能力塑造和实践素质养成的格式化。实践活动的复杂性、综合性决定了实践教学的复杂性、多维性，决定了实践教学的复杂性和不确定性"①。实践不能单独脱离理论而存在，这就决定了实践能力塑造和实践素质养成是一个动态过程。理论研究上，我们需要从实践教学的基本概念、内涵外延以及概念界说等方面加以阐释。实践中，我们要运用发展变化的观点，站在系统性、整体性的角度，运用分层、分类方法，对基本概念和内涵进行比较研究，以科学的方式看待实践教学研究的科学性。

1. 系统性、整体性研究

近年来，高等教育教学改革发展不断向纵深方向演替，无论是实践教学，还是实践教学体系，在教学改革实践中被频繁提及和使用。应该说，概念的提出不是理论研究的结果，而是教学实践的结果。根据实践逻辑与价值逻辑形成的概念推演，最初在人才培养方案的课程大类中叫作"实践性教学环节"，后来被进一步简化为"实践教学"。近年来，学术界、教育界和政界为了深入推进教育教学改革取得实效，积极探讨实践教学的整体优化、实践教学与理论教学的内在统一、实践教学环节的内在联系，以及专业实践和社会实践、创新创业教育等实践教学的有机整合问题。一个突出的特点在于，都在积极强调增加实践教学环节和理论教学环节在内容与结构上的探讨，并从系统性、整体性角度提出实践教学开展的价值与效用，按照实践教学的系统功能和结构功能，整体推进与局部实验，协调发展和耦合推进等，在此基础上提出"实践教学体系"的概念。

---

① 蔡则祥，刘海燕.实践教学理论研究的几个角度[J].中国大学教学，2007（3）：79-80.

研究发现，教育教学中"实践性教学环节""实践教学""实践教学体系"等概念没有严格区分，但并不影响教学工作的正常推进和实践活动的开展。相反，在教学中实践教学的概念逐渐走向分化与具体化，而研究视角趋向整体化和系统化，学校的实践教学被逐渐赋予与理论教学具有同等重要的地位来实施。从教学效果看，应用型人才培养中实践性和针对性显著增强。理论教学与实践教学、社会实践与专业实践、课堂实践与课外实践、专业实践与综合实践的整体性、过程性和系统性进一步融合，从而形成教学中方法和内容相互影响、相互渗透和相互联系的有机整体，有效助推了应用型人才培养。

"体系"是若干事物相互联系、相互制约而构成的整体。"实践教学体系"是由实践教学活动的各个要素构成的有机联系的整体。对实践教学整体性的认识有助于运用系统科学的理论与方法对组成实践教学体系的各个要素进行整体性设计，以形成结构和功能最优的教学系统，努力培养大学生的应用实践能力。从现有文献来看，实践教学研究"缺乏宏观实践教学体系层面的整体性研究，缺乏点、线、面、体的实践教学体系的总体设计思路，知识实践教学的开展过程一直处于不系统、断续、分块状态中"[1]。从教学的实践性、系统性、整体性视角深入探究，实践是"理论知识—实践知识—实践技能"[2]转化的重要举措和关键环节；不仅如此，实践教学的开展与实践技能训练有助于建构普通高教人才培养的实践教学体系。

社会实践教学的开展，目的在于在提高大学生思想政治素质基础上自觉践行社会主义核心价值观，自觉将自己的前途命运与国家发展、民族复兴大任等有机结合起来。学生需要正确面对和认识自己，积极努力及时提升自己，与时俱进地满足社会发展所需的素质要求。借助思想政治理论课实践教学活动的开展，陈松林、熊希玲（2014）提出实践教学应遵循的基本规律和发展逻辑，具体讲就是必须遵循知行统一、正确践行，教师主导、育人为本，结合课程、有机渗透，明确主题、任务细化，内外结合、优势互补，全员参与、组织有序，尊重个性、分类指导，全程管理、保障有力，统筹规划、运转协调，建章立制、科学评价的"十条"原则，[3]通过系统性建构和科学化推进，形成自我完善和自我发展的社会实践教学体系。

当然，作为一个相对完整的教学系统，社会实践教学的开展还应具有驱动、

① 蔡则祥，刘海英．实践教学理论研究的几个角度 [J]．中国大学教学，2007（3）：79-80．

② 赵晖，王和强．实践教学与理论教学的异质性辨析 [J]．教育探索，2013（9）：4-5．

③ 陈松林，熊希玲．高校"思政课"社会实践教学的目标和原则新论 [J]．长江大学学报（社会科学版），2014，37（5）：149-151．

调控和保障功能。从人才培养层面，学校需要对课程设置和教学安排进行系统性安排，这样才能使整个教学系统保持有序、有效运转，通过发挥和融合教师的教和学生的学，将理论与实践有机结合起来，使之作为一个协调一致的系统和有机整体，积极构建一个"社会实践实施前的计划＋指导、实施中的控制＋指导、实施后的反馈＋指导"的动态教学管理模式，这对于提高和增强社会实践教学的实效性与科学性具有重要的实践意义和实践价值，也是积极优化大学生社会实践活动的有效途径。

2. 分层次、分类别研究

实践教学体系可从教育类别、学科类别、专业大类、教育层次进行大类划分。譬如，按照教育类划分，又可分为普通高等教育、高等职业教育等实践教学体系。其中，普通高等教育体系按照教育类型，又可细分为研究型大学实践教学体系、教学型实践教学体系、教学研究型实践教学体等。还可以按照学科、专业大类进行分类，如电子类、采矿类、医学类、农林类、经管类以及法学类实践教学体系等。在每一个大类中，还可进一步地细化分类。比如马克思列宁主义理论一级学科下，又可以分为思政专业实践教学体系、马克思主义中国化实践教学体系，以及思想政治教育理论实践教学体系等。如果按照学生培养的不同层次划分，还可分为专科、本科以及研究生等实践教学体系。此外，在接受职业教育之前的实践教学体系，根据实际情况可分为不同类型、规格和面向特征的小学、中学、大学等实践教学体系。

总体上看，实践教学尽管有不同的层次划分，但是在本质上并无差异，都是进行人才培养的重要手段。所不同的是，所处实践教学体系、类型和层次差异而出现结果不一致，教学大纲、教学目标、教学要求、教学组织、教学任务、教学评价不同出现教学结果差异而已。因此，我们必须根据教学任务、教学目标和教学要求，以及课程性质分门别类地展开实践教学，以取得真正实效。

也就是说，我们应根据不同学科专业、不同学历层次、不同教育阶段，以及不同问题采取行之有效的教学策略。例如，针对经管类专业的市场调查、资金风险评估等的实践教学，需要注重实践观察、调查研究和数据分析的能力；而针对工程设计、机械制图等课程的实践教学，需要的则是样本制图绘画、产品设计包装、工艺流程施工等能力。同理，应用型大学的实践教学和教学型大学的实践教学各具特色；究其实践目标和实践本身并无分异，但对于不同专业的人才培养要求、综合能力素养、基本技能训练、科研能力锻炼以及创新创业能力提升而言，实践教学的课程设置与教学安排不同而出现教学结果迥异，无不印证教学中"教无定法、教学有法"的道理与实践智慧。

3. 比较研究视角

比较作为科学研究的重要方法，能够在相似性中找到内在和本质上的差异，目的不仅在于借鉴和发现，更在于揭示出内在异同和相关差异。我们通过纵横向比较研究，可以发现国内外实践教学的优劣与可资借鉴之处。无论是实践教学的实践模式、实践方法、实践过程以及实践路径，还是实践教学的实践价值、实践目标和实践意义，比较研究对于深度推进教育教学改革和应用型人才培养是一个重要的实践思路和具体方法。

国外大学十分重视实践教学对学生的能力培养，通过采取不同的举措开展实践教学，尤其是美国和德国的应用型人才培养效果显著。比如，美国 MIT 学生在在校期间就积极参与工业界的诸多实践项目的实施和开展，学校被称为是"动手"的地方。学校鼓励学生成为敢于创新、勇于承担风险的"探索者"。该校理工文科都非常重视学生的实践能力培养。尤其是 MIT 还努力为文科生提供参与政治和公共事务实践和研究的机会。例如，学生到议员办公室、法律实务机构，以及研究公共卫生、环境、无家可归者等社会问题的机构实践，通过参与一定的工作，在课堂知识以外增加参与政治活动、公共事务以及决策与实践的实际工作经验。

田莉、柏洁茹（2017）结合美国访学体验，尤其是参加美国高校的社会学、政治学、人类学、传媒学等人文社科类课程实践教学，在深入实地考察基础上结合国内的思想政治课实践教学展开情况进行比较[1]，发现美国高校人文社科课程实践教学在选题上更加注重科学性和自己从事的兼职工作场所生活化调研，往往他们的实践具有延续性和反复进行验证，而国内则是一次或两次居多。国外团队构成，往往是 2～3 人组成且任务分工明确，更加注重工作有始有终地完成。相比而言，国内通常团队成员较多，团队成员中存在不干事的情况，导致项目没法很好地协作完成。在信息反馈方面，美国教师往往受过专业训练，也能给学生专业性的指导；恰好相反，国内的训练注重文献研究梳理，存在实效性不强的问题。在实践成绩评定和成效转化方面，国外实践成绩一般占开设课程总成绩的 50% 以上，国内的实践教学成绩约占 30%。美国高校实践教学考评除了实践过程和实践报告之外，每人还会根据各自实践做介绍，而且十分注重实践教学成果转化与团队分享。

多层次课程标准在许多国家和地区获得较快发展，不仅在于实践路径与方法运用的科学性，而且更在于实践教学中跨学科的科学性和融合性。比较出名

---

① 田莉，柏洁茹. 美国高校实践教学与我国高校思想政治理论课实践教学对比研究 [J]. 黑河学刊，2017（5）：132-133.

的是美国的社会学科全国委员会（National Council for the Social Studies）（简称 "NCSS"）。要想获得成功、职业培训以及就业，需要大学在实践教学中帮助学生建构一种批判性思维和解决问题的能力。丽莎·麦克劳德－钱布利斯等人（2016）研究发现，美国社会学科教育工作者对学生负有额外责任，要让他们为公民生活做好准备。历史、地理、经济学、公民教育的老师，作为社会学科的教育者，致力于培养学生的批判性思维、解决问题的能力以及参与能力，使学生成为了解社会、具有参与性的公民。①

根据其实践教学的实践方案和实践原则，以及实践对象的针对性和实践进程的完整性，多层次课程标准有效地推进了实践教学改革。首先，公立教育课程结构形成相对完善的课标。多层次课程标准的建设施行，一定程度上实现了国家和地方不同层面的认同与发展；尤其是数学、英语语言技巧和阅读共同核心州立标准（CCSS）的建立，无形中促使各州也在科学和社会学科领域制定标准，甚至有的在专业领域内部制定职业教育标准，如 NCSS 通过全国的教育领导者、政府官员和一些支持公共教育的机构等部门行业人士的通力合作，为满足教育和职业需要做好了相应准备。应该说，共同核心州立标准（CCSS）重点培养学生在这些领域获得成功所需的批判性思维、问题解决能力和分析能力。② 各州社会学科课程标准在范围、长度、学科重点、内容的具体性上存在着巨大的差距。一些标准框架是比较广泛、一般性的描述，甚至其他州则利用其所采用的标准推动州内教学计划、评估计划和教学效果考核计划的制定。③

为解决该问题，NCSS 为各州社会学科标准制定了大学（College）、就业（Career）和公民生活（Civic Life）框架（总称为 C3 框架）。C3 框架要求学生进一步为大学和职业生涯中的挑战做好准备，并加入第三个重要因素：为公民生活做好准备。④ 它尽管在教学中涵盖了不同社会科学的实践教学内容、相关社

---

① 丽莎·麦克劳德－钱布利斯，邢宽，李欣樾.美国的社会学科教学实践 [J].中学历史教学，2016（1）：22-24.

② Council of Chief State School Officers. Common core state standards[M]. Washington, D.C.: National Governors Association Center for Best Practices, 2010.

③ Developing state and local social studies standards[M]. Silver Springs, MD: National Council for the Social Studies, 2014.

④ Kathy Swan, Keith C Barton, Stephen Buckles, Flannery Burke, Meira Levinson.The college, career, and civic life (C3) framework for social studies state standards: Guidance for enhancing the rigor of K-12 civics, economics, geography, and history[M]. Silver Springs, MD: National Council for the Social Studies (NCSS), 2013.

会科学的实践方式和实践路径，但并未在更深层次、更宽领域以及更广视野等探究实践教学，如包含具体社会学科的内容。社会科学实践教学的相关制定者们仍旧希望社会学科教师能够为培养批判性思维、问题解决能力和分析技巧建立明确而连贯的指导方针。然而，这样的一种适应性广、可借鉴推广的建议和实践方式难以落地实现。

应该说，共同核心标准对社会学科教师而言，教学中面临平衡这些标准的各种挑战与能力风险。基于标准教学中的这种趋势，客观上要求教师教学需要进行教学设计，为学生提供成长达到的标准，这些标准不仅包括具体目标，而且包含技能发展。J. McTighe 和 E. Sief（2003）认为，这种课程设计方法主要是基于一个假设，即为了让学生理解内容，教学的设计方式必须能够帮助学生达到标准要求。[①] 而 G. P. Wiggins 和 J. McTighe（1998）的 UBD 模式遵循两条基本原则：第一条，教育的首要目标是促进学生理解的发展与深化；第二条，显示学生理解程度的标志是学生在真实的环境下对于知识和技能的应用。[②] 正如 G. P. Wiggins 和 J. McTighe（2005）所言，"以末端作为开始，倒推所预期的结果（目标或标准），然后从让学生表现所需的标准和教学所要求的学习证据（表现）中设计课程"[③]。

张晓燕、俎文红（2012）对美国职业大学和研究型大学的实践教学模式进行研究，发现职业教育对象不仅仅局限于高中或中学毕业的学生，还有农民、失业人员、家庭主妇等任何渴望掌握一门新技能的人。德国 FH 与企业密切合作执行实践教学办学制度；加拿大的"以能力为中心"的实践教学模式；英国则采用"三明治"的实践教学模式。[④] 尽管国外实践教学模式为社会实践教学工作的开展提供了间接参考，但究竟哪一种能为我所用，还需要明确以下几个关键性问题。第一，充分预判和考虑学生需要什么，他们已经理解了什么，教师能够做什么，并依此来研判学生的学习预期成效。第二，应该如何评估学生的学习状况，研究如何评价学习的基本成效。第三，还要通过科学规划来推进实践教

① MCTIGHE J, SIEF E. A summary of underlying theory and research base for understanding by design.", 2003, retrieved from [EB/OL].http://jaymctighe.com.

② WIGGINS G P, MCTIGHE J. Understanding by design[M]. Alexandria, VA: Association for Supervision and Curriculum Development, 1998.

③ WIGGINS G P, MCTIGHE J. Understanding by design[M]. 2nd ed. Alexandria, Va: Association for Supervision and Curriculum Development, 2005.

④ 张晓燕，俎文红. 美国高等院校实践教学模式对我国高校的启示 [J].陕西教育：高教版，2016（3）：32-33.

学，尤其是将学生的学习体验和教师的教学指导工作有机结合，具体涉及学生的知识技能、教材准备，以及教学活动设计。

（三）实践教学模式研究

作为应用型人才培养的一种模式，实践教学重在进行实践能力培养、创新意识培育以及学习能力提升等综合素质发展。相对于传统课堂的理论教学，实践教学在增强学生的能力转化上具有不可比拟的相对优势。陈园园、时伟（2012）在对国外大学实践教学的经验、特征等分析基础上，针对国内大学社会实践教学弱化的问题，提出借鉴国外实践教学模式建构我国大学社会实践教学模式的建议，以幸福教育的价值取向和以学生自主学习能力培养为核心[①]。翁玮、张超、刘俊伯（2016）对七个国家不同的实践教学模式进行比较研究，围绕实践课程设置、师资结构、实训基地、校企联合等方面的异同特色展开分析[②]，通过比较对当下中国的大学实践教学改革，尤其是思政专业应用型人才培养与实践教学改革发展意义深远。

国外建立在知识应用和知识转化基础上的实践教学思想由来已久。从理论溯源发现，实践教学思想萌芽最早可追溯到古希腊苏格拉底提出的"知识即美德"的思想；然后，在捷克教育学家夸美纽斯和法国思想家洛克，后来的空想社会主义者卢梭、裴斯泰洛齐和福禄倍尔等为代表的自然主义教育家的教育思想，以及美国教育学家杜威的不断完善和发展。根据长时段理论分析，实践教学实则是一部教育发展实践史，一定程度上反映了教育发展轨迹，也为实践教学构建了一个实践的知识图谱。

伟大理论产生于伟大实践。从理论产生根源考究，实践教学理论无不与当时的政治、经济、文化以及社会思想变迁紧密关联。20世纪70年代以后，科技革命催生人才专业化、高端化和产业化发展，就业市场人才需求数量和质量迅速转型转化。特别是世界经济形势变革引起的政治、经济、社会变革，同时影响千家万户的生计与就业。正是在此种背景下，学校教育更加关注学生成长与就业发展，并提出教育要坚持"以学生为本"的理念，成为人们关注教育发展而热烈探讨的中心议题和主要话题。随着经济社会快速发展，人们对教育公平和呼吁驱除理论权威的愿望日趋强烈；社会期待科学理论指导生产生活实践，以熨平理论与实践的鸿沟和缩小二者之间的差距。因此，让实践经验与生活智慧进入课堂，已经成为学校教育改革发展的热门话题。陈超、赵可（2005）认

---

① 陈园园，时伟.国外大学实践教学的模式与借鉴[J].煤炭高等教育,2012,30（4）：38-41.

② 翁玮，张超，刘俊伯.国外实践教学经验探析[J].价值工程,2016（31）：194-197.

为，"联合国教科文组织发表的教育报告中提及教育四大支柱（学会学习、学会做事、学会合作、学会生存）既可以看作是教育的四大目标，也全面阐述了国际社会对未来人类学习问题的理解，体现了教育改革主题和观念的变化。"①

20世纪90年代，在全球第三次工业化浪潮席卷下各国对高等教育促进经济社会发展的重要性认识与人才认知提高到一个战略高度。表面上看，社会对人才发展和技能提出更高的要求，实则反映出高等教育培养的人才无法满足工业化发展。教育国际化的发展迫使其成为政治、经济、文化改革的重要组成部分，不可逆转。尤其是随着经济全球化的发展，区域产业结构调整与转型升级、经济发展与社会转型、就业需求与劳动组织变革等对教育培养的专门人才提出了新的要求。过去，人们对教育功能和作用的认知较为单一，更多地停留在培养学生的基本技能方面，忽视学生的生存发展能力和社会适应性。随着产业革命的深入推进，教育已不能单纯停留在满足社会对劳动者素质要求层面，更重要的是培养学生获取和处理信息、沟通交流与他人合作、共同协商与解决问题、主动探究与担当作为等关键能力与核心素养。同期，社会所需要的人才素质无形中为大学的实践教学理念兴起、实践教学开展和高校教学改革提供了客观所需。

翻开大学发展史，各国因发展阶段不同，大学兴起时间、文化传统差异、工业化路径和现代化进程不同，人们对大学实践教学的重视程度和理解也不同。因而，各国大学设置的实践教学从内容到范围、从结构到体系亦不尽相同。"在这个过程中，西方大学广泛加强了学生实践能力的培养，并将实践教育的思想渗透到大学的各个层面，贯穿在大学人才培养的全部过程中，实践教育成为大学的'制度化理念'，大学教育知行结合、学思结合、课堂内外结合、理论与经验结合的发展方向，为大学提高人才的创新能力、实践能力、协作能力提供了思想上和制度上的保障。"②顾明远（1990）认为，教学模式是指反映特定教学理论逻辑轮廓，为实现某种教学任务的相对稳定而具体的教学活动结构。③实质上，教学模式就是一种学习模式，通过教学帮助学生获得信息、认同思想、训练技能、形成价值观、培养思维表达方式。

---

① 陈超，赵可.国外大学实践教育的理念与实践[J].外国教育研究，2005，32(11)：33-38.

② TILLEMA H H, KESSELS J W M, MEIJERS F. Competencies as building blocks integrating assessment with instruction vocational education: A case from The Netherlands [J]. Assessment & Evaluation in Higher Education, 2000, 25(3): 265-278.

③ 顾明远.教育大辞典[M].上海：上海教育出版社，1990:711.

1. 创业式实践教学模式——以 MIT 为例

MIT 是指麻省理工学院，其校训为既会动脑也会动手。实践教学理念的形成也是对实践教学活动的认识深化与提升。实践教学理念源自该校创办者罗杰斯注重实用性知识的思想。黄声（2017）认为，"实践教育应主要提倡建立在非书本基础上的学习方法，包括考验思维、行动、运动和游戏的灵巧性，进行观察、实验、发明创造和解决疑难等"①。对文化与智能工业的追求成为实践教学的理念。强调最真诚的合作，尤其是强调手脑并重，在学会书本知识的同时更要学会如何运用，实践教学，通过动脑动手实践，实现创新发展。

MIT 工程类创业教育项目，为校友基地和院系发展提供了良好典范。这种支持性的创业活动成为 MIT 文化的一部分，MIT 采用多种方式鼓励这种文化传播。其中，发展态势最为良好德什潘德（Deshpande）技术革新中心。MIT 工程类创业教育项目的特色在于资助研究人员手上必须有研究项目，这些项目经专家评估后具有潜在研究和投产价值。2002—2004 年短短两年时间里，他们一共资助 51 个项目，金额达 600 万美元。国外大学创业式、科研式及企业式实践教学模式，总体上讲有几个显著目标：鼓励学生和院系参与创业活动，为电子商务行业提供研究和教育项目；提供各种项目以指导想创业开公司的学生和校友。查尔斯·维斯特（2004）指出，"MIT 的科学家、工程师和管理者相信仅仅发明一个新产品，提出一个新设想，开发一种新技术是不够的，衡量成功的标准是他们的革新是否能在全球得到推广并被广泛接受"②。MIT 希望将这些专利应用于实际，并努力培养教职员和学生，帮助其成功地让风险投资物有所值。

别敦荣、李晓婷（2011）发现，"MIT 致力于在科学、技术及其他学术领域方面的知识开拓和学生培育，为 21 世纪的美国和世界提供最好的服务"③。学校鼓励自主学习、参与项目、进行创业，在强大压力下激发潜力，在成就学业的同时成就事业。叶茜茜、郭思村（2011）认为，该模式特点集中体现为：将实践教育渗透到学生的全部培养过程中，从学生入学选择研究项目、参加本科生项目计划到毕业前的就业选择计划，MIT 针对不同年级学生提供的实践机会，

---

① 黄声.创新能力导向下高校全日制工程硕士实践教学体系建构研究——以上海 H 大学为例 [D].上海：华东理工大学，2017:14-16.

② VEST C. Pursing the endless frontier; Essays on MIT and the role of research university[M]. Cambridge, MA: MIT Press, 2004: 124.

③ 别敦荣,李晓婷.麻省理工学院的发展历程、教育理念及其启示 [J].高等理科教育，2011(2):52-60.

包括校内实践、校外实践和海外实践[①]。黄继英（2006）认为，MIT 国际科学技术发展计划为学生们提供在中国、法国、德国、意大利、日本、墨西哥、新加坡等国家实习的机会[②]，实习时间从 3 个月到 1 年不等，尤其是管理学院的创业者中心鼓励学生和院系参与创业活动，提供各种项目指导创业、开公司、专为电子商务行业提供研究和教育项目等做法值得借鉴。

2. 科研式实践教学模式——以剑桥大学为例

"能力本位教育"这一思想在英国剑桥大学具有较好体现。熊川武（2001）认为，"能力本位以某一社会或职业群的知识与技能为目标取向，在进行职业分析的基础上，将职业能力进行分类与量化，然后进行课程组合"[③]。江捷（2007）研究发现，"教学与研究系统有机结合起来"，是卡文迪许实验室第一任主任麦克斯韦的首创。其在就职演说中谈到科学的重要地位，提出"我们中的一些人看到追求科学是我们生活中的重要事业"[④]。他强调教学与研究的有机结合，让学生投入学科前沿研究与探索实践中，开了历史先河并被后来者发扬光大，因为在科研中所学到的东西比单纯认真听讲好得多，成效也更为显著。

当前，卡文迪许实验室成为世界上最著名的实验室之一。最著名不在于科研成果，而在于将研究成果很好地造福人类。该实验室培养的人才有 28 位获得诺贝尔奖，该实验室也被誉为世界"科学家的摇篮"，享有世界"科研中心"的声誉。就是说，他们将科研精神和实践精神发挥到一个人类追求真理和科研精神的高峰，该实验室培育的科研成果和从这里走出来的科研人才灿若繁星无不印证这一点。

另外，英国实践教学还有"国家职业资格"（National vocatienal qualification，NVQ）模式，其最大特点是将培训考证与考试制度有机结合，构成"国家职业资格（NVQ）为特色的资格推动型实践教学模式。普通教育证书、NVQ 和 GNVQ 等构成了独一无二的国际教育完整证书体系，各证书之间还可互换。

3. 企业式实践教学模式——以 FH 为例

德国应用科技大学（Fachhochschulen，FH）是一所本科教育的技术大学，其实践教学成为企业式实践教学模式的典型代表。在德国，高教以高等职业技

---

① 叶茜茜，郭思村.借鉴国外经验加强实践教学基地建设研究[J].宁夏大学学报（人文社会科学版），2011,33（3）：180-184.

② 黄继英.国外大学的实践教学及其启示[J].清华大学教育研究，2006,37(4): 95-98.

③ 熊川武.实践教育学[M].上海：上海教育出版社,2001: 132.

④ 江捷.英国高校实践教学的启示[J].理工高教研究,2007,26(3): 40-41.

术教育为主体，并以培养大中型企业技术骨干或小型企业管理者及技术骨干为目标。第三次工业化浪潮加快了经济全球化，企业式实践教学构成德国高等教育发展的一大亮点和显著特色，成为德国高等教育的一个重要组成部分。张翠琴（2008）发现，不以学校论来评判学校，不以学校评判学生是德国企业式实践教学的两大特色。"一个园艺师、一个钳工和一个大学教授，在德国社会待遇上，基本是一致的"①。1981 年，德国科学评议委员会明确规定：德国应用科技大学和其他类型的大学，无论价值还是作用是"不同类型但是等值"的。

基于职业导向的企业式实践教学模式，德国应用科技大学的实践教学模式成为最大亮点。这也是在德国比较流行的一种职业教育模式，它主要通过企业与学校、理论与实践、知识与技能紧密结合，形成应用型人才培养的实践教学体系。黄继英（2006）研究发现，德国亚琛工业大学高度重视实践教学对学生的培养，实践教学贯穿整个教学过程，在整个教育计划中占很大比重。一学年中实践教学包括：半个月的工厂实习或项目研究、一周的工厂参观和交流、一个月的工厂实习和项目研究。②"这种教育模式的核心在于学校与企业共同培养学生。学生要进入职业学校，需首先寻求接收企业并与之签订合同，录用为企业预备员工，然后由企业或个人找职业学校就读。"③

在德国，大学理论教学涉及职业知识和普通文化知识，企业执行职业培训大纲规定，职业教育课程主要以技能培训为主。其特色在于，实训课占比高达60%～70%，学生在企业工作 3.5 天，在校学习 1.5 天。这样学生所学专业理论知识可在企业培训中获得实训，并得到企业生产和技术人员的现场指导，严格按照职业人才培养规律做到"理论联系实际"。"德国制定了完备的法律法规，如《教育法》《职业培训条例》《劳动促进法》等，对双方的职责及相关的激励与制约措施进行了明确规定，实行依法治教。完备的法律法规体系为德国企业式职业教育模式提供了坚实保障。"④综上可见，德国 FH 模式按照一种工序化科学流程进行，有着显著的企业式特点。企业视接受和指导 FH 学生实习培训为己任，企业是评价、考核实践教学成果的主体。德国 FH 实践教学模式，犹如"管中窥豹"，为我国应用型技术大学实践教学开展，强化学生自主性学习和实践应用能力培养，提供了具体的理论支撑与实践参照。

21 世纪以来，教育部批准并要求新升格本科的高校绝大多数变成应用型大

---

① 　张翠琴.德国应用科技大学(FH)研究[D].西南大学,2008: 26.

② 　黄继英.国外大学的实践教学及其启示[J].清华大学教育研究，2006, 27(4)：95-98.

③ 　周永军.泛实践教学的国内外研究现状综述[J].吉林画报·新视界，2012（7）：35-37.

④ 　同上。

学，MIT 创业式和德国 FH 企业式实践教学模式为其应用型人才培养提供了较好的操作借鉴。这既可以为产业转型发展储备应用型人才打下坚实的基础，又可为应用型人才培养实践教学模式提供样本参照。尤其是美国 MIT 创业式实践教学模式，引入市场机制，培养动手能力，开发创业潜能。FH 企业式实践教学模式不仅让学生学到必备的专业理论知识，还以学徒身份与企业签订合同，进行订单式专业对口培养。这些实践教学模式可以强化学习的针对性和有效性，为未来就业发展指明了方向，同样为我校应用型人才培养提供了有力的实践参考。

4. 中国实践教学——"教学做合一"模式

在中国，实践教学始于 20 世纪教育家陶行知先生提出的"从知行到行知的转变"这一教育思想。陶行知发现"行是知之始，知是行之成"，传统教学只注重单纯的知识传授，忽视知识服务与实践认知。他在教学实践和办学实践探索基础上，提出"教学做合一"的教育思想并在不同场合加以阐释。1919 年 2 月 24 日，陶行知先生在《时报·教育周刊·世界教育新思想》上发表了《教学合一》一文，精辟地论述了"教学合一"思想，并指出重教太过使得教和学出现分离。因此，他主张教学要合一并从三个方面展开深刻论述：其一，先生的责任不在教，而在教学，在于教学生学。其二，主张教与教的法子根于学的法子。其三，做先生的，应该一面教一面学，并不是贩卖些知识且终身贩卖不尽的。另外，还强调学都要以做为基础，要在做上教，在做上学；同时陶先生强调"在做上教的是先生，在做上学的是学生，先生拿做来教乃真教，学生拿做来学方实学。不在做上用功夫，教固不成教，学也不成学。"①

陶行知主张，"生活即教育"。教育智慧蕴含于生活中，"过什么生活便是受什么教育"，实则反映了教育在改造人的行为和观念中的价值效用和实践意义。揭示了人们的社会生活方式和思维不同，与所受教育环境、教育程度和教育水平密切关联。它深刻地蕴含了教育的长期性和持续性，以及教育过程的漫长性与实践性、持久性。在这里，陶行知所说的"教育"是指终身教育，是以"生活"为前提的，基于不与实际生活相结合的教育就不是真正的教育的认知。它坚持实践第一的实践观和价值观，坚决反对没有生活的死教育、死学校、死书本的学习模式，要求教育务必走出"象牙塔"。

"生活即教育"的实践观和教育观，使生活从定义到内涵赋予了更多的实践内涵和价值意义。就其本质而言，是生活决定教育，教育改造生活。需要明确的是，教育改造生活是指教育不是被动地由生活制约，而是对现实生活有能动

---

① 陶行知.教学做合一[M]//陶行知全集（第 2 卷）[M].成都：四川教育出版社，1991：124-127.

的积极促进和改进的作用。在现实生活中，将生活即教育的思想融入社会实践教学，目的是借助实践观和教育观把教育推广到生活所包括的领域，同时使现实生活能够提高到教育瞄准的水平。以杜威为代表的"实用主义"提出"从做中学"的重要命题。鉴于理论教学的抽象性和脱离学生实践，有学者提出通过职业活动解决该问题，提升教学效果。程建芳（2007）提出以实践为中心进行教学设计，在教学中带领学生研究生活中的真实问题，在研究问题和解决问题的实践中获得"真实经验"①。

陶行知在批判杜威"学校即社会"的教育思想时，提出"生活即教育"的理念。陶行知所提倡的"社会即学校"的真正含义就是根据社会需要办学校。教育内容上，人民需要什么生活就办什么教育；教育形式上，适宜什么形式的学校就办什么形式的学校。"社会即学校"不是学校消亡论，而是学校改造论，改造旧学校以适应新时代社会发展的历史与现实需要。"教学做合一。""教学做是一件事，不是三件事。我们要在做上教，在做上学"。其含义是教的方法要根据学的方法，学的方法要根据做的方法，强调教而不做，不能算是教；学而不做，不能算是学。可见，他强调在"做"的活动中获得知识。充分利用校内外教育资源，让学校教育走向社会并服务社会，成为发挥教育功能和使命的重要体现。至于树立"社会生活需要什么教育，学校就提供什么教育"的发展理念，无论杜威的"从做中学"还是陶行知的"教学做合一"思想，均成为社会实践教学的理论基础和来源之一。

5. 德国"双元制"模式

在德国，对于高等教育发展中的应用型人才培养，"双元制"职业教育实践教学模式是另一个成功的典范。所谓"双元制"模式，具体是指学校对学生进行文化专业知识的教育为"一元"，而企业对学生进行的职业技能教育为"一元"，正是在校企合作项目开展中，有效地推进了应用型人才培养。"双元制"模式（谢三山等，2002）具有以下特点②：

首先，进行校企联合办学。一方面，学校和企业之间商议好进行联合招生，即意味着学生在学校学习是学生，而到企业实习实践则成为企业的雇员。另一方面，在人才教育上学校主要根据企业的岗位需求和产业发展需求制订教育计划。在教学计划中，学校突出以就业为导向的基本特征进行人才培养，就是基本按照企业的用人需求培养学生，使学生不论是能力还是素质与企业的岗位要

---

① 程建芳.借鉴国外经验强化应用型本科教育实践教学[J].中国高教研究，2007（8）：54-55.

② 谢三山，陈春霞，廖忠诚.德国双元制对我校汽车维修类专业教改的启示[J].成都电子机械高等专科学校学报，2008（2）：40－43.

求等都是"无缝对接"。其次，学校按企业岗位要求进行课程编制。学校和企业双方按企业的岗位需求编排课程，确保学生一毕业就上岗。这样通过"订单式"培养不仅节约学校的办学资源，而且最大化地满足了企业的用工问题。学校按岗位技能需要进行职业技能分析，在此基础上制定技能目标，并将总目标分解成若干课程目标，结合企业对专业人才能力要求和专项能力分析结果编排大纲。再次，按照理论与实践相结合的原理，积极构建"双师双能型"教师的培育机制和实践机制。通过课程设置将"学校理论教师 + 企业实训教师"有机结合起来，实现师资结构的进一步优化。最后，坚持理论结合实践的原理，推进模块化专业理论知识教学和实训现场教学并重协同发展。"双元制"教育体系多以模块化方式进行专业理论知识教学，并利用实验实训设备，采取行为导向式教学将专业理论课教学推向实训现场，形成理论与实践的有效对接，实现"知识→能力→理论→再实践"转化。每个模块均涵盖学生实习情况的检测评估，考试由企业、学校和各行业的代表组成。

6. 加拿大的 CBE 模式

在加拿大，实践教学盛行 CBE（Competency Based Education）能力本位教育模式。这一模式体现以能力为基础，以职业岗位需要确定能力目标。其内容包括学习包的开发、实践教学实施、实践教学管理、实践教学评价四个阶段。专门委员会根据分析确定综合能力和专项能力，设定具备可操作性的学习目标，注重实践学习的个性化，从易到难安排实践教学计划。这一模式具有以下特点：

第一，以培养能力为实践教学目标。加拿大的 CBE 模式将学生职业能力的培养作为是实践教学的目标。能力主要由职业知识、职业态度、职业经验、职业反馈四个方面构成，每个方面均能构成一种专项能力，每一学习模块都能达成一种专项能力。第二，实践教学计划制定以 DACUM 分析为基础。方法具体为[①]：由在某一职业的资深优秀从业人员组成专门委员会，对该职业进行工作职责和工作任务分析，通常可将一个职业分解为 8～12 个综合能力，每一个综合能力包含 6～30 项专项能力，然后将每个专项能力进行具体详尽说明，最终得到一张 DACUM 表，包括 9 个职责、122 项任务、最终绩效 122 条、能力目标 535 条，以及能力培养的不同层次要求。[②]实践教学计划根据教学单元和教学模块，并按知识和技能的内在联系排序执行，若干个相关单元组成一门实践教学课程，同时划分出基础实践课程、职业技能课程、预备课程。第三，加拿大 CBE 模式实践课程设置、理论基础课程设置以专业必需、够用为度强化实践能

① 翁玮，张超，刘俊搏 . 国外实践教学经验探析 [J]. 价值工程，2016（31）：194-197.

② 汪洋，肖晗予 .CBE 模式及其对我国职业教育的启示 [J]. 文教资料，2010（7）：112-113.

力培养，并对教学内容根据其相关度和作用进行较大规模的删减、合并和减少，目的在于适当设置综合课程，其对于传统文科实践教学同样具有借鉴价值。

7. 澳大利亚的 TAFE 模式

澳大利亚实践教学，是政府直接领导下的一种技术和继续教育相结合的高等职业教育模式，简称为 TAFE（Technical and Further Education）。该模式的突出特点为：以学生为中心，以教师为主导，以开放式互动为教学方式。该模式教学没有固定的教材、专业和课程设置，教学内容的安排都是根据行业、企业和地方经济进行设置。实训教学按照国家培训局（ANTA）批准的能力标准开发实训课程，课程要经过认证和注册才能施行，学校和培训机构对学生进行培训与教育，按照能力标准评估指南对学生培训教育结果开展评估，对评估合格的颁发国家资格证书。学员的学习时间安排上，80% 在工作场所进行工作本位的学习，只有 20% 的时间在学校。

通过比较研究发现，上述几种实践教学模式尽管各有各的优缺点且内部差异特色鲜明，但就实践教学的本身而言，它们内在地存在着五个方面的共通之处，即：第一，以职业能力提升为目标，设置实践教学课程是实践教学的出发点和重点。第二，专业课程设置中实践教学课程所占比重较大，通常占总比例 60% 以上。第三，实践教学内容与实际岗位能力匹配，且匹配度以及内容与能力标准紧密相关。第四，实践教学课程的教学地点，已经从单一学校走向企业、学校和社会。第五，实践教学课程的设置由学校和企业共同完成。这对我们结合国内实践教学经验助推国内实践教学发展具有重要的现实意义。同时，既要看到新时期实践教学应加强政府、企业、学校和社会之间的互动，加快政产学研用的一体化进程，又要看到社会实践教学对教师能力的高标准和严要求与日俱增。当然，这既有主观原因的人为因素考虑，也有客观缘由矛盾叠加累积的原因，需要积极面对而非逃避问题。所以，社会实践教学应"以学生为中心"，坚持人才培养的需求导向尤为紧要和十分必要。

三、实践教学环节

从实践教学过程看，高校需遵循教育教学的基本规律、知识积累以及学生身心发展规律，遵从"知识学习→实践教学→知识转化→目标达成"的转化规律，通过实践教学的开展帮助学生实现从知识到能力的转化，也即在教学中运用知识形成技能，在行动中通过实践增强能力，提高学生的专业核心素质。作为培养学生创新精神和实践能力的重要手段，实践教学是提高学生综合素质的关键环节，也是高等教育教学改革发展中从教学手段改革、教学方法改进、教学内容更新方面提高教学质量的重要"助推器"。从现有文献研究看，无论数量还是质量，无论深度还是广度，无论理论还是实践，均与经济社会转型发展对应用型人才培养的市场需求不相适应。这某种程度上制约了实践教学的深度推进与改革发展。蔡则祥、刘海燕（2007）呼吁学界加强社会实践教学理论研究，从"整体性、分层分类、比较研究"等方面展开探讨[①]，为社会实践教学的理论与实践研究拓展新空间、打开新视角和开辟新思路。

（一）实践教学环节简述

实践教学与理论教学，是教学体系中一个密切联系又相互独立并统一于教学整体大系统中的两个子系统。如果把实践教学仅仅看作是课程教学的附庸，就会造成实践教学与理论教学相互脱节，失去相关性。高校的实践教学是为了实现人才培养目标，在理论教学基础上加强各学科和各专业的教学开放性、互动性和实践性，培养其综合素质和职业能力的课程安排。实践性教学环节是为了配合理论教学开展，培养学生分析问题和解决问题的能力，加强专业训练和技能锻炼，增强实践能力而设置的教学环节。

实践性教学环节由不同方式与层次组成，因而在表现层次和表现方式上也有区别。例如，认知实习、基本技能训练、实验技能训练、生产实习、工程能力训练、科研能力训练等属于不同层次、不同阶段的实践方式。实践教学不仅是巩固理论知识、培养创新意识的重要途径，更是提高学生掌握科学方法、培养创新思维以及动脑动手创新能力的重要载体和物质平台。就教学设计而言，实践教学在教学中尤其注重实践行动的科学性、实践课程设置的合理性，以及实践教学环节的连贯性。这是实现由理论到实践、由知识到能力、由被动到主动、由浅入深、由表及里的循序渐进的过程和递进推进，以及通过实践教学的开展提升实践能力的客观物质载体。实践教学强调物质性、实践性以及过程性建构，最终实现教学目标的达成和教学效果的可检验。从实践教学的制度化、课程设置的科学化、教学过程的规范化、教学执行的常态化，以及教学建设的标准化来看，高校应将实践教学引入人才培养方案并贯穿于大学四年的课程体系中。因此，实践教学最初被命名为"实践性教学环节"。伴随高等教育改革的深度推进和国际化发展，实践性教学环节被进一步简化为"实践教学"。

（二）实践教学体系

近年来，学术界、教育界以及关注教育的社会各界从不同角度探讨了实践

---

① 蔡则祥，刘海燕.实践教学理论研究的几个角度[J].中国大学教学，2007（3）：79—80.

教学的整体优化、实践教学与理论教学的内在同一，以及实践教学环节的内在联系问题。高校在深化教学改革基础上，积极探究专业实践、社会实践、创新创业教育等实践教学系统化建构。一个突出特色在于，强调增加实践教学环节和理论教学环节在内容与结构上的融合，从系统化、整体性角度提出实践教学的重要性和必要性，并从理论视角强化实践育人的价值功能。按照实践教学的系统功能和结构功能、整体推进与局部实验、协调发展和耦合推进，我们在此基础上提出，"实践教学体系"的概念。

课程体系建设是一个系统工程。应该说，课程体系科学化构建涉及学校办学定位、专业建设背景、学科历史沿袭、文化传承功能、人才培养目标与历史发展使命，这些均是影响课程体系建设的关键因子。任何时候大学的人才培养均需紧密结合国家和社会发展需求，兼顾学科知识更新与科技进步、经济社会变迁、产业转型升级等问题，以便科学合理地设置实践教学课程体系。实践教学还将定性、定量地展开多维度探究，以将专业知识碎片化与专业基本技能联系起来，进而在学生大脑中形成实践知识体系映像，构建相对完整的知识图谱。

孔繁森、王瑞（2016）使用文献研究与对比分析法，指出国内外实践教学设置模式与方法的不同，利用系统分析的方法建立了实践教学体系框架模型。[①]依据该框架模型所构建的实践教学体系，可使实践课以课堂内外一体化整体建构，形成相互交叉、融合、渗透的教学体系，完成人才培养的历史使命。从教学内容上看，社会实践教学依托核心课程为平台建设，形成以专业实践为主体、以基础实践和创新实践为两翼的逻辑框架。在教学方法上，高校要切实贯彻理想层面实践教学的要求，坚持立德树人根本任务，以完整的实践教学体系落实教学目标，满足学科人才培养定位。实践教学活动预期达到的效果反映实践教学在人才培养规格与质量上的标准与要求，具有直接的价值导向和实践指导作用。实践教学体系不仅做到"学"与"术"并重，而且既考虑到设计方案的科学性和可操作性，又考虑到学生的共性与个性发展诉求。

在高等教育转型发展视角下，教学方法和内容相互渗透并构成一个相互联系的有机整体，有效助推应用型人才的培养。为进一步促进教育教学改革和实践教学开展，实践教学作为教育教学改革发展中的一个热词，不断地被提及和频繁地使用。应该说，社会实践教学理论热度随实践强度、改革力度、价值效度、话题热度持续升温，迅速成为高等教育改革发展的一个热点问题。

---

① 孔繁森，王瑞.实践教学体系的框架模型研究 [J].高等工程教育研究,2017（5）：135-139.

四、实践教学案例研究

实践作为一种理论自觉与理论发展，以及理论证实抑或证伪过程的重要手段和有效举措，还是检验理论正确与否的试金石，以及理论转化与行为过程的重要载体。应该说，任何实践都是在一定理论指导下进行的一种有目的的教育探索和认知活动。理论上讲，实践教学本身是一种具有很强理论素养的实践行动。孙芳芳、高曦（2014）对国外社会实践教学的历史沿革问题展开研究，系统梳理了从中世纪到近代，再从近代到现代三个时段的社会实践教学的开展情况进行剖析[①]，结合教育发展的历史环境和时代背景，在对思想者、实践者们的代表性观点和社会实践模式剖析基础上，揭示了社会实践教学的发展逻辑，梳理实践教学的历史脉络，把握实践教学的历史演替规律，为当下及未来的社会实践教学开展找到理论依据，揭示实践的内在规律和行动的基本逻辑，并为深化实践教学改革提供具体参照。

从理论发展的源流考究，国外实践教学可追溯到古希腊的苏格拉底，经过洛克、夸美纽斯，然后是卢梭、裴斯泰罗齐，直至最近的杜威等人，他们均是实践教育的倡导者和实践者。1600年前后，意大利罗马建筑艺术学校所开展的建筑设计比赛可以看作是最初的实践教学雏形。根据当时的比赛规定，学生必须独立制订计划，通过"劳作"完成任务。也就是说，该类课程设置在项目式教学中具有里程碑意义。值得注意的是，19世纪末期，欧美国家和地区掀起了一场以教师为中心的"新教育运动"，学界对此展开了猛烈的抨击与质疑。也就是在这一时期，实践教学由内部孕育逐渐破土而出呈萌芽状态，获得了重要的理论支持。

在古代，社会实践教学根本就没有严格划分。这是因为社会实践教学发展，归根结底受到特定的历史条件、社会生产力发展水平，及其他社会实践活动的影响。由于原始社会生产力水平低下，生产与教学是直接结合在一起的；很多时候，通过生产实践积累的经验不能满足人类基本的生存需要。到了原始社会末期和奴隶社会初期，随着生产力发展水平的提高，产品有了剩余，私有制、社会等级和国家机器开始出现。由此时开始，整个社会才有专门从事人才培养的组织管理和服务机构。事实上，在生产力发展中为了方便交流和传播经验、劳动技艺和生产技能，人类社会便产生了教育需要和服务教育的可能。

从实践教学的历史发展考证，国外社会实践教学大致经历了三个发展阶段。

---

① 孙芳芳，高曦.国外社会实践教学的历史沿革 [J].西江月，2014（6）:83, 85.

第一阶段，古希腊学者的教育思想为社会实践教学萌芽提供了理论支撑和实践指导。古希腊时期，哲学家苏格拉底认为追求真理的任务就是为确定的知识寻找基础，于是他试图发现善的生活基础。通过探索他发现了一种达到真理的方法，也即将知识、认知和实践有机联系起来。在苏格拉底看来，善就是行善，还要通过某种合适的行为方式才能到达善的境界和至善的目的。于是他提出了"知识就是美德"的实践观。这在当时对思想起到启蒙的作用；这一从知到行的实践观，为社会实践教学活动开展提供了理论遵循。同一时期，亚里士多德不仅在理论上论述了社会实践教学培养人才的目标和价值所在，更重要的是他还亲自创办了吕克昂学园，开展了最早的社会实践教学。亚里士多德将人类的行为指向正当的目标，通过目标指引来实现。可见，苏格拉底"知识就是美德"的思想对后期的实践教学具有开创性的指引作用。在该思想指导下，实践教学初步实现了"知"与"行"的有机融合统一。这一思想通过理论论证和实践检验发现真理，结合亚里士多德关于"政治人"的思想，从历史逻辑与价值逻辑层面孕育了社会实践教学的理论源泉。吕克昂学园开展的实践教学活动，在当时尽管尚未形成相对完整的知识理论体系，但某种程度上为实践教学的开展和实践教学理论的最终形成提供了有价值的借鉴和实际指导。

第二阶段，近代社会实践教学从资本主义生产方式的确立发展到工场手工业的兴起。从时间上考证，大致在 17 世纪的欧洲，也即封建主义社会解体到资本主义社会兴起阶段。此时，科技革命促进生产发展并导致了生产方式变革，以及社会秩序重新确立。而 18—19 世纪的欧洲与北美因工业革命促成技术进步，加快经济发展。从科学技术层面看，当时物理、化学、生物学、地质学等自然科学逐渐形成，并对社会科学诞生和重塑起了推动作用。生产力发展客观上要求打破不相适应的生产关系，迫切需要调整政治与经济的关系，进一步调整政治社会的治理结构和生产方式、分配模式。经济发展促进政治变革，建立在先进生产力基础上的资本主义经济制度取代落后的封建社会经济制度，社会实践教学思想领域涌现出众多的新思想和新理念。当时，笛卡尔、莱布尼茨等哲学家、思想家是典型的代表人物，他们以世界哲学思想转向大陆理性主义，并试图以数学的精确性表达哲学思想。不得不说，受文艺复兴时期思想"启蒙"影响，人们认为人类在包括科学在内的政治、经济、宗教、美学和哲学等一切领域都应该以理性为指导，并在科技革命和工业生产中通过理性看待事物，以努力解释宇宙的奥秘，使社会走上新的发展轨道。这标志着社会由此进入一个高度进步的发展方向和新的发展阶段。

几乎在同一时期，赫尔巴特的教学思想、康德的实践理性、卡尔·马克思关于人的全面发展思想等均成为社会实践教学的理论来源。肖朗、叶志坚（2014）在对赫尔巴特与康德思想关联对比研究中提出，"科学的教育学应该以实践哲学和心理学为依据，实践哲学指出教育以陶冶品行为目的，而心理学则确定教育的方法"①。康德认为，理性交替关注事物的理论和实践行为——道德行为，但"最终只有一个理性。理性目标第一个是理论理性知识，第二个是实践理性知识"。实践能力作为一种能够给予一定影响力的能力，真正的使命并不是去完成其意图的工具，而是去生产自身就是善良的意志。足见，社会实践教学充分体现产学研相结合的实践范式。

第三阶段，19世纪初，德国教育家洪堡提出了现代大学概念。他强调大学要以研究为中心，并具有一定的研究能力，并以此对柏林大学实施改革实验。同期，美国通过《莫里尔赠地法》明确地赋予高等学校一项新的使命——社会服务，大学不仅要搞教学、科学研究，还要对社会发展积极服务。法案的宗旨就是用赠予土地的方式鼓励州政府发展公立教育，对已建立的公立院校实施统一管理，使高等教育为社会服务。

一定程度上讲，实践教学对应用型人才培养具有积极的促进作用。从教学层面透视，实践教学赋予了更丰富的教学内容和更具体的目标任务。从教学过程观照，实践教学承载着人才培养的感知体悟、认知转换、素质养成和能力提升，尤其是实现目标和内容的具体化、目标化以及实践化。从教学结果考量，实践教学承载了由知识到能力、由理解到掌握、由掌握到转化，以及由转化到实践、由实践到指导的循序渐进过程，真正实现了"理解→掌握→运用→指导"，以及从"理论→实践→再理论→再实践"的螺旋式上升与渐进式发展。实践教学要努力做到实践结果与过程的可视化、实施过程可监测与实施结果的可评估。尽管社会实践表面上是一种活动，抑或是一个过程体现，但实践教学往往离不开具体的理论指导。所以，从学界研究和实践探索展开分析，目前的实践教学理论探讨主要集中体现在建构主义理论、生态位理论、自适应性学习理论、协同理论、隐喻理论、情境理论以及接受理论等几个代表性理论上面。

（一）典型案例研究

伴随人工智能、大数据以及新兴产业发展，全面深化改革和对外开放战略深度推进对应用型人才培养提出了新要求。张秀芳、付方方（2016）研究发现，以德国为典型代表的欧洲应用型高等教育中，FH是应用型本科人才培养的主体。

① 肖朗，叶志坚.赫尔巴特实践哲学的教育学意蕴——以赫尔巴特与康德的思想关联为考察中心[J].中国教育科学,2014(2):127-143，126，234.

从实践教学学时看，一些高校主动提高实践教学的课程比重，延长实践训练时间，如汉诺威应用科学大学实践教学环节占总学时比例高达 45%，包括两个实践学期。① 从实践教学方式看，企业主导、产学研密切合作、以实践能力培养为本位的"双元制"盛行。近年来，"二元制"被引入国内并广泛运用在职业教育中。陈裕先（2015）认为，我国应将实践教学融入整个课程体系全程，实行"项目教学法"、毕业设计"双导师制"等实践教学模式。②

张雪梅（2017）以国际贸易与经济专业的实践教学为研究对象，通过借鉴国外实践教学模式，依托互联网技术和企业资源，更新实践教育理念，构建三维开放式国际经济与贸易专业实践教学体系，开展专业实践教学目标、内容、师资建设和提供制度保障等，强化与经济发展趋势和行业发展特点相匹配的国际经济与贸易专业实践应用能力的综合培养，助推商务应用型人才培养。③ 尤其是构建三维开放式实践教学体系，将传统实践教学方式在人才实践技能目标调整的背景下进行重新梳理和整合，并借助"互联网+"、"校企合作项目驱动"形成系统性、关联性较强的实践教学模式。

首先，明确和调整开展实践教学的目标，使学生能够在商务环境中展示适当的沟通技巧，将所学的学科知识综合运用到决策过程中，利用数量和技术工具进行有效决策，能够在所有商业互动中展示道德素养和做出道德判断，并在掌握以上专业技能的同时培养创新创业能力；其次，结合区域发展趋势和跨境电商等新模式，及国际经济与贸易专业人才培养技能要求，进行技能模块划分和课程群建设；再次，将课程实践教学部分划分为三个层次：课堂实践、仿真实训、岗位实操，并根据课程内容和要求设计具体实践教学模式和方法；最后，依托互联网技术和企业资源对"实践→实训→实操"三维度的实践教学内容进行关联设计。另外，借助互联网技术，支持专业实践教学内容的互联及校内外资源的互通；而企业参与和资源信息的共享则从实践教学内容方面实现专业实践教学向社会的开放。通过探索性实践，高校可以构建起三维开放式的实践教学体系。思路为：首先，根据实践教学目标，将其划分为技能模块1、2、3、4等，在不同技能模块下分别构建不同维度的实践内容。其次，根据模块和内容

① 张秀芳，付方方.国外实践教学经验对我国国贸专业本科实践教学体系构建的启示[J].对外经贸，2016（2）：124-126.

② 陈裕先.德国应用科技大学实践教学模式及其对我国应用型本科教育的启示[J].国家教育行政学院学报，2015（5）：84-89.

③ 张雪梅.构建三维开放式国际经济与贸易专业实践教学体系的探索——以仰恩大学为例[J].学术问题研究,2017（1）：59-64.

从三个维度进行科学构建。也即，维度一：课程实践；维度二：仿真实训；维度三：岗位实操。最后，通过整体性构建，不断论证和反复修正，形成一个开放式的互联网平台以及校企合作项目。

（二）设计案例研究

一般而言，区域性高水平应用型大学建设亟须强化实践教学的课程建设与教学安排，深化应用型人才培养模式改革的必要性和重要性认识，学期制改革则成为推进实践育人的有效途径与关键举措。为推进教学模式改革，学界将发端于1871年美国哈佛大学的小学期制，即将实践教学设置为"两个大学期＋一个小学期"的学制模式改革，也称之为"三学期制"改革。随后，这一改革模式被引入中国并开展教学实践。于苗等（2017）发现，该模式存在思想观念转变、人才培养方案更新和相关机制健全等优点，提出根据学期制改革的指导思想和目标定位，围绕应用型高校"三学期制"改革创新，借鉴国内相关高校实施"三学期制"的改革经验和操作实践，从整体规划、教学内容、评价机制、教学形式等集成创新角度探讨应用型高校创新"实践小学期"路径选择[①]，为其他高校探索实践提供操作借鉴。

严怡、何晓阳（2012）在对高校学期制改革的反思与前瞻中发现，教育教学改革是一个系统的循序渐进的过程，需要切实转变教育教学观念，明确学期制改革的目的和意义。[②]"三学期制"改革的根本目的在于转变人才培养模式，提高教学质量，培养适应经济与社会发展的高素质技术技能型人才。从理论上讲，"三学期制"建构的学制模式，改变了传统教育教学时间架构模式，调整了学校学习的学制，加快了学生的学习节奏。这在一定程度上讲，使学生在校期间能够获得更多接触社会与运用专业技术的机会，有效地丰富和完善，甚至是发展了高等教育理论。从实践层面看，"三学期制"的实践教学学制改革给予了教师和学生更大的教学空间，延展了学生的学习和成长空间，赋予了教学的灵活性和科学性以及执行弹性，不仅减轻老师的教学负担，提高时间利用效率和业务能力、教学水平，而且最重要的是帮助学生根据兴趣爱好去学习和掌握知识，夯实专业基础知识，培养职业技能和提升专业的核心素养。实践教学环节使学生的专业技能得到充分施展，学习成效得以及时有效检验，为学生的未来

① 于苗，魏玉娟，岳庆荣.实践育人模式下应用型高校"三学期制"改革创新研究[J].辽宁师范大学学报（社会科学版），2017，40（3）：61-65.

② 严怡，何晓阳.三学期制：高校学期制改革的反思与前瞻[J].西南农业大学学报（社会科学版），2012（2）：177-180.

就业发展和职业生涯奠定了坚实的基础。从现实层面看，"三学期制"实践教学的开展有助于学生的独立成长和持续进步以及后续发展。一方面，它依据学生兴趣爱好进行选择性与自主性学习，培养学生的独立思考能力和探索求真精神；另一方面，实践教学活动的开展，让学生在接受劳动锻炼、岗位技能检测和专业技能训练中实现专业化发展。简言之，"三学期制"对高校管理、教学工作、学习实践等都具有开创性的价值和意义。

鉴于实践教学的实践性、动态性和系统性，胡晓红、李美希（2018）采用实证方法探究实践教学的空间架构，他们以美国密西根大学为例，从空间、时间、技术三位一体的教学实践探索中发现，教学环境是教学实践的重要载体，教学实践的有效开展不仅仅需要教师深厚的理论底蕴和教学方法的创新，更需要优良教学环境的支持。[①]灵活多变的教学形式和多样化的实践教学赋予教学以想象力和创新力，进而创设良好的教学环境。当然，密西根大学推动教学实践中创设教学环境、突出教室空间和桌椅设计为特色的多样空间、多元化教学时间，以及以互联网为代表的多维教学技术等环境建设，丰富了"一切为了学生，为了学生的一切"的"学生中心"发展理念。

通过教学环境情景创设，教学设计尽可能激发学生的自主性学习和探索性实践。思政专业社会实践教学课程设计和教学安排，为创设实践教学的环境意境、空间延展以及现代技术运用提供了价值借鉴。这意味着，未来教学中环境、空间、技术等因素都可成为实践教学的课程资源而进行深度开发。可见，不论国外"双元制""三学期制"教学实践，还是密歇根大学环境创设的实践教学活动，从认可度、实效性以及影响实践教学成效因素考究，实践教学对习惯养成和思维训练都是一种新的尝试。无论是向西方还是向东方学习，都需要做到仔细甄别和认真筛选后方可为我所用。学习借鉴需要做到因势利导而不能简单模仿，唯其如此才能将相关问题有效避免。胡晓红（2016）梳理向学而教的理念认为，这是培养创造性思维的一种教学策略，[②]从基础理论知识掌握到创新思维训练、从专业学习到核心素养培养、从专业特长到综合能力提升等都拓展了实践空间。

为促进大学生了解社会、了解国情、增长才干、奉献社会、锻炼毅力、培养品格、增强社会责任感，实践教学具有不可替代的重要作用。为了更好地贯

---

① 胡晓红，李美希.空间、时间、技术三位一体的教学实践探索——基于美国密西根大学的教学观察[J].教育理论与实践，2018，38（30）：38-40.

② 胡晓红.向学而教：培养创造性思维的教学策略——基于美国密歇根大学《女性学》课堂的教学观察[J].外国教育研究，2016，43（3）：82-93.

彻落实社会实践教学，康燕、方建斌（2014）以西北农林科技大学思政部七年的社会实践教学探索和创新为研究对象，从主题认可度、实效性以及影响实践教学成效因素等方面对形成"主题返乡"①方式的暑期社会实践教学工作与活动开展研究，通过调查分析与探索实践，提出加强社会实践教学活动的制度化、规范化和标准化课程建设的思路。冯艾、范冰（2005）认为，社会实践教学目的在于帮助大学生接近社会和自然，获得大量感性认识和许多有价值的新知识，使学生把所学理论知识与接触的实际现象进行对照、比较，把抽象的理论知识逐渐转化为认识和解决实际问题的能力。②总之，强化教学的实践能力提升、创新思维训练、实践方式改进和实践内容多样，对于丰富和发展社会实践的教学方式、教学理念、教学方法以及教学安排等都是一种创新实践，从而可以打破传统实践教学固化模式，有效规避实践教学形式化。

五、思政专业社会实践教学研究

20 世纪 50 年代，教育部批准在高校设立思政专业，该专业从最初的专科、本科到现在的硕士、博士研究生培养可为成效显著。半个多世纪以来，思政专业的课程设置和人才培养模式经历了多次调整，这在一定程度上积累了不少的专业建设经验，当然也发现了专业发展和课程设置中存在亟待完善的相关问题。在办学实践中，既需要对教学实践进行认真总结，总结其经验教训、基本成效、模式路径，更需要对探索实践以及发展得失进行深刻反思。在建设区域性高水平应用型大学进程中，高校要积极扭转教学重理论轻实践，教学安排重学科轻专业，课程结构重学术轻示范，教学方式重课堂轻课外等问题。就教学内容陈旧、课程体系滞后、课程结构欠佳、课程比例失调等问题，高校亟须通过建立健全实践教学体系与实践课程安排，尽快形成与新时代相适应的应用型人才培养体系。

（一）育人机制

鉴于此，唐慧玲（2016）提出以实践育人为核心，对思政专业课程体系展开优化研究。在专业课程体系构建与优化方面，转变教学观念，提高实践教学的重视程度；引入实践教学机制，坚持素质提升与增强能力相结合；规范实践

---

①　康燕，方建斌.高校思想政治理论课社会实践教学效果调查与分析——以西北农林科技大学为例 [J] 黑龙江教育（高教研究与评估版），2014（10）：10-11.

②　冯艾，范冰.大学生社会实践导读 [M].北京：社会科学文献出版社，2005：8.

教学管理，完善教学效果评价体系。[①] 郭艳丽（2013）也提出实践教学体系构建的几点思考[②]，强调重视实践教学、引入教学机制、强化教学环节、探索多样化实践教学模式等，对于推进校内实践教学开展和校外实践基地建设，以及强化实践教学管理和评价运行机制等的探讨，既符合专业课程体系建设的新时代要求和发展趋势，也符合专业课程体系的设置要求，一定程度上讲，遵循了课程设置的目标性、整体性和时代性原则。

以思政专业核心素养为中心考察，一些学者就课程体系与教学策略专业化建构问题进行探讨。思政专业人才培养要把握专业特性，并在此基础之上合理设计课程体系，优化教学策略。叶方兴（2018）提出，作为一项客观存在的专业化实践活动，思想政治教育指向人的精神性、政治性以及育人的总体目标，以政治的视角观察、思考和把握人的精神世界，是人的精神世界的政治表达。围绕人的精神世界呈现的具体环节或条件，一般可将思政教育的课程体系划分为本体性课程、条件性课程与实践性课程。从课程论视角看，思政专业课程教学在实践中应穿梭于"思想与现实"之间，坚持"史"和"思"相统一，注重"文件精神"与"课程体系"相融合，贯穿"以政治立场把握精神之域"主线。[③] 研究发现，思政专业专业性在于以政治的立场观察人的精神世界。尽管思政专业仅从课程论的角度，对课程体系建设确立专业意识，并实施专业化建构，却未能就理论教学和实践教学的相关性、复杂性以及公有域等问题予以观照，更别说在专业建设基础上突出实践教学的地位与作用了。

（二）转化机制

通过社会实践，大学生可真切地内化社会主义性质、中国共产党治国理政的政治观念、社会主义核心价值观于自己的学习、生活、成长中，与时代接轨与世界同步，把自己的前途命运与党和国家发展紧密联系，主动融入社会主义现代化建设和民族复兴大任中。实践教学通过开展主动融入时代活动，可帮助学生从伟大实践、时代变革和时局发展中找到自己为之奋斗终身的价值意涵，在内心深处坚定对社会主义和共产主义的理想信念，可实现思想政治教育"无

---

① 唐慧玲.以实践育人为核心的思想政治教育专业课程体系优化研究[J].学校党建与思想教育，2016（23）：49-50.

② 郭艳丽.思想政治教育专业实践教学体系构建的几点思考[J].前沿，2013（1）：161-162.

③ 叶方兴.论思想政治教育课程体系与教学策略的专业化建构——以思想政治教育本科专业学生的专业意识培养为中心[J].思想政治课研究，2018（6）：39-42，158.

为而治"。社会实践教学作为专业教育、提升专业核心素养和创新创业精神培育的有效依托，宿美玲等（2017）认为社会实践去专业性，仅作为思想政治教育的手段，限制了学生参与范围，削弱了实践育人效能。在实际工作中，高校应通过健全相关制度，推进本科生导师制，分年级、分层次开展实践，科学评审，建立产学研合作基地等途径，提升实践育人效能。[①] 社会实践教学尽管涉及了专业实践教学的主要内容、基本任务和目标愿景，却没有细化到具体的一门课程，当然也就没有涉及思政专业的社会实践教学课程的专门性改革。

很长时间里，思政专业一直将人才培养目标定位于"厚基础、宽口径、重能力、高素质、复合型"，一定程度上弱化学科特性和专业针对性。主观上，坚持强调"以学生的需求为本"加快应用型人才培养；客观上，忽视实践教学开展导致人才培养虚置化。可以说，传统观念导致对思政专业的实践教学重要性认知不足，表现为实践教学的师资短缺、课程设置没有合理性论证、社会实践教学缺乏指导以及综合成绩评定不严等相关问题。针对上述的突出问题，钟华、范虹（2012）提出必须高度重视，加大经费投入，改革人才培养方案和教学计划，加强实习基地和师资队伍建设，构建实践教学评估体系和质量监督体系。[②] 思政专业通过实践教学的开展，逐步实现人才培养质量和水平同步提升，将由单一专业教育向综合素质教育、由知识传授向能力转化，由共性向个性、由通识向特色教育转型，由重理论向理论与实践并举转变，使学生在加深理论学习的同时，提高对知识的运用和转化能力，以及独立思考、科学研究、探索求真和解决问题的能力。

针对教学中的认识、投入、保障、考核、评估以及持续改进等相关问题，加强实践教学的重要性认识、实践育人的价值效应、实践教学效用评估、实践教学质量监控等成为应用型人才培养的应有之义。学校通过提高重视程度，强化"双师"型队伍建设，增加人力、物力和财力的投入力度，完善考核评价机制，规范实践教学开展，进一步强化保障机制建设等，这些措施对于提升实践教学的实效性具有重要的现实意义。一是增加人、财和物的投入。毋庸置疑，人的投入，是增强师资；财的投入，就是经费保障，即从学校学院层面保障该专业的投入与理工专业基本持平，为实践教学提供充足的经费保障；物的投入，主要是学校对教学设备采购、教室安排、实验室建设和图书资料订购等教学资

① 宿美玲，汤瑞，谢旭光.大学生专业性社会实践提升实践育人效能探究[J].教育教学论坛，2017（27）：5-7.

② 钟华，范虹.目前高校思想政治教育专业实践教学存在的问题及对策[J].云梦学刊，2012，33（4）：125-127.

源进行科学合理配置。学校要积极打破"理工科专业需要实验室，文科专业需要资料室"的认知片面和思维局限，根据实际情况建设普通话实训室、数据分析和情景模拟实验室。学校层面要专门安排专项经费，为学生定期参加社会实践活动提供保障。二是增加精力投入，即要在思想上高度重视。学校层面要定期召开各教学单位和部门的有关教学专题会议，研究和解决发展中遇到的各种难题，同时要对从事实践教学的教师进行专题培训。

（三）系统机制

实践教学中的突出问题，主要体现在实践基地单一抑或缺乏固定的实践教学基地、实践教学经费不足、外出安全保障、指导教师积极性和主动性不高、各级领导重视程度不够等方面。郑世冰等（2012）提出遵循校企双赢原则，在自己获得帮助的同时，也要注意能为对方带来收益，而不是单凭政治热情和社会责任感来维系。[1] 对于基地建设单一或缺乏教学基地的问题，学校领导要重视并出面牵头解决。针对实践教学经费不足的问题，学校要拿出教学和专门用于实践教学的交通经费。学校还要进一步制定实践教学的相关制度，建立激励机制激发教师从事实践教学的积极性。

教学管理上，学校要把实践教学纳入教学任务，对相关专业教师提出要求，并作为岗位职责纳入年度考核。安全问题上，不因存在风险就因噎废食，学校要对负责外出带队的老师进行精心组织和科学安排。比如，在路线选择上，要求选择保险系数相对较高的路线，容易发生山体滑坡、路面塌陷、溺水、交通事故等路线要排除在外。在车辆选择上，尽量选择有资质的单位且选择安全性能较好的车辆和较有驾驶经验的司机，尽可能降低行车安全风险。谨记，千万不要贪图省钱而选择没有资质的车辆出行。在组织落实上，对学生进行分组并选出小组长，建立小组长负责制；与同学签订遵守纪律的承诺书，确保在调查考察实践中，学生的一切行动听指挥，一切行动能在带队教师掌控中，杜绝因学生擅自行动所造成的安全隐患。另外，学校还要为学生购买一份人身安全保险，把安全问题做实做细，做好外出活动的安全保障。

在实践教学体系改革方面，贾廷秀（2012）进行了实证研究并建议：根据中学教育的需求调整思政专业的课程体系；保证校外实践教学基地的可持续发展；将教学内容和社会发展结合起来，积极探索并建立有效可行的实践教学模

---

① 郑世冰，曾令辉，黄玮珂.思想政治教育专业实践性教学模式面临的困境及其解决对策[J].广西师范学院学报（哲学社会科学版），2012，33（4）：83-86.

式。① 长江大学思政专业在第 2 学期设置社会实践课程，致力于培养学生用所学理论知识深入观察现实，力所能及地充当某一个社会角色。两周的社会实践对学生的思想认识、行为方式，甚至大学生的职业生涯发展与规划都将产生积极影响。第 6 学期专业实习主要设计两个方向：其一，进行革命传统教育；其二，考察改革开放最前沿和热点地区，了解改革开放成果。第 7 学期的教育实习是对专业理论和实践教学环节的综合检验考核，是本专业实践教学环节的关键。在教育实习 8 周时间里，学生分散到 20 多所中学和职业学校，进行课堂教学和班主任工作实习。除纳入教学课时的教学内容和课程外，教育实习还关注学生的课外活动，重视实践能力、综合素质、综合能力的培养。

当然，更值得借鉴的是大学生毕业论文通过实践环节形成一个系统而科学的闭环。第一，毕业论文写作时间上是一年全覆盖。论文环节安排尽管在第 8 学期共 12 周，有效规避最后一个学期学生面临找工作、考研、入职考试准备等事务繁杂、时间紧而影响毕业论文质量的问题。第二，毕业论文选题更加注意理论联系实际。学生自己命题，系主任和指导老师审核把关，尽量将学生平时的科研成果积累和兴趣结合起来。第三，过程系统化和规范化，形成全环节的制度化质量监控机制。从指导老师遴选，到毕业论文选题、开题报告、文献综述、外文翻译、正文修订等形成完整的规范路径，有制度化的监督与反馈机制，使毕业论文质量得到保障。彭继红、伍屏芝（2012）研究了福建师范大学思想政治专业通过"前移后拓"的形式建构四年连续性的实践教学体系。② 应该说，前移后拓使思政专业大学生能不间断地受到教育教学技能熏陶与训练，这是一个系统的工程。某种程度上讲，这种实践模式对于专业学生而言具有良好的可持续发展势头和广阔的运用推广前景。难能可贵的是，这一由体验性学习、引导性学习、训练性学习和实践性学习构成的完整体系，通过指导教师的教学评价与教学反思、实习训练小组的集体反思、学生的自我反思总结等，完成了"实践 →认识→再实践→再认识"的能力转化。

冯振强（2014）专门探究实践教学体制设计思路，提出切实重视专业实践教学工作，加强实践教学基地建设，革新实践教学体系，加强和培养实践教学

①　贾廷秀.思想政治教育专业实践教学体系改革研究[J].长江大学学报（社会科学版）,2012,35（7）：98-100.

②　彭继红，伍屏芝.前移后拓：构建师范大学思想政治教育专业四年连续性实践教学体系初探[J].当代教育论坛,2012（5）：28-33.

师资队伍建设，重视"双师型"教师培养，切实将学生纳入实践教学体系中。[①]柯新凡（2017）借助系统思维，遵循"理论→训练→实践→反馈"路径对思政专业学生的教学能力提升进行整体建构。[②]这一路径以理论准备为基础、课堂训练为关键、教学实践为核心、教学反馈为保障，切实提升了思政专业学生的教学能力。实践教学作为从理论走向实践的桥梁，有助于学生在践行体悟中深化对本专业理论知识的理解，并有效提升实践技能，实现理论与实践的有机结合，从而培养和提升学生的综合素养。田起香等（2019）对"顶岗实习"这一实践教学环节积极展开探讨，提出健全完善顶岗实习实践教学管理体系；增强顶岗实习专业课程教学的实践性，开展岗位管理及实习生自我调控培训的建议。[③]这将有助于推进大学生的专业化、职业化发展，促进学生理论知识与实践转化运用等的有机统一。根据其特色优势和实际价值，顶岗实习有效规避了整体环境欠优化、有效管理不足和学生自我管控弱等突出问题。

事实上，不论是教育管理部门还是一线教师，如果没有进行专门的深入研究和仔细思考，即便是从事思政专业的教师都有很多人认为实践教育教学就是师范生的毕业教育实习，认为只要指导学生完成实习任务就等同于完成了专业实践教育教学任务目标，这在认识上简直就是一个误区。鉴于此，麻陆东（2014）以河南省部分师范院校的思政专业为例，对"全程实践教学模式"实施路径展开实证研究，旨在通过多角度、多层次地培养学生的教师基本素养和教师教育教学能力，促进学生的知识内化，全面提高学生的综合素质，增强学生的社会竞争力和行业适应能力。[④]全程实践教学的运行模式，不仅可以克服思政专业人才培养方面的诸多弊病，还可以为其他师范专业人才培养，甚至是相关文科专业实践育人贡献一个新的思路和实践参考。

2014年，国家明确提出引导地方本科高校向应用技术型高校转型发展，以尽快弥补人才培养结构与就业市场需求不匹配的发展短板问题。2013年11月12日，党的十八届三中全会通过的《中共中央关于全面深化改革若干重大问题

---

① 冯振强.地方普通本科高校思想政治教育专业实践教学体制的设计思路 [J].学校党建与思想教育，2014（12）：37-38.

② 柯新凡.理论—训练—实践—反馈：思想政治教育专业学生教学能力提升路径[J].高教学刊，2017（10）：163-164.

③ 田起香，刘少宝，宋跃芬."顶岗实习"实践教学模式探究——以思想政治教育专业师范生为例[J].教育探索，2019（1）：108-111.

④ 麻陆东.思想政治教育专业"全程实践教学模式"实施路径研究——以河南省部分师范院校为例[J].现代教育科学（高教研究），2014（5）：133-137.

的决定》要求："加快现代职业教育体系建设，深化产教融合、校企合作，培养高素质劳动者和技能型人才。"为21世纪以来我国600多所普通本科高校向应用型大学转型明确了时代方位与改革方向。须知，职业性是应用型本科教育的根本属性，专业性是应用型本科教育的内在属性，基础性是应用型本科教育的发展性特征。具体而言，应用型大学培养的人才在知识结构、能力结构和素质培养方面有不同的侧重和要求，即重应用、重技术、重技能、重职业。吴敏、唐凯兴（2015）对实践教学进行实证研究发现：65%左右的学生表示课堂教学偏重理论，教学方法流于形式；归咎原因，40%左右属于"填鸭式"知识灌输，减少学习兴趣，降低听课效率。甚至近5%的人质疑理论课价值意义究竟何在。还有就是校园实践活动缺乏有效指导，社团骨干表示，80%的社团活动均是学生自编自导自演，流于自娱自乐。① 大多情况下，为完成主管部门交办的规定内容和任务，实践教学存在以形式取代内容的倾向。课外活动方面，每年省级挑战杯、大学生创新创业训练项目以及课外活动作品，很多专项都是自己完成后再找指导老师完善，缺乏深度，成效并不显著。

实践教学管理机制与创新体制欠缺，导致每年的寒暑假社会实践、暑期大学生"三下乡"社会实践，以及教育实习等结果与初衷出现偏差，有的甚至是出现背离。大多数暑期社会调研活动实践没有真正落实，到了开学时通过网络资源和已有资料简单复制、粘贴、嫁接和重组，最终形成一篇社会实践调查报告。既有同学们反映不知如何进行社会实践，缺乏教师的具体指导和培训，也有学生不知道怎么参与实践教学活动，甚至怀疑实践教学与专业学习的内在关联。很多时候，课外实践内容大同小异，在实践效果上既没有学到专业知识，也无显著的能力提升。

在未来，我们需要转变教育思想观念，通过多管齐下形成合力推进实践教学开展。宏观管理层面，学校邀请教育主管部门的相关专家、领导，应用型高校成功转型的领军人物来指导，也可通过委派相关人员赴国内外成功实践的高校考察学习、锻炼。制度建设层面，学校可邀请政府部门、用人单位、毕业生代表、教育主管部门以及家长等利益相关者直接或间接参与人才培养方案制定，做到重应用、重技术、重技能、重职业。运行机制层面，学校可积极开展实践教学活动，使之由原来的惯例依赖转变为以职业性、专业性、基础性的教学活动，根据实践需要，聘请和邀请、吸纳有经验、有资历、有能力的教师参与实践活动的教学指导，增强实践教学活动内容的职业性、专业性和基础性。

---

① 吴敏，唐凯兴.新建高等本科院校教学实践的困境与出路探究——以思想政治教育专业为例[J].吉林广播电视大学学报，2015（3）：38-39.

（四）创新机制

针对社会实践教学创新机制问题，赵笑蕾、程雅娟（2016）以思政专业为例，通过对跨学科探究法、研讨撰文法、热点专题法、实践体验法的运用来实现对大学生科研创新能力的培养。[①] 思政专业强调理论指导实践，注重将理论知识广泛应用于社会实际工作与生活中去。

一方面，从方法论上讲，未来的学生在他们毕业后主要还是在党政机关、学校、企事业单位从事思想政治工作。[②] 培养学生的科研创新能力，并坚持问题导向，运用科研思维方法分析问题和解决问题，才是为社会培养合格的实用性专门人才。另一方面，思政专业具有时代性的学科特点[③]，其内容紧跟时代步伐，极具鲜明的马克思主义理论时代特征。培养思政专业学生的科研创新能力和创新精神，能够很好地帮助学生在现有理论知识基础上，通过不断发现、分析、解决问题来产生新思想、新理论、新方法，探索发展和解决问题的新路径，这有利于推进思政专业的理论创新。

通过对社会实践教学的系统设计和周密安排，学校可以有效帮助学生及时检验自己的学习成效，使他们能够运用专业知识主动参与社会生产、融入百姓生活、接触社会实际、了解经济建设、触摸实际工作、发现社会现实，进而提高解决实际问题的能力。这既让学生充分体验社会生活的丰富性和多元性，又让学生有机会感知社会的真实性和复杂性，社会对人才需求的迫切性和多向性以及就业的竞争性和严峻性；同时，这也体现了大学办学服务地方经济社会发展的责任感和使命感。学生在接触和感知社会现象和社会问题的过程中，通过亲身经历和感知体悟，触摸社会温度、人情冷暖以及真实生活，有利于他们转化观念、接受教育、增长知识与才干，以及在具体实践中学会成长。尤其是学生在体察民情和体味民生疾苦之后，从具体的情况中直接感受到党和国家的执政理念、国家的大政方针在基层社会的贯彻落实情况。触摸现实经济社会发展中的热点、难点和焦点问题，可以帮助和引导学生形成正确的社会认知和价值判断，还可及时有效地帮助学生通过持续性地学习锻炼和深入开展实践活动，发现自己的缺点和不足，"知耻而后勇"，端正学习态度，坚定理想信念。

在新文科建设背景下，黄蚬、陈光灿（2018）指出，思政专业实践教学面

---

① 赵笑蕾，程雅娟.培养大学生科研创新能力的教学方法研究——以思想政治教育专业为例[J].山西经济管理干部学院学报，2016，24（4）：1-4.

② 邱柏生.试析思想政治教育专业建设的有关问题[J].思想教育研究，2012(9)：17-21.

③ 刘建军，朱建婷.思想政治教育学科建设与发展研究综述[J].思想理论教育导刊，2009(2)：110-115.

临着国家战略和学科建设等方面的新要求，体现着层级化、精细化和融合化等新特点，出现教学理念、教学体系等方面的新问题，急需在顶层设计规划、理念内涵丰富、完善教学体系和引入社会力量等方面寻求创新发展。[①]随着经济社会改革进入深水区、新一轮学科评估、师范专业认证，以及教育"双主体"理论逐渐被重视，思想政治教育专业实践教学建设面临新的挑战。思政专业集思想性、理论性、实践性为一体，实践教学环节对于学生深刻理解思想政治教育内涵和掌握其方法，以及回答习近平在2016年全国高校思想政治工作会议上强调的高校思想政治工作关系到高校培养什么样的人、如何培养人以及为谁培养人这个根本问题[②]起着至关重要的作用。正是在此种情况下，思政专业建设的标准化、科学化以及动态化需要强化实践教学，厘清专业建设与学科发展、服务社会与主动作为的内生互动关系，努力做到因时而变、主动求新、适应和满足社会发展对应用型人才培养的现实需求。

[①]　黄蜺，陈光灿."双一流"背景下思想政治教育实践教学创新发展探析 [J].西安文理学院学报（社会科学版），2018，21（2）：54-58.

[②]　张烁.习近平在全国高校思想政治工作会议上强调：把思想政治工作贯穿教育教学全过程开创我国高等教育事业发展新局面 [N].人民日报，2016-12-09（1）.

第三章 新建本科院校办学与人才培养

第一节 新建地方院校

一、地方院校基本特性

根据学理界定，地方高校一般是指隶属于各省、自治区、直辖市、港澳特区，大多数靠地方财政供养，由地方行政部门划拨经费的普通高等学校。作为我国高等教育体系的主体部分，以服务区域经济社会发展为目标，着力为地方培养高素质人才。[①] 陶丹（2019）认为，地方高校不仅具有现代大学所具有的基本职能，还具有投资主要来自地方财政、管理主要受地方政府指导、办学主要集中于地方、对社会的服务主要体现于地方等特点，也就是说，地方高校办学的各个方面都具有明显的地方属性特征。[②] 其基本特征主要从地方性、大众性、特色性以及多样化体现出来。

（一）地方性

地方高校的地方性特征主要有二，其一是办学经费主要通过地方财政资金支持，少部分也可以通过地域纽带关系获得部分私人部门的补充性投入。因此，在办学理念上，地方高校的首要任务就是要强调帮助促进地方经济社会发展。其二是在人才培养结构、培养层次上地方高校强调符合地方区域经济社会发展需要。鉴于地方院校在办学过程中的学科结构、专业设置等诸多方面，也常常与地方产业结构、经济发展状况等有着密不可分的联系[③]。譬如，贵州省的铜仁学院就形成以"铜仁需求·国家标准""依托梵净·服务发展"的办学理念和"依托山区·服务地方"的办学特色，确立了"小而精"的发展战略，形成了立足

① 孔凡莉,于云海.浅析地方高校的社会职责及区域分工 [J].黑龙江高教研究, 2000(02):97-98.
② 陶丹.地方高校产学研"I-U-R"协同创新机制研究 [D].重庆：西南大学, 2019: 9-12.
③ 蔡宗模,张海生,吴朝平,等.地方高校的区域化行动：泛在化与再地化 [J].教育发展研究, 2018,38（13）: 67-76.

黔东，面向全省，辐射武陵，以区域一流（培育）学科教育学为引领的多学科协调发展的办学格局，把学校全面建设成特色鲜明的高水平应用型大学。

以四川轻化工大学为例，徐渝萍（2020）认为，该校基于省内酿酒生物技术领域的产业特色与优势，在办学理念上坚持"学科支撑产业、专业服务行业"的理念，发展化学工艺、发酵工程、食品科学与工程、化学工程与技术等轻工化工特色专业[1]，以服务地方经济社会发展为己任，加强"政产学研用"的"研学合用、产教融合"的合作模式。

（二）大众性

从 1999 年开始，高校扩招政策的施行意味着中国高等教育发展由精英化步入大众化发展阶段。陶丹（2019）发现，"截至 2017 年，我国共有高等教育学校 1 805 所，其中 1 715 所均为地方高校，占高等学校总数的 95.01%；全国高等教育机构教学和科研人员总数约 102.74 万人，其中地方高校约有 76.77 万人，占总人数的约 74.72%"[2]。高等教育大众化发展，除在数量上占据绝对的主导地位之外，国家为了缩小区域发展、教育发展不均衡差距，实现教育公平、满足社会成员接受高等教育的需要，积极支持和鼓励地方举办适应经济社会发展的各类地方性大学。

在全球性工业化浪潮冲击下，新技术和新科技革命对我国经济社会发展产生了深远影响。不论是美国再工业化和工业互联网战略、德国"工业 4.0"战略、"新工业法国"计划、欧洲的"火花"计划，还是日本新机器人战略、韩国机器人强国战略等新一轮的工业革命、工业互联网与人工智能对我国的"中国制造2025"战略都将产生深远影响。当前，最为紧要的并不是帮助企业解决高精尖的具有颠覆式的学术型、研究型高端人才，而是急需能够为企业解决一线生产经营管理和具有渐进式创新精神与能力的各级各类专业型、应用型高级专门人才。地方高校大众化发展，则可为工业化提供人才支撑。

（三）特色性

与"985""211""双一流"高校相比，地方高校普遍在办学经费、设施条件、师资队伍结构、科研水平等方面存在资源不足的问题。但是，一旦立足各自的比较优势深度挖掘资源和潜力，仍可获得强大的生命力并可加快发展。这

---

[1]　徐渝萍.重庆市应用型本科院校人才培养模式改革——以 C 大学为例 [D].重庆：西南大学，2020：25-30.

[2]　陶丹.地方高校产学研"I-U-R"协同创新机制研究 [D].重庆：西南大学，2019：10.

就决定了地方高校在面向社会办学的同时，立足区域经济社会发展的基础条件和资源禀赋，深度挖掘独有的特色资源，用足、用活、用好也能够办出特色。因此，新建地方本科院校的特色发展，可依托以下几方面来完成：

首先，突出资源优势与学科特色。李琼、董小玉（2018）指出，地方高校数量众多，教研实力等方面也具有较大的差异，但一般而言都已经在发展过程中形成了自己的一些具有优势与特色的学科[①]，这些既有的办学优势和学科特色已经成为地方高校的核心竞争力。

其次，依托区域发展，突出地域特色。地方高校的责任和使命就是要为地方经济社会发展服务。特色本身既是地方高校的独特标签，也是地方高校精准定位、科学发展的动力之源。地方高校面向市场和发展需要，依托地方资源突出办学特色。例如，茅台学院围绕酿酒产业链建设学科专业，开设了白酒酿造工程、酿酒工程、葡萄与葡萄酒工程、食品质量与安全、食品科学与工程、资源循环科学与工程、环境科学与工程、自动化、包装工程以及酒店管理等14个本科专业，通过建设酿酒工程省级"双万"一流专业、轻工技术与工程省级重点特色学科，加上"5＋3产教融合"特色人才培养模式，培养酿酒产业链人才。该校秉承"立足茅台、服务酒业、报效国家、走向世界"的理念，坚持"小、精、高、特、开"的办学策略，致力于培养服务酒行业和地方经济可持续发展的高素质、应用型人才，并朝着与"茅台"品牌相适应，"行业一流、世界知名"的应用型大学办学目标阔步前进。

最后，基于地方发展历史，寻求产业与文化特色。新建地方本科院校依托自身办学历史，形成产业特色及文化特色，既是大学差异化发展的基础，也是特色发展的重要方向。地方高校深度挖掘差异化、特色化资源，化无形资源为有形资产，融入高校自身发展，形成特色办学。例如，六盘水师范学院作为贵州省的一所普通地方本科院校，在升本以来的12年办学历程中，立足地方经济社会发展需要秉承艰苦创业、自强不息的"三线建设"精神，在办学定位上紧紧围绕"立足六盘水、服务贵州、辐射全国"，形成具有特色的文、理、工等多科发展的优势学科群。在举办师范专业过程中，该校重点发展煤炭安全工程、采矿工程、冶金、化学化工等理工科特色专业，着力培养教师、工程师等应用型人才，构建起多科性的学科发展格局，为建成一所特色鲜明、部分学科专业在同类高校中有较大影响力的区域性高水平应用型大学而奋力拼搏。

---

① 李琼，董小玉."双一流"背景下地方高校的特色化发展[J].内蒙古社会科学（汉文版），2018，39(4)：167-171.

（四）多样化

地方高校多样化发展取决于地方高校的办学定位与服务面向的需要。首先，办学机制多样化。21世纪以来，世界高等教育正在经历一场深刻的变化，人才培养机制也正在由需求驱动转向供给驱动。经济社会转型发展促进高等教育供需两旺，无形中有效促进地方高校办学定位、人才培养、资金来源、科学研究、创新创业，以及服务社会等多元化、多样化，如西交利物浦大学就是合作办学的典范。该大学位于苏州市，2004年9月由西安交通大学与利物浦大学签订协议合作成立；2006年，西安交通大学和英国利物浦大学正式合作创立西交利物浦（国际）大学。该校是教育部批准设立的中外合作办学全日制普通本科高等院校、中外合作大学联盟成员。其次，办学形式多样化。为满足学习者的多样化学习需要，成人高校、函授教育、开放大学等多种形式迅速发展。不论是学习时间、空间，还是学习内容、教学要求等都具有更大的灵活性，满足不同层次和时段的实际需要。最后，人才培养模式与类型多样化。也就是说，地方高校既培养高、精、尖领军型、创新型的高端人才，也培养基础型、应用型的普通技能人才。

二、新建地方本科院校

1998年，"新建本科院校"名称出现，这一极具本土特色的理论与实践问题迅速引起学界和政界广泛关注。针对单纯采用地理区位来界定新升格本科院校并不合理的客观实际，有人认为"新建本科院校"比"地方本科院校"更加合乎逻辑和客观事实。聂永成（2016）将"新建本科院校"界定为1999年以来经由教育部正式批准设置的，由专科层次院校通过独立升格或联合升格等方式组建而成的，具有本科或本科以上学历教育招生资格的普通高等院校。[①] 根据研究实际，笔者倾向于这一观点。

（一）新建本科院校缘起

进入21世纪，中国高等教育因经济社会快速转型"三期叠加"而做出的战略性调整，明显的表现额，众多地方院校兴起了一股"升本""升大"等升格办学的热潮，包括从中专升格为大专，专科升格为本科，也有的将本科学院升格为大学，行业大学转型为综合性大学等。应该说，这一时期的高等教育改革无疑从办学规格与层次，还是办学规模与质量等都将对未来产生深远影响。当然，

---

① 聂永成.新建本科院校转型分流的价值取向研究[D].武汉：华中师范大学，2016：27.

这种由专科教育向本科办学模式过渡，由原有办学类型向新的办学类型转型分流，尤其是在办学走向与办学质量等方面将直接或间接地影响中国的高等教育发展，乃至对国家的经济社会持续、稳定、健康发展产生积极影响。

据统计，截至2015年5月，全国普通高等学院校共计2 553所（含447所民办院校、275所独立学院和7所中外合作办学院校），其中本科院校1 220所；在1 220所普通本科院校中，1999年以来，通过合并形式升格的新建本科院校共计670所（不含7所新建中外合作办学院校），其中新建公办本科院校273所，新建民办本科院校和独立学院397所。①可见，新建本科院校已经占本科院校的一半，比例高达55.6%。更为明显的是，当年新建本科院校已经在全国的29个省（直辖市、自治区）实现了对196个地级市及计划单列市的全覆盖，其覆盖率达57.8%。可以说，作为我国高等教育由精英化阶段向大众化阶段发展的重要生力军，新建地方本科院校从一出生就意味着重大的发展机遇与艰难挑战并存，以及生存发展的基本诉求与未来成长的更多期待。新建本科的改革发展成为应用型大学建设的示范引领，更为中国高等教育改革、发展、创新的探索实践开辟了一块试验田。

（二）新建本科院校发展历程

这一时期，新建本科院校的转型已经成为学校领导、教育主管部门、广大教师、家长和学生共同关注的热门话题。作为国家最高的教育行政管理部门，教育部将新建本科院校的转型分流视为新时期高教改革发展的重中之重，将其看作比高等教育管理体制改革和高等教育扩招意义更为深远的又一次变革，而且是高教发展中具有里程碑意义的一件大事。为推动新建本科院校由普通教育向应用型教育转型发展，2013年6月，在教育部的直接牵头和组织领导下，35所高校成立了应用技术大学（学院）联盟，旨在深入讨论应用型大学的办学定位，着力适应中国高等教育转型发展和相对完善的现代职业技术教育体系，培养应用型高级技术人才。

2014年4月25日，中国教育国际交流协会与应用技术大学（学院）联盟在河南驻马店共同主办了一场以"建设中国特色应用技术大学"为主题的首届"产教融合发展战略国际论坛"。参加论坛的178所高校共同发布了《驻马店共识》。会后，52所新建本科院校提交入盟申请。同年6月22日，国务院印发《关于加快发展现代职业教育的决定》，指出："引导普通本科高等学校转型发展。采取

---

① 本数据根据教育部官网提供的数据整理统计，资料来源：http://www.moe.gov.cn/publicfiles/business/htnlflies/business/htmlfiles/inoe/moe_634/201505/187754.html.

试点推动、示范引领等方式，引导一批普通本科高等学校向应用技术类型高等学校转型，重点举办本科职业教育。"①2015年，教育部、国家发展改革委、财政部三部委联合发布《关于引导部分地方普通本科高校向应用型转变的指导意见》，对新建本科院校转型分流做出决策部署。事实上，就新建本科院校的转型分流问题，进入21世纪以来学界就开始密切关注。从对CNKI的文献研究发现，近20年来，国内学术界以中文发表的研究成果，专门探究高校转型发展问题，从理念到行动、从理论到实践等的研究，总体上看呈迅速发展的增长态势。事实上，这也充分地说明了对于高校转型发展问题，无论从政府、高校还是社会都逐渐走向理性和成熟，而不是盲目行动（图3-1）。

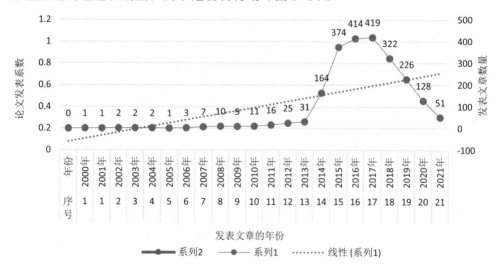

图3-1　2000-2021年高校转型发展问题研究文献趋势图

从2000年第一篇关注高校转型发展问题研究开始到2021年8月底，在中国知网总库2 219文章中，期刊1 826篇占比82.15%，学位论文44篇（其中，博士论文3篇，硕士论文31篇），报纸49篇，会议38场，以及特色期刊229篇文章。可以说，在22年时间里，高校的转型发展问题研究逐渐走向理性成熟，并朝着内涵方向发展。2000年，学术性理论研究仅1篇文章关注转型发展问题，到2013年的整整14年时间里，一共也就121篇文章。2014年一下子增长到164篇；2015年是2000年至2013年14年总和的3倍，高达374篇；2016年414篇；2017年419篇；2018年减少到322篇；2019年226篇；即便到了2020

年依然有 128 篇，足见学术探讨呈井喷之势。然而，高校转型作为一项系统工程，不仅涉及当下研究重点问题，更涉及学校定位发展、教育任务、教育类别、教育重点、以及资源配置等诸多问题的重新认知与选择问题，还牵涉到地方政府对高等教育的结构、功能、投入等认知，以及教育资源的配置。在多大层面由政府牵头组织实施、哪些工作需要依靠社会参与、哪些任务由学校最广大的师生自身努力完成等均是需要考虑的问题。此外，高校转型分流、师资配置、人才培养等都需要政府直接参与，抑或是间接介入。

（三）新建本科院校转型分流

据统计，1981—2010 年，全国 79% 的高校已经改了名或合并除了名。但对于新建本科院校而言，高校更名始于 2000 年，随后大学更名风起云涌形成燎原之势。据统计，2010 年到 2015 年的 6 年时间里，我国共有 472 所大学更名，占高校总数的 23%。2014 年，国家就新建本科院校转型分流出台相关政策，为转型发展提供政策支撑并指明了发展方向。2017 年 16 所，2018 年 40 所，高校更名。2019 年 11 所，这些高校更多的是新建本科高校，这也就注定它们从一出生就意味着转型发展与命运坎坷。

从转型升级与形成发展来看，新建本科院校更名主要又分为四种情况：第一种是由原来的高职高专院校升格为新建本科院校，校名也相应地由学校更改为学院。譬如，六盘水师范学院就是在六盘水师范高等师范专科学校。在 2003 年并入六盘水体育运动学校基础上，2007 年并入六盘水中等师范学校，2009 年 3 月，经教育部批准升格为六盘水师范学院全日制本科。第二种是从母体脱钩而独立成为民办高校而更名的独立学院，例如，武汉工商学院、汉口学院、武昌理工学院就分别是在中南民族大学工商学院、华中师范大学汉口分校、武汉科技大学中南分校的基础上独立而来。第三种是由原来的学院更名为大学。譬如，成立于 1969 年的遵义医学院，2018 年更名为遵义医科大学；位于广西壮族自治区的钦州学院在 2018 年 11 月底更名为"北部湾大学"；1980 年升格为普通本科的伊犁师范学院，2018 年 12 月更名为伊犁师范大学。第四种是指一些农林、地矿、纺织、化工、机械、师范等极具行业特色的高校，纷纷将更名为社会公众眼中时髦的科技、信息、财经、工程、文理、理工学院（大学）等。譬如，2010 年大连水产学院更名为大连海洋大学；2014 年 5 月，毕节学院更名为贵州工程应用技术学院；2015 年兰州商学院更名为兰州财经大学；2019 年淮海工学院更名为江苏海洋大学等，均是此时更名的典型代表。

第二节　地方院校办学定位

一、地方院校

从古至今，地方高校历经了一个从无到有、从小到大的漫长曲折的成长路径，历经了一个由"诞生→再生→振兴"的过程。可以说，地方高校发展历程本身就是中国高等教育的奋斗史。教育见证着中国的国运兴衰，观照过去的发展，立足当下开拓创新，昭示着现代化的未来。列宁曾言："最可靠、最必需、最重要的就是不要忘记基本的历史联系，考察每个问题都要看某种现象在历史上怎样产生，在发展中经过了哪些主要阶段，并根据它的这种发展去考察这一事物现在是怎样的。"[1] 为了更清晰地认知与解析地方高校，下面通过知古鉴今观照地方高校的未来发展。

（一）地方院校发展轨迹

尽管近代中国高等教育尚未出现，但在古代中国却有着十分发达的大学教育体系。田建国、韩延明（1999）研究发现，公元前15—16世纪的殷商时期，就有了大学，也称为"右学"，被确定为中国古代最早的"大学"。[2] 所以说，近代高等教育无疑是古代大学教育的一种继承和发展。

早在西周时期，中国就开始有了大学的建制，并将其分为三种类型。第一类称为"辟雍"，是为天子设立的大学，是我国国立大学的开端，为"学在官府"奠定坚实基础；第二类称为"泮宫"，是为诸侯建立的大学，可以说开创了地方举办高校的先河；第三类称为"畴学"，是王宫中负责天文、水利、建筑等各种技术部门的官吏们父子相传的教育形式，相当于如今的私立大学。"辟雍"主要培养上至天子下至士大夫的执政者，"泮宫"主要培养各级政务官员，"畴学"主要培养技术事务官员。[3] 自秦始皇统一六国到清朝中后期，也即封建社会的顶峰时期，中国的大学被分为"太学"、中央专科学校、书院以及家学四种形式。可以说，"太学"和中央专科学校是国立大学的延续，书院和家学则是地方办学的一种形式。

鸦片战争后，中国一大批有志之士发起了一场现代资本主义革命的"洋务运用"，倡导"师夷制夷"思想推动社会进步和生产力发展。从大学教育现代化发

---

① 中共中央编译局.列宁选集：第 4 卷 [M].北京：人民出版社,1972:43.

② 田建国，韩延明.大学教育现代化 [M].济南：山东教育出版社,1999:8.

③ 吴松,沈紫金.WTO 与中国高等教育发展 [M].北京：北京理工大学出版社,2002:160.

展的历史进程中，清政府、国民政府相继成立一批国立大学，诸如 1898 年成立的
"京师大学堂"（北京大学前身）是中国近代最早的中央官办大学。另外，西方列
强对中国文化的侵略，开办了一批教会大学，诸如圣约翰大学、震旦大学、燕京
大学等均是当时的发展成果。洋务运动中，一批先进知识分子主张"借才异域"，
创办了一批高等实业学堂，如天津北洋西学学堂（现天津大学）等。1929 年 7 月，
南京政府颁布《大学组织法》和《专科学校组织法》，明确大学和专科学校的归
属，将大学和专科学校分为国立、省立、市立和私立四类，以及国立高校与地方
高校等之分，且规定"设立、变更及停办，须经教育部核准"。①

　　新中国成立初，1949 年全国共有国立、私立和教会大学 205 所。为了与当
时经济体制相适应，国家对高教实行"集中管理、统一领导"。1950 年 7 月 28
日通过的《关于高等学校领导关系的决定》强调"全国高等学校以由中央人民
政府教育部统一领导为原则"，当然军事院校除外。1951 年全部教会大学收为
国有，1952 年私立高校全部改为公立。1953 年 5 月 29 日，政务院第 108 次会
议通过《关于修订高等学校领导关系的决定》。1955 年底，全国的 227 所高校
基本隶属高教部或由中央有关部门直接领导和管理。

　　1956 年 6 月，全国人大一届三次会议决定逐步下放办学权力，由中央有关
部门领导管理高校下放到地方政府领导管理，新中国成立以来地方高校的地位
首次得以确立。其意义在于改变了高等教育办学和管理过分集中的状况，对发
挥地方办学积极性起了很好作用。仅 1958—1960 年，全国全日制高校由 229 所
增加至 1 289 所。由于高校设置过多超越了国民经济的承受能力，背离高校自身
发展规律，中央采取措施，对其做出及时调整和整顿。随后，中共中央、国务
院颁发了相关文件，明确规定"对高等学校实行统一领导，中央和省、直辖市、
自治区两级管理的制度"，并对两级如何分工做了具体规定。

　　1965 年，全国高等学校数量从 1960 年的 1 289 所锐减至 434 所，其中高教
部直接管理 34 所，中央业务部门管理 149 所，省（直辖市、自治区）管理 251
所。至此，我国高等教育"条"（中央部门）、"块"（地方政府）分别办学、分
级管理的模式和格局基本形成。② 在十一届三中全会以后，随着经济、政治、科
技的体制改革，教育也获得了相应的发展并在改革中逐渐恢复与缓慢成长发展
起来。

---

① 国家高级教育行政学院 . 中国高等教育体制改革世纪报告 [M]. 北京：人民教育出版社，
2001：55—56.

② 李素芹 . 我国地方高校研究生教育发展缕析 [J]. 三峡论坛（三峡文学·理论版），2010（2）：
129-134.

　　1978 年，全国 598 所高校教育部占了 38 所，其他部委所属 217 所，省级地方政府所属 343 所。[①]1985 年，《中共中央关于教育体制改革的决定》颁布后实行了中央、省（直辖市、自治区）、中心城市三级办学的体制。1986 年，国务院又发布了《高等教育管理职责暂行规定》[②]，明确高教管理体制改革的内容和任务，管理权利、义务及职责。至此，两个文件都强化高校自主权和地方办学责任，办学权力和办学体制重心下移。1992 年 12 月 8 日，国家教委下发《关于加快改革和积极发展普通高等教育的意见》；1993 年 2 月 13 日，中共中央、国务院颁布《中国教育改革与发展纲要》；1994 年，李岚清在上海主持召开"全国高等教育体制改革座谈会"并指出，"条块分割"是教育体制改革的重点和难点。1995 年，国家教委发布《关于深化高等教育体制改革的若干意见》，推动中央部门与地方政府共建、共管高校，开展多种形式合作办学和高校合并。截至 1997 年，全国 30 个省（自治区、直辖市）、48 个中央部委所属 400 多所高校开展高等教育办学和管理体制改革，逐步形成"共建、调整、合作、合并"四种主要形式。[③]

（二）21 世纪地方高校发展

　　21 世纪地方高校的发展问题，同样可以从《中国高等教育体制改革世纪报告》一书中找到理论与实践依据。该书对中国高等教育的改革发展问题进行了详尽的描述。1998 年，国务院做出《关于调整撤并部门所属学校管理体制的决定》，随后下发《关于调整撤并部门所属学校管理体制实施意见的通知》，对国务院九部委所属 165 所高校办学及管理体制进行重大调整。除北京科技大学、北京化工大学等 10 所学校归入中央办学体制，管理以教育部为主外，其余全部下放到地方并以地方主体办学管理。

　　1999 年，国务院下发《关于调整五个军工总公司所属学校管理体制的决定》，并下发通知对航空、航天、兵器、船舶、核工业等五个军工总公司直属的 25 所普通高校和高等职业学校实行中央与地方共建。其中北京航空航天大学、西北工业大学、南京航空航天大学、哈尔滨工业大学、北京理工大学、南京理工大学、哈尔滨工程大学等 7 所高校归属到国防科工委，日常管理以地方管理

①　国家高级教育行政学院.中国高等教育体制改革世纪报告 [M].北京：人民教育出版社，2001:59.

②　李素芹.地方高校研究生教育发展的制度障碍研究 [D].武汉：华中科技大学，2010:28-31.

③　国家高级教育行政学院.中国高等教育体制改革世纪报告 [M].北京：人民教育出版社，2001:59.

为主，重大事项以国防科工委管理为主；其余 18 所高校归属到地方，全部以地方管理为主。[①]1999 年，国务院下发《关于进一步调整国务院部门（单位）所属学校管理体制和布局结构的决定》，除教育部、外交部、国防科工委、国家民委、公安部、安全部、海关总署、民航总局、体育总局、侨办、中科院、地震局等部门和单位继续管理所属学校外，其他部门和单位不再直接管理学校。

2000 年，国务院办公厅转发教育部等部门《关于调整国务院部门（单位）所属学校管理体制和布局结构实施意见》，夏桂华（2006）梳理发现，国务院对 49 个部门所属 258 所高校的办学管理体制和布局结构进行调整。在整个办学和管理体制改革过程中，国务院原各部（委）管理的 400 余所高校改为由中央与地方共建、以地方为主管理，可以说是地方高校的第二次大的发展。[②]从 1998—2000 年，高教管理体制和布局结构调整彻底改变了中华人民共和国成立以来形成的条块分割状况，有效改革了中央部门、单位（条）和地方政府（块）分别办学、分割管理的模式，基本形成中央和省级政府办学、以省级统筹为主的高教管理框架。

（三）地方高校职能

高等学校之所以存在，首先是因为满足社会对高级专业教育的需求，尤其是满足社会对高级专门人才的需要。因而，专业性教育成为高等学校的本质属性。同时，高等教育不仅需要专业性，更需要不断补充和更新知识，并以此作为促进高等教育自身不断发展的重要手段。因此，研究性成为高等学校的又一个重要的社会属性。高校的研究尽管不具备专门研究机构的优越性，但能够有效地弥补专门研究机构的不足。故此，高校的研究不仅具有内部存在的"合理性"，而且具有社会的"合法性"。对于社会而言，专业教学是高等学校满足社会发展需要的一种长远和间接的服务，而科学研究则是高等学校贴近社会或直接为生产提供间接服务。正如朱国仁（1999）所言，高校的三种基本职能就是"教育（或教学）、研究（或科研）、社会服务（或公众服务）"[③]。

透视高教发展史则发现，高校的三大职能，从产生的顺序看，首先，人才培养这一职能自现代高等学校（中世纪大学）一产生就有了。其次，直到 19 世纪以柏林大学的产生为重要标志，发展知识成为现代大学的重要职能之一。最

---

① 傅正华，栾忠权. 划转地方管理的高校科研工作定位研究 [J]. 哈尔滨市委党校学报，2010（2）：93-95.

② 夏桂华. 基于层次定位的我国高校核心竞争力研究 [D]. 哈尔滨：哈尔滨工程大学，2006.

③ 朱国仁. 高等学校职能论 [M]. 哈尔滨：黑龙江教育出版社，1999:55.

后，将社会服务确立为第三个职能，则是 19 世纪末 20 世纪初的事情，这一重要职能登上历史舞台又主要以"威斯康星思想"诞生为标志。所以说，高校的功能使命与价值效用首先在于人才培养。可以说，培养高级专门人才不仅是高等学校的本体职能体现，而且更是高等学校本质的直接反映。同时，更是高等学校产生的充分必要条件，是高等学校典型的"身份"标签与象征。应该说，传承和发展知识是高等学校的附属职能，这一点主要是由高等学校的基本属性决定的，是高等学校自身发展的必要条件。社会服务是高等学校的一个派生职能，这是由高等学校本身的特点决定的，与本体职能和附属职能有着一定的派生关系，是本体职能和附属职能的延伸，因而又被称为延伸职能。

二、地方高校定位与发展

高校能否获得政府有效支持、社会的认可接受、家长和用人单位的青睐肯定，关键在于高校是否有一个科学合理的办学定位。应该说，高校分类的自我判断、高校设置的政府判断，以及高校排名的社会判断，这几个维度的测量是一所大学办学成功与否的重要标尺。足见，高校定位不仅是一个理论问题，更是一个与现实相关的实践问题。

（一）地方高校定位

地方高校定位的问题，不仅关乎于高校特色与优势凸显，更关乎高等学校的战略方向与可持续发展。叶芃（2005）提出，地方高校定位主要在于找准发展空间、明确发展方向、确定发展战略与战术，做到准确定位[①]，关键是准确把握定位内涵，选择合理分析视角，找准影响定位因素。

1. 定位理论缘起

定位理论并不是教育学概念，该理论来源于市场营销学。1969 年，艾·里斯（Ai Ries）和杰·屈特（Jack Trout）在 *Industrial Marketingazine* 一文中首次使用"定位"（Positioning）一词[②]，认为把定位是对现有产品进行的一种创造性实验。1979 年，两人合著的第一本确立定位理论的专著《定位：攻心之战》从理论层面展开深入研究。1996 年，《新定位》一书出版，并成为定位理论的最新成果。这一原本用于产品、品牌和组织三个层次的商业行为，现在用于分析地方高校的定位问题，显得尤为重要和十分必要。

---

① 叶芃.地方高校定位研究[D].武汉：华中科技大学, 2005: 12.

② R AI, T J.Positioning is a game people play in today in today's me-too marketplace[J]. Industrial Marketing,1969(6): 89.

按照艾·里斯和杰·屈特的观点，定位是以产品或组织作为出发点的一种东西。这种东西不是特指什么，而是具体的物件，如一件商品、一项服务、一家公司、一个机构，甚至一个人，也可以是自己本身。但要记住的是，定位对象并不是产品本身，而是潜在顾客头脑中的一种想法，抑或慢慢变成一种认同。定位并不是要对产品做什么，而是将产品放置在顾客的脑海里，抑或心目中有一个未来的合理预期，同样无关产品的质量与性能。Ai Ries 和 Jack Trout（1999）第一个主张传播应进入消费者的心智，把消费者放在第一位，从而使广告摆脱推销的依附地位。[①]定位使消费者能够从对某一产品的实体认识产生崇拜和高层次认同与科学识别。

2. 定位过程

根据战略传播过程，项文彪（2003）将其划分为四个阶段：第一：定位的塑造。关键是在消费者心中引起冲击波。第二，定位迅速提升。主要是强化产品的个性特征，吸引特定的顾客群体。第三，定位的升华。产品定位获得消费者认同后，基于产品实体还可超越实体。第四，定位的巩固和强化。当定位赋予产品附加值后，要收集顾客对定位的反应和回馈，并进行整理总结，以需求为基础进行创新和强化。[②]

定位理论在商业上的成功运用，随即被运用于指导高等学校的办学定位与目标发展。所以，高校定位是指高等学校为社会提供劳务的品种、数量和质量，并对高校在未来经济社会发展中战略地位和发展方向做出的战略选择。[③]周绍森、储节旺（2004）认为，高等学校定位也就是为高等学校在目标对象（包括作为求学对象的广大学生、广大学生的家长及对其选择学校有影响力的亲友）的心中建立、确定一个合适的位置。[④]简言之，高校定位就是高校在办学过程中如何确定自己的身份和地位的问题。从某种意义上讲，身份确定其实是对自己类型的确定与认同，在长期的办学过程汇总将其固化下来。地位则表明高校受到社会公众关注与尊重的程度。一般而言，社会地位由其身份决定，但更重要的是由自身表现来决定。正所谓，"金杯、银杯不如百姓的口碑"，社会将依据高校的办学水平、质量以及贡献度做出理性评判。在构建高教体系中，郭桂英

①　贾艳瑞，曾路.定位理论研究中的几个关键问题 [J].商业研究,2002(2):15-17.

②　项文彪.试论定位理论指导下的大学定位 [J].江西财经大学学报,2003(5):114-116.

③　宋保忠.关于高等学校定位的理性思考 [J].陕西教育学院学报，2003,19(4):5-8.

④　周绍森，储节旺.地方高校如何走出误区科学定位 [J].中国高等教育,2004,25(2):8-10.

（2004）认为，既要建设一些数量不在多而在精，以培养精英为主，具有世界水平的研究型大学，更要建设一大批高水平结构合理的地方高校。[①]

（二）定位的功用与原则

高等教育作为一个社会大系统，每一种类型的高等学校都必须根据自己的办学层次和类型定位自己的发展，并发挥基本职能。可以说，要明确自己在整个系统中的位置，定位是基础与前提。在此基础上，高校才能按照既定发展路径发挥价值。定位理论说明，高等学校的办学定位为高等学校在目标对象心中建立、确定一个合适的位置。从功用上讲，它具有"航标""方向仪"的作用，也是一种发展信念和一种规范。

1.定位功用

第一，高校发展航标。吴家玮（2001）认为，定位堪称高校发展的"航标"、"方向仪"。[②]可以说，任何一所大学都必须清楚学校在国家、地区和不同阶段发展的情况，也就是必须明确自己在国家或地区，以及发展阶段的地位、类型以及与其他高校有何区别等，这些都是应当考虑的问题以及范围，只有这样才是精准定位。美国芝加哥大学校长罗伯特·赫钦斯曾言："大学需要有一个目的，一个最终的远景。如果它有一个远景，校长就必须认出这一远景；如果没有远景就是无目标性，就导致美国大学的极端混乱。"（眭依凡，2001）[③]大学的精准定位是能够获得长足发展的理性指引。例如，"五四"期间的北京大学，时任校长蔡元培先生就提出了"兼容并包、思想自由"的办学思想。在建校100周年时，北京大学又提出"建设世界一流大学"的目标定位，无不充分发挥定位对学校发展的指引。

第二，高校发展信念。对于高校而言，学校定位就是通过在广大师生员工中产生共同的理想信念，对学校的办学理念从直观感性认识上升到理性认同、崇拜，从而形成万众一心的办学凝聚力。在高校转型的关键期，学校改革能否顺利推进，实现弯道超车，关键在于能否真正做到坚持 OBE 理念指导，始终坚持以学生需要和发展为本，以共同的信念，凝聚全体教职工的精气神，激发出干事创业的激情和创造力，以提高工作的向心力、凝聚力、归属感和忠诚度，形成乐于奉献、创先争优的办学氛围。

---

① 郭桂英.在全面建设小康社会中地方高校的使命及其办学特征[J].扬州大学学报（高教研究版），2004，8（4）：13-18.

② 吴家玮.世界一流大学要找准自己的定位[N].中国青年报,2001-05-24（1）.

③ 眭依凡.大学校长的教育理念与治校[M].北京：人民教育出版社,2001:73.

第三，高校自我规范。可以说，定位既是学校办学过程中的矢志追求和着践行，又对学校办学行为具有指引和规范作用，也是现代大学强调依法办学的主要依据。明确定位之后，学校就要围绕目标坚定不移地贯彻执行。同时，定位对可以办学进行自我规范、约束以及实施评估，在办学过程中，起着自我监控、反思、及时纠正的作用，可以知道是否按照既定目标执行。

2. 定位原则

高校定位是一项复杂的系统性工程，是一项管大局、管长远的重要性战略工作，因而它涉及学校办学的诸多事项。但高校定位是一项十分严谨的工作，不可能带着任何主观意愿行事，而是要遵循一定原则实施定位发展，诸如分类定位原则、服务面向原则、功能效益原则、市场竞争原则和比较优势原则，以便按照规律办事，促进科学发展。

第一，分类定位原则。首先是人才的培养规格，培养类型和培养层次的准确定位，即是"分类定位"。其目的是适应高等教育大众化发展的客观实际需要，在高教体系中根据定位选择适合的生存发展模式。其核心理念在于，根据自身特点和基础实施定位，努力做到量体裁衣、各司其职、办出特色、办出水平，助推内涵式发展。"分类定位"原则，要求按照高校类型、层次、性质和任务制定出不同标准，并在不同类型和不同层次多元化发展中走出特色道路。当下，专业认证和评估工作就是分类定位原则的检验。

第二，服务面向原则。高校办学定位，主要在于为地方经济社会发展提供几个方面的服务：①人才培养中心。人才培养从注重学历教育转化到注重能力教育。教学中更加注重终身学习、就业创业、组织协调等应用型能力培养。②科技创新中心。高校依托教学、科研和学科竞赛，努力开展科学发现、技术发明与转让，以及科技服务，并利用手中掌握的科学技术资源解决发展中的问题。③文化传播中心。文化对周围环境影响力越大，高校声誉越高，文化辐射也就越强。④信息交流中心。高校不仅提供教学科研服务，还提供人才、科研和市场等相关信息服务。

第三，功能效益原则。高校通过人才培养、科学研究、服务社会等三大功能发挥其价值效用，通过发挥自身的优势，依托自身资源加速科技成果转化。高校的价值和地位体现，就在于全方位为地方经济社会发展服务。因此，高校既要努力为社会培养急需人才、加速科技成果转化，在助推区域发展、形成优势产业上做贡献，又要为社会培养大批下得去、用得上、留得住的专门人才。在科学研究上，高校应强化应用研究，着力为地方经济社会发展贡献智慧，高校应提升企业科技含量，提高产品市场占有率。在服务社会上，提供有价值的咨询决策报告，为社会各类专业技术人才提供继续教育培训服务，使之成为区域再教育培训基地、服务基地，实现高校价值的最大化发挥。

第四，市场竞争原则。伴随高等教育大众化时代的到来，大学已由"卖方市场"转化为"买方市场"，为优质生源、优质单位就业、紧缺师资、科研项目以及高质量服务等展开白热化的竞争早已屡见不鲜。高校常常为抢夺优质生源参与招生竞争；为解决学生就业主动发力，为获得优质的就业单位的用人机会而展开激烈的竞争和角逐。在残酷的竞争压力下，各高校坚持市场导向，瞄准市场需求，纷纷拿出看家本领，使出浑身解数，旨在谋求办学的经济效益最大化，规避被边缘化的风险。

第五，比较优势原则。在高校专业化、特色化发展背景下，任何新建地方本科院校都不可能在较短时间内办齐所有学科或者使所有学科达到一流水平。由于办学资源有限，它们短期内能够使用的资源显得捉襟见肘。因此，高校只有依托自身资源优势走特色发展之路，真正做到有所为，有所不为。这就要求人才培养、特色打造等基本目标与时俱进，量力而行。

通常，特色定位取决于发展中诸因素的相互影响和均衡制约，是众多因素聚合、矛盾叠加、问题累积的一种平衡结果。叶芃（2005）发现，定位理论中有一个重要的战略是"锥子战略"，"即以点带面，突出战略优势，有所为，'为'即紧密联系实际，紧跟市场需求，办出自己的特色，形成自己的优势。'不为'即对脱离实际，自己弱势，别人强势的不为。"[①] 当然，特色更多地体现在培养质量、科研水平、文化传承、服务社会等方面。高校要突出特色，选准主攻方向，持续开展。李福华（2001）认为，"要特别强调发挥自己的比较优势，强调特色。特色就是竞争力，特色就是战斗力，而且，这种特色一定是要有优势的特色。"[②] 高校定位内涵可从三个维度判断，从分析高校定位的思维中解放出来，寻求分析高校新定位，从"原发性""引导性""动力学"视角，探讨高等学校的"类型定位""资源配置"以及"社会需求"。总之，类型定位是高等学校的原发性判断，高等学校定位就是从社会需要出发对资源配置引导，最终促进高校的内涵提升和快速发展。

① 叶芃.地方高校定位研究[D].武汉：华中科技大学，2005：62-63.

② 李福华.高等学校定位的几个问题[J].中国高教研究，2001(11):74-75.

第三节　应用型人才培养

一、人才培养

21 世纪以来，各个国家或地区均把"人才资源作为第一资源，直接统领和制约着其他资源的开发和利用"①。十九大以来，大学围绕人才培养问题提出"培养什么人、如何培养人"这一关乎我国社会主义现代化建设教育事业发展中必须解决好的根本问题。人才培养不仅关乎经济社会发展，而且关乎国家长治久安。

（一）人才

在古代社会，人们把"仁""贤""德""能""智"等与"人才"往往联系在一起。随着时间推移，"人才"标准中的道德伦理尺度为社会功利尺度所代替。学界关于人才主要是从个性特征、社会贡献的角度进行界定，但同时强调人才要具有一定的知识、技能和创造性，为人类社会发展进步做出较大贡献；随着实践发展和社会进步，人们逐步形成科学的人才观、发展观、资源观。郭世田（2012）在博士论文研究中提出，"人才是指具有一定的专业知识或专门技能，进行创造性劳动并对社会做出贡献的人，是人力资源中能力和素质较高的劳动者。人才是我国经济社会发展的第一资源。"②董博（2019）研究发现，古往今来，在不同历史时期，不同地域空间和不同社会群体对人才又有着不同的认识，从而形成不同的评价和判断标准。③正因如此，人才变成一个动态概念，更是一个历史的范畴。随着时代发展和社会进步，人才的概念内涵和外延拓展不断地丰富，并助推着社会的不断进步。

在中国古代，一些著作中就有对"人才"培养、选拔和任用的精彩论述。譬如，《周公》《尚书》《左传》《史记》《汉书》《资治通鉴》等。尽管当时未提出"人才"概念，但无一例外地把"德"与"才"作为重要标尺，并将人划分为三六九等：诸如"圣人""君子""小人"等。从"禅让"制到科举制都把"荐贤举能"等作为治国安邦的重要内容。在"学而优则仕"的理念指导下，"人才"的概念逐步发生转变。

近代社会，洋务运动倡导"中学为体""西学为用"的人才观，对"人才"

---

① 赵恒平，雷卫平.人才学概论 [M].武汉：武汉理工大学出版社,2009:21.

② 郭世田.当代中国创新型人才发展问题研究 [D].济南：山东大学，2012：20.

③ 董博.中国人才发展治理及其体系构建研究 [D].长春：吉林大学，2019：16.

逐渐以社会功利尺度替代道德伦理尺度。可以说，人才是特定历史背景下对文化的积淀与传承，并以约定俗成的道德、知识、才能等作为人类社会最基本、永恒不变的人才标准，不因时代变迁而改变。随着经济社会发展，人才标准也相应发生变化，一是通过吐故纳新吸纳具有时代特征的精神和人才内涵，二是逐渐淘汰陈腐过时的成分。①

当代社会，权威典籍对人才主要有以下几种解释。《辞海》里界定为有才识学问的人或德才兼备的人。②《领导科学辞典》中的人才是指在各种社会实践中具有一定专门知识、较高技能和能力，能够以自己创造性的劳动对认识、改造自然和社会做出较大贡献的人，是人群中的精华。③《现代汉语词典》认为人才是德才兼备的人或有某种特长的人。④

改革开放后，人们对人才的认识从概念内涵到外延都有了全面、深入、系统的理解。叶忠海等（1983）提出，人才是指那些在各种社会实践活动中具有一定的专门知识、较高的技能和能力，能够以自己的创造性劳动对认识、改造自然和社会进而对人类进步做出某种较大贡献的人。⑤王通讯（2001）将人才定义"为社会发展和人类进步进行创造性劳动，在某一领域、某一行业、某一工作上做出较大贡献的人"⑥。黄津孚将人才看成"对社会有价值的知识、技能和意志方面有超常水平，并在一定社会条件下做出较大贡献的人"⑦。罗洪铁（2002）从能力素质角度认为，人才是指具有良好的内在素质，能够在一定条件下不断地取得创造性成果从而对社会进步和发展产生较大影响的人。⑧简言之，人才既包括知识分子，又包括能工巧匠、艺人和"领袖"，还包括各类特殊时期的各种"英雄"人物等。

20世纪80年代初，国务院批转原国家计划委员会的一个重要文件（国发〔1982〕149号），第一次在官方文件中使用"人才"概念，使"具有中专及以上学历或初级专业技术及以上职称的人"成为中国最权威、最适用的界定。随着实

---

① 刘绍春.我国近代人才观的演变及启示 [J].国家教育行政学院学报，2004（3）：30-34.

② 辞海编辑委员会.辞海 [M].上海：上海辞书出版社，1980:302.

③ 孙瑕，白东明.领导科学辞典 [M].长春：东北师范大学出版社，1988:35.

④ 中国社会科学院语言研究所词典编辑室.现代汉语词典（修订本）[M].北京：商务印书馆，1996:1061.

⑤ 叶忠海，陈子良，缪克成，等.人才学概论 [M].长沙：湖南人民出版社，1983：59.

⑥ 王通讯.人才学通论 [M].北京：中国社会科学出版社，2001：2.

⑦ 黄津孚.人才是高素质的人——关于人才的概念 [J].中国人才，2001（11）：31.

⑧ 罗洪铁.再论人才定义的实质问题 [J].中国人才，2002（3）：23-24.

践发展，国家又发布了对人才工作的决定，为人才赋予新的内涵。20 世纪 90 年代，《国家中长期人才发展规划纲要》明确提出人才定义，不仅抓住了人才的本质特征，还体现了"人才资源是第一资源""以人为本""人人都可以成才"的科学思想，这对于促进社会对人才的认识、选用、开发等具有重要的理论意义和实践指导。

（二）应用型人才

1998 年，教育部在《关于深化教学改革，培养适应 21 世纪需要的高质量人才的意见》中提出，"从根本上规定了人才特征并集中地体现了教育思想和教育观念，它集中回答了'为什么要改革或构建人才培养模式？培养什么样的人才？怎样开展人才培养'等三个涉及人才培养的根本问题，即人才培养需要包括人才培养的目标、过程、途径、方法、制度等多个要素"（吴巧慧、邢培正，2011）[1]。至于应用型人才的培养问题，著名学者潘懋元和车如山（2009）把培养"知识、能力、素质结构具有鲜明的特点，理论知识扎实、专业知识面广、实践能力强、综合素质高并具有较强的科技运用、推广、转换等能力"[2] 的人作为教育的最终目标。

人才培养目标一旦形成，既受宏观政治经济环境影响，也受到高校定位和指导影响。20 世纪 80 年代初，我国进入改革开放时代，人才匮乏成为最突出问题之一。1985 年，国家针对这一问题出台《中共中央关于教育体制改革的决定》，指出"高等教育的结构，要根据经济建设、社会发展和科技进步的需要进行调整和改革"。

伴随高校扩招，中国高等教育发展进入新的发展阶段。新建地方本科院校发展政策环境发生重大变化，即高等教育开启从精英教育向大众化教育跨越发展。同时，扩招、合并成为此时最鲜明的大学发展特点。《中华人民共和国高等教育法》出台以后，国家对高校"办什么样的学校、培养什么类型的人"提出了新的要求，朱建新（2019）认为，主要体现在层次性目标和内涵性目标两个方面[3]：一方面，从人才培养的层次性目标看。1999 年后，提出"应用型本科人才"；2001 年，以培养"高级专门人才"为目标，2003 年以后，近 10 年时间一直沿用"高层次应用型人才"的培养目标，2013 年提出"高素质应用型人才"

---

① 吴巧慧，邢培正 . 应用型本科人才培养模式研究与实践 [M]，北京：中国轻工业出版社，2011：26.

② 潘懋元，车如山 . 略论应用型本科院校的定位 [J]. 高等教育研究，2009，30（5）：35-38.

③ 朱建新 . 地方应用型大学变革研究——以 X 学院为例 [D]. 杭州：浙江大学，2019：63-65.

的培养目标。另一方面，人才培养内涵性目标从"实践能力"到"理论知识、实践能力"，再到"实践能力、创新精神、国际素养和高素质"，应用型人才培养的目标路径在实践中的特征更为显著，成效更为明显。

二、人才培养问题

（一）突出问题

扩招以来，大众化教育阶段仍然没有跳出精英化发展思维。新建地方本科院校存在诸多问题。当下中国，高等教育转型发展与世界高等教育发展强国目标相比，存在的问题依然突出，表现在以下方面。诸如，学科专业设置优化不够，科研水平和科研成果转化率不高，专业发展同质化"短板"现象严重，教学经费和实践资源不足，岗位技能与市场无缝对接不够，人才质量与文化意识不强，品牌建构和自主创新能力不够，绩效考核和综合评价不力等。同时，在人才引进问题上，"重视重金引进，用人机制不够灵活"，对教师实行"重科研轻教学"的评价指标化考核，教学中"重理论轻实践"，内涵建设不足，高质量发展力度不够等均不同程度地存在。

1.办学定位不够清晰

一方面，学生就业问题突出，出现隐性"知识失业"问题。大学毕业生结构性失业问题，在经济、管理和法学等文科专业比较明显。关键问题不外乎专业设置、课程体系与快速变化的社会需求错位。另一方面，高校培养的毕业生在动手能力和知识储备等方面都没有达到预期目标，企业到处喊"找不到人"，东部沿海地区制造业升级普遍出现"技术荒"问题。可见，我国就业市场存在着结构性矛盾既有不同科类之间的又有不同层次之间的。根据麦可思发布的《2020年中国大学生就业报告》数据显示，2019年全国大学生本科对口就业率仅71%，高职平均对口就业率达63%。可见，从专科与高职的就业状况看，应用型人才培养虽然有类型的差异，但这并不是导致矛盾出现的根本原因，人才供给质量和供给类型与劳动力市场要求的吻合度才最终决定着人才的社会适应性。相当一批大学生求职面临困难以及很多急需人才的区域和岗位找不到合适的人才，出现就业难、"难就业"现象，问题还在于人才培养定位与社会需求脱节，不同层次、类型的院校没有在社会、市场的互动中形成正确定位。

2.培养规格同质化严重

未能适应市场的需要，加上社会接纳又具有一定的滞后性，造成大量的毕业生人力资源的重复和积压，导致社会人才资源的巨大浪费。许多应用型院校在发展中慢慢偏离轨道，也有部分院校不考虑实际，把规模和效益等同起来，为了升格盲目把不同的单科性院校和几所多科性院校组合起来，或者片面追求"大而全"形成高校"联合体"，却没有实质性的发展。

事实上，一些高校办学定位欠准确和没有很清晰的目标定位，容易造成高校内部管理系统无法做到合理优化问题。新建本科院校一出生就面临"985""211""双一流"，甚至省属重点高校的市场挤压和生存资源争夺。办学规模与层次脱离实际，出现争规模、争层次的盲目扩招，导致丧失自身办学特色，未能用好原有基础。应该看到的是，高校大同小异、千篇一律缺乏正确定位，缺乏足够的办学特色和市场竞争力，陷入发展困境。另外，田映华，桂乐政（2007）指出，还有一些高校"因师资设专业"，或者设立办学成本较低、容易上马的文秘、会计、法律、外语等通用专业。①

3. 培养目标定位模糊

人才培养目标定位，属于高校发展最重要的顶层设计。一旦定位错误，将会把应用型教育理解为职业技术教育，不但会使学校丧失原有大学传统，还会降低人才培养规格，对当下发展和未来竞争皆不利。高校既要积极开展科学研究，又要为培养应用型人才而努力。应该肯定的是，区域性应用型高水平大学建设不仅要重视学术科研与教学实践，而且要重视理论研究与技术应用，其重要性二者并行不悖。

在人才培养模式建构上，不少学校将其定位为"厚基础、宽口径、高素质"，千人一面，没有结合自身优势形成清晰的办学定位与育人特色，导致在人才出口问题上没有多样性、发散性和独特性的优势与特色。此外，对学生专业素质的培养也日渐流于形式，越来越多地出现功利色彩，一批地方高等学校甚至还出现盲目追求一些所谓"求洋、求全"的做法。实地调研则发现，大学里46.5%的学生表示文科专业理论学习不像工科专业学习理论和技术，是制约发展和找工作的主要原因；50.15%的学生对就业有焦虑感；也有1.9%的学生担心公立单位招考指标太少，为学习文科对解决生存生计问题的价值效用问题担忧。当然，调研中4.6%的学生也因见识、生活阅历，甚至家庭成长环境影响，对自己、家庭、社会的责任意识、开创性、主动性不够强，依赖思想比较严重，表现出牢骚、抱怨等负面情绪。

（二）归因分析

尽管大学受社会存在与客观环境制约，但追求知识的同一性、同步性和统一性，忽视客观真理性和科学知识的永恒性，语言符号与客观世界对等性将会

---

① 田映华,桂乐政.中国高等教育大众化的潜在矛盾[J].高等工程教育研究,2007（4）：64-66.

造成不良后果。刘华（2010）认为，大学需要按照自身的理念、性质和逻辑处理与社会的关系以及内部事务，在坚持学术性原则基础上进行一种"积极的建构"[①]。同时，大学又要对自主办学中的人才培养质量与声誉负责，以特色求生存、以质量求发展，主动谋变适应和应对社会的变化，更好地响应国家战略，服务于区域经济社会发展。

1. 文化传承与文化革新失衡

文化传承既是大学的重要功能之一，又是教育活动的本质工作，文化也总是在实践中得以继承和发展。大学承载着传承文化的功能，更重要的是在文化传承中促进文化创新实践。在现代大学建设中，学校文化一般都是从远离传统文化中心的文化变异的边界中获得补充的。

随着社会进步和生产力发展，如果将文化传承简单片面地理解为知识、技能传承，而忽视坚守文化客观性和创造性，那么对文化的理解和认知就将会无形中产生偏差，抑或是被错误地传播，偏离文化本真。于是，最原生的传统文化将逐渐丧失本真之味。一旦学校文化建设盲目"复制"模仿，势必与其他高校存在"同质化"发展。那么，学校发展的历史积淀和个性特色将会失去既定办学目标、思路甚至校容校貌；校园容貌美化的表象往往掩盖真实的建设内容，不去提炼、整理和保留历史，就意味着"文化构建"是空中楼阁。故此，高校不仅将缺乏办学特色，也将会失去文化底蕴，丧失自信。破坏文化空间、割裂历史文脉，最终将导致文脉记忆消失。

当下中国，教育正在经历一场剧烈的变革。高校通过传承与创新促进应用性人才培养形成独特的文化，在各种学术思想和文化价值观念交融中，利用科学研究活动本身所具的前沿性、探索性、开拓性等文化创造的特点凝聚共识。高校通过课程内容、教学方式、考核方式、评价方式以及能力培养模式等改革创新，努力超越现实而不拘泥于现实，提高人才培养质量，形成改革创新文化。

2. 培养目标守成与创新失衡

保留文化传统的生命底色，本身是继承现代化的精神脉络。在守成性的教育实践中不断完成创新性活动，同样是教育教学进行人才培养的创新性实践。人才培养就专业来说，高校根据人才培养方案，按照开设的课程体系和内容安排进行应用型人才培养，本身是一个相对封闭的静态系统。但同时，高校又在教学实践动态活动中，按照岗位技能要求，对专业的培养目标、毕业要求、岗位技能以及核心素养等进行方法和手段创新，依托课堂教学、课程建设、实践教学、校园文化活动等进行应用性能力培养。

---

① 刘华. 应用型本科人才培养中存在的问题与对策研究 [D]. 重庆：西南大学，2010:22.

　　在实践中，教师只是依据教学大纲完成教学任务，往往只是简单的重复或沿袭，按部就班完成教学任务，更不用说创新实践和反思提升。事实上，教师只有在教学中进行自我反思，才能在较深层次上更新观念、转变教学理念与改进教学方法，进而改进教学实践，提高教学质量。

　　3. 教育社会化与个性化失衡

　　教育的社会化过程，通常是指个人通过教育实现其与社会成员的交互作用，适应并吸收社会文化使其成为一分子，或者按照一定的社会规范、行为习惯、价值观念成为一个适应社会文化、参与社会生活、履行社会角色的社会成员的过程。个体个性化，是指个体在社会适应、社会参与过程中所体现出来的具有稳定个体特征的人，也就意味着个人的自主、独立、创造与自觉控制能力等获得整体性强化，个体的特性与特质得以保留。

　　教育的共性强化使得个性逐渐丧失。传统教学中的教师主导与学生主体没有从根本上得以彰显，使得教学的权威地位具备较强的价值优先性，学生学习的主体地位就无法体现。学业成绩和社会化程度作为衡量学生发展标尺的做法和理念，导致学生创新活力不足也就不难理解。其结果就是学生出现遵从性，无形中压抑其个性与自由发挥，独立人格也就难以形成。

　　4. 教学主体与客体存在错位

　　重教有余、重学不足似乎是新建本科教育中的一个通病。从本质上讲，传统教学中教师的主体地位似乎很难撼动，主要集中地表现在：教学设计贯穿教学全过程，教学内容似乎全部是预设生成，留给学生独立自觉思考、进行自主学习、实现知识重组以及自行决定整合的资源并不多。实际上，学生的学习能力较弱，学习主动性不足，学习效果不理想，从而出现这样或那样的问题，因而很难在教学中通过自学形成专业知识体系。故此，学生在自学中亟待将知识、能力、素质有机结合，使自己及时地"跳出书本看书本"，把握理论运用理论指导实践，从而提高应用型人才培养的质量与效益。一旦做不到这点，学生理所当然也就无法走出课堂、走出学校、走出教师的传统教学模式与行为方式。其后果将直接造成学生离不开老师、学习离不了书本和传统课堂教学载体、手段与方法，一旦离开，就意味着"停学停课"。

　　另外，学生学习的主体地位丧失，突出表现在将考试成绩这个硬性指标作为重要杠杆，通过"背多分"调节和检测学生追求的问题解决与否、知识的获得与否，而极少关注学生参与学习的过程性体验，如对生命的经历、情感体验，以及生活味道的品尝。这种"物化效果"与精神意义往往出现偏差，很难触及对灵魂深处和学生的内心世界，一厢情愿地指望着学生增强创新性和发挥主体性，根本不可能培养出具有健全人格、批判精神和创新思维的应用型人才。教学中的主体与客体错位直接影响人才培养目标达成。

三、问题逻辑归因分析

（一）理论与实践相脱离

人才培养目标定位没有精准地对接和落实到应用上，势必造成理论与实践二者关系的模糊和模棱两可。重理论轻实践、重课内轻课外、重分数轻能力等就难以得到很好解决，因而出现理论脱离实践，能力与分数不匹配的突出问题也就在所难免。

一方面，当前在新建地方本科院校的转型发展中，关于人才培养依然处于深度探索和"趟水"实践阶段，既不能按照过去那种做法，也不能完全独创一套崭新的实践模式，或者说新的实践模式尚未形成。需要做的就只能是在摸索中前行，在实践中不断地扬弃和超越，尤其是注重理论和实践相结合，将此前的实践模式与现在的操作有机结合起来，并在实践中不断地反思和总结经验教训。另一方面，按照实践检验真理的标准，教学中通过"理论—实践—再理论—再实践"往复循环，不断检验实践教学成效。学生在入学后低年级阶段主要通过理论知识学习，并在学习中不断地进行实践探索和探索性实践，积极总结经验，开展反思和自我批判活动，努力推进理论与实践的有机统一。可是，在实践中基于教学的复杂性、教学效果检测的烦琐性，以及教学过程的模糊性，过程性评价往往难以测量，只能更好地体现在形成性评价方面，因而教学中重分数轻能力，重"学"轻"术"，重"术"轻"道"，结果导致出现"背多分"的现象也就不足为奇。

（二）课程体系不够完善

事实上，应用型人才培养的课程设置，在课程结构和课程体系方面均存在不足，亟须进一步优化和完善。出现这一问题，原因有二：

其一，学校主管教学的各级管理者，对课程结构体系与人才培养要求的支撑逻辑关系，以及内在关联的认识不够深入。在传统观念里，部分人依然停留在传统的以理论课程为中心的教学认知里。即便认识到教学的重要性，也不知从哪个角度入手，不能够将思考转化为行动，并将行动转化为操作方法。他们认为实践教学的确是很重要的，但对于如何体现出重要性以及如何推进实践教学开展，依然停留在按照人才培养方案、按照大纲去执行。可是，不同专业根据什么执行以及用什么方法和原理进行详细的指导，各级管理者并非十分清晰和清楚应该如何操作。其二，在人才培养方案中，即便有明确的改革方案，可是在实际操作中依然按照旧有的版本开展课程教学，或者材料上有教学大纲，实际施行以旧的思维模式开展。主观上要创建独具特色的应用型本科人才培养模式，课程内容却没有实现真正整合，课程体系结构就无法完善。其结果只能是"新瓶装旧酒""穿新鞋走老路"，一厢情愿也就不可能达到课程体系优化的预期。高校要摆脱走"普教化"的传统老路，就要从整体课程结构与体系，从课程设置、内容整合上改变，需要进行人才培养方案的科学顶层设计，依托其应用型本科人才培养方案对照国家标准和按照师范专业"一践行三学会"的产出导向，才能使课程内容和课程体系改革取得实效。否则，无法走出"雷声大，雨点小"的发展尴尬。

（三）实践教学经验不足

实践教学效果来看，实践教学效果不够理想既有教育理念比较陈旧、实践教学技能相对薄弱、教学创新手段与方法不多等原因，也有量化考核评估的机制不够完善，以及实践成果运用不够等主观缘由。笔者下面依然以思政专业为典型案例展开归因分析，主要体现在以下两个方面。

一方面，教师的学历结构问题。首先，学历层次整体偏低。大专学历的教师占比 22.22%，本科学历教师占 31.5%，而正规全日制硕士研究生及其以上学历教师占比仅 31.25%。其次，专业结构上，非职业技术出身的教师占比68.75%，职业技术出身的教师仅占 6.25%。最后，教师培训和继续教育。学校虽然制订了相关的培训学习和学历提升计划，安排教师到国内外著名学府学习交流和进修，但由于经费问题，仅 18.75% 的教师到对口帮扶学校或境外学习，进行单科进修和学历提升，仅 12.5% 的教师获得过单科进修的机会。学校"双师型"教师资格认定和待遇兑现，保障措施不足，导致其"双师型"教师功能和作用并不显著。故此，学校亟须优化实践教学师资队伍建设。

另一方面，在地方高校办学中，地方政府的关注点很少涉及大中小学校开展深度合作，以解决大中小学校教育一体化发展的问题。因此，地方政府对新建地方本科院校的校企合作、政产学研用等要求，抑或是发挥校企合作中的"中间人""引导者"这种牵线作用并不明显。

（四）实践教学评价简单

在实践教学推进中，学校分组实施小组考核，加上评价机制的灵活性和主观性相对较强，对于评价机制刚性和考核指标量化不够细化和深入，尤其是评价指标体系不够健全，评价过程的考核评价机制、手段方法不够丰富，造成考核过程中弹性过大，刚性不足，优、良、中、差等等级评分制的测量方法亟须进一步加强和完善。一定程度上讲，缺乏实践能力的自我效能感相对较低，无形中影响实践教学的精准评价与满意度测量。其考核的简单化，主要表现如下：

第一，实践教学落实不够到位，形式化呈现内容和能力成长不够明显。既有实践场地、实践设备设施、实践灵活性和实践师资短缺等客观原因，也有教学中学生动手操作、实践锻炼过程、与社会接轨和专业认知等深度融合过程简单化等主观原因，以至于学生动手操作的能力严重不够。考核以终结性考核评价为主，与过程性考核评价不足问题较为突出。第二，实践操作技能和综合实践评价机制有待完善。客观上讲，实践教学的成绩评定本身很难量化，尤其是过程性评价比较烦琐和复杂，教师实践指导过程的简单化，或者指导不深入、不具体严重影响了实践教学的效果。第三，鉴于实践教学的过程是践行特征，教师的教学实践结果考评比较粗放，不仅如此，而且很难使考核成绩的评价方式与考核办法更加详细和全面深化。实践教学结果考核只能凭借实践过程材料支撑和实践效果表现，而实践教学简单化评价的问题，势必导致学生的成绩综合评定欠规范和欠科学。

四、应用型大学建设

国内学界探究"应用型本科"，最早可追溯到 1998 年龚震伟首次提出的理论探讨。此概念一经提出，迅速引致学术界和教育部门的高度关注。龚震伟（1998）提出，"应用型本科"是对传统本科教育的反思，以及反思后的现实追求。传统本科教育的突出特点在于学生学得多，"术不够"，学校教育脱离实践，甚至脱离真实的社会生活。[①]因此，江小明（2010）强调，"加强应用性已成为高等教育体制改革中的一大要求"，2001 年部分地方工程类高校在长春举办"应用型本科人才培养模式研讨会"，主要探讨应用型本科人才培养目标的定位、人才模式设计、培养方式与途径、评价标准等相关问题。[②]

进入新世纪，高等教育继续做出相应调整，开始了应用型大学建设。马涛（2016）、朱建新（2019）认为，"在政府宏观政策的驱动下，一大批地方高校开始探索应用型大学建设，并成为我国高等教育领域的一个热点问题。"[③][④]2014

① 龚震伟. 应用型本科应重视创造性的培养 [J]. 江南论坛，1998（3）：41.

② 江小明. 积极探索加速发展应用型本科教育 [J]. 中国大学教学，2010（5）：26-27.

③ 马涛. 应用技术型高校实践教学问题研究——以甘肃省三所转型院校为例 [D]. 兰州：西北师范大学，2016:18-24.

④ 朱建新. 地方应用型大学变革研究——以 X 学院为例 [D]. 杭州：浙江大学，2019.

年 5 月，国务院下发了《关于加快发展现代职业教育的决定》，旨在全面启动和实施普通本科高等学校的转型发展，明确提出本科高校转型的总体目标、主要任务和保障措施。随后，一系列的相关政策文件出台，由此拉开了 21 世纪中国新型大学建设的序幕。

（一）应用型大学缘起

应用型大学缘起欧美是科技革命和经济社会发展的必然产物，也是高校转型发展适应时代变迁的需要。很长时间里，大学为了追求纯科学理性，不顾外部世界变迁并将知识本身视为圭臬，忽视知识应用性。事实上，即便古典大学里教授们的情怀同样在应用型大学里呈现。王硕旺、蔡宗模（2016）研究发现，即便欧洲中世纪的古典大学，"虽然在教会的控制之下日益远离世俗生活，但仍然具有鲜明的应用性特征"[①]。早在 12 世纪，意大利博洛尼亚大学为解决商业中的各种经济纠纷培养法律人才；法国蒙彼利埃大学为抵御欧洲不断爆发的瘟疫疾病，开设大量的临床医学实验教学课程。即便著名的英国牛津大学和剑桥大学，"两校虽然旗帜鲜明地提出设立大学是为了给教会和政府培养服务人员。但就大学毕业生而言，在当时，他们都做实际工作者而不做思想家，做主教而不做神学家，做政治家而不做哲学家，做学校领导者而不做学者"[②]。

从 19 世纪 30 年代起，英国兴起了以伦敦大学为代表的 11 所新大学，围绕第一次工业革命和商业发展需要开设大量的实用性课程，培养产业发展的专门人才，又称为"新大学运动"。新大学运动打破了宗教贵族对高等教育的垄断，高等教育向新兴工业资产阶级伸出橄榄枝。"如果社会不能从原有机构中获得它所需要的东西，它将导致其他机构的产生。"[③]受"新大学运动"的影响，19 世纪末 20 世纪初，尤其维多利亚时代，英国的工业城市诞生了一大批大学。譬如，专业设置多以工程、科技和医学为主的利物浦大学、曼彻斯特大学等，数量上高达数十所，这些大学成为英国应用型大学的新模式和典型代表。

同期，在《莫里尔赠地法》推动下，美国在新开辟的广袤中西部地区先后建立了 69 所赠地学院。宗旨就是在新开发土地上培养为工农业生产服务的工程

---

① 王硕旺，蔡宗模.应用型大学的缘起、谱系与现实问题 [J].重庆高教研究，2016，4（2）：22-29.

② 阿什比.科技发达时代的大学教育 [M].滕大春，滕大生，译.北京：人民教育出版社.1983:9.

③ 伯顿·克拉克.高等教育新论——多学科的研究 [M].王承绪，徐辉，郑继伟，译.杭州：浙江教育出版社，2001：33.

技术、农业科技人才，当时被称为"农工学院"。这些学校成立之初，以短期教育为主。无论是办学定位，还是专业设置，甚至服务面向等都体现出教育特色。随着时间的推移，学科设置不断拓展到经济、管理、医疗、卫生、教育以及公共服务等领域。后来，学院大多升格为大学。应用型大学自诞生之日起，就肩负着为培养高层次应用型人才，开展应用型研究、开发和服务的多重使命，对高教发展产生了深远影响，诸如英国的多科技术学院、美国的社区学院、澳大利亚的科技大学和德国的应用科技大学。其中，德国的应用科技大学最为典型。

　　20 世纪 60 年代，德国经济高速发展催生了大量的新兴产业，为满足产业发展，应用科技大学应运而生并培养了大量的实践技能型高级专门人才。早在 1964 年，著名学者奥尔格·皮希特在《德国教育的危难》一书中提出"教育的危机就意味着经济危机，如果我们缺少良好的教育的后备力量，经济腾飞很快就会结束"①。1968 年，联邦德国颁发《各州统一应用科技大学的规定》："各州在 1969—1971 年三年间，将原工程师学校、工业设计高级专科学校、社会公共事业学校、经济高级专科学校等中等职业学校进行了合并改制。"② 这些中等职业学校在合并基础上升格为层次更高的应用科技大学，专门培养高级技能人才。朱建新（2019）发现，"到 2000 年，应用科技大学达到 154 所，遍布在全国的 16 个州，在校生约 425485 名。到了 2007 年，全德共有应用科技大学 176 所（含私立高等应用科技大学 40 所），为德国高校总数的 45.9%，约占高等学校在校生总数的 25%。应用科技大学真正成为德国第二大类高校，成为'德国经济发展的秘密武器'。"③ 此项改革，对我国 20 世纪 90 年代中后期开始的中等职业技术学校进行合并、重组、升格、改制等大规模调整谋求转型升级发展，以及高等教育改革提供了直接的参考依据与实践借鉴。

（二）中国应用型大学建设

　　不可否认，中国的应用型大学建设与国家工业化历程紧密相连。回溯中国高等教育改革发展史，应用型大学建设萌芽于 20 世纪 80—90 年代，兴起于 21 世纪初期，2010 年后获得了迅速发展，从发展进程来看，大致可以分为以下几个发展阶段：

---

① 　奥尔格·皮希特 . 德国教育的危难 [M]// 瞿葆奎 . 联邦德国教育改革（教育学文集第 21 卷）北京：人民教育出版社，1991:342.

② 　潘黎，刘元芳，霍尔斯特·赫磊 . 德国建设"高等教育强国"之启示——德国高等教育机构的分层与分类 [J]. 清华大学教育研究，2008，29（4）：43-48.

③ 　朱建新 . 地方应用型大学变革研究——以 X 学院为例 [D]. 杭州：浙江大学，2019：48.

　　第一阶段，改革开放的探索实践。改革开放初期的探索，北京联合大学提供了典型的实践案例。成立于 1985 年的北京联合大学，是北京市的一所市属综合性大学，也是一所典型的应用型高校。目前，该校已经发展成为一所除哲学、农学和军事学外，10 个学科门类齐全，相互支撑与协调发展的格局。该校办学层次以本科教育为主，形成研究生教育、高职教育和继续教育协调发展的一体化人才培养体系。成立之初，学校就意识到北京既需要大量"学术性人才"，也需要大批具有较强实践能力的应用型人才。[①] 作为新建地方高校，该校只能与老牌大学错位发展。例如，1994 年，该校提出重点培养应用性文理科协调发展的复合型应用人才；经过探索性实践，进入 21 世纪后明确将"发展应用性教育、培养应用型人才、建设应用型大学"作为办学宗旨，面向地方支柱和新兴产业发展，培养跨学科、跨专业的应用型人才。同时，作为高教改革的实践探索先行者，该校为我国新建地方本科院校开展应用型大学建设积累了宝贵经验与有益的实践借鉴。

　　第二阶段，新建地方本科高校发展阶段。1999 年开始的高等教育扩招，标志着中国高等教育开始从精英化向大众化发展。2000—2015 年的短短 16 年间，新建本科院校（含独立学院）一共是 678 所，占全国普通本科院校的比重达 55.6%。截至 2019 年，全国 2 688 所普通高等学校中本科院校有 1 265 所，独立学院 257 所。除极少数部属院校外，新建本科院校在普通高等院校中依然占主体。为解决新升本科高校普遍存在的办学定位模糊、经验不足、教学资源短缺、办学经费紧张，设施设备落后、师资力量薄弱等诸多问题。新建本科院校采取了以下形式，不断推进新升本科高校建设。

　　一是召开全国新建本科院校联席会。从 2000 开始，全国先后召开了 16 次年会。来自教育部高教司和全国新建本科院校的领导和代表围绕人才培养、专业建设、质量评估、办学定位等问题展开研讨。2010 年开始，他们围绕"应用型人才培养与应用型大学建设""高素质应用型人才培养模式及其实现机制"，以会议为平台，"深化产教融合，推进校企合作，加快地方本科高校转型发展"，标志着加快建设应用型大学的新定位、新目标和新共识。二是探索应用型本科高校（部分）联盟。探讨以合作联盟为平台，加强对应用型人才培养模式研究；加强高校间专业对口交流，共同推进人才培养体制的改革和"双师双能"型师资队伍、应用型人才培养课程体系与产学研教学基地的建设，共同推进教学质

---

① 1985 年初起，北京联合大学组织部分干部、教师对北京市相关行业的发展情况及行业人才需求进行了为期半年的调查，结论是：北京市大量需要的是能适应 20 世纪 90 年代至 21 世纪初科技发展需要的应用性人才（《人民日报》1987 年 6 月 13 日报道）。

量工作。三是成立应用技术大学（学院）联盟。在教育部指导下，2013 年来自全国各地 35 所地方本科院校在天津职业技术师范大学成立中国应用技术大学（学院）联盟。

第三阶段，教学服务型大学的提出与探索。刘献君（2007）提出，"教学服务型大学必须能够全面体现高等学校的社会职能，推动高等学校为地方经济社会发展服务"①，教学服务型大学为地方培养应用型人才，产出地方需要的应用性成果，形成全方位服务地方发展的体系。将应用型大学作为一种独立的高等教育类型提出是近来的一个新现象，但有关应用型人才培养在我国却不是一个新话题。作为高等教育的举办者和制度供给者，政府不断地推进应用型大学建设，出台了多种政策。（表 3-1）。

表3-1　我国新建地方本科应用型大学建设政策演化一览表

序号	时　间	政策文件名称及内容	文件号
1	1983 年	国务院关于加速发展高等教育的报告	
2	1990 年	教育部兰州会议	
3	1990 年	国家教委深化高等教育的意见	教高〔1990〕016 号
4	1993 年	中国教育改革和发展纲要	中发〔1993〕3 号
5	2001 年	教育部关于做好普通高等学校本科专业结构调整及工作的若干原则意见	教高〔2001〕5 号
6	2001 年	教育部关于加强高等学校本科教学工作提高教学质量的若干意见	
7	2002 年	党的十六大报告	
8	2002 年	教育部应用型本科人才培养研讨会	
9	2010 年	国家中长期教育改革和发展规划纲要（2010-2020 年）	
10	2013 年	全国教育工作会议上的讲话	
11	2014 年	李克强主持国务院常务会议	
12	2014 年	国家新型城镇化规划（2014-2020 年）	
13	2015 年	教育部关于加快发展现代职业教育的决定	国发〔2014〕19 号
14	2014 年	全国职业教育工作会议召开	
15	2014 年	现代职业教育体系建设规划（2014-2020 年）	教发〔2014〕6 号
16	2015 年	其他地方政策出台	
17	2015 年	关于深化机制体制改革加快实施创新驱动发展战略的若干意见	中发〔2015〕8 号
18	2015 年	关于引导部分地方院校向应用型转变的指导意见	教发〔2015〕7 号
19	2017 年	关于深化产教融合的若干意见	国办发〔2017〕95 号
20	2019 年	国务院关于印发国家职业教育改革与实施方案的通知	国发〔2019〕4 号

---

① 刘献君. 建设教学服务型大学——兼论高等学校分类 [J]. 教育研究，2007（7）：31-35.

随着高教改革的深化，表 3-1 显示出国家不断地出台一系列政策，从理论到实践层面支撑应用型大学转型发展。①早期阶段（1983—2000 年）。这一时期的教育体制和人才培养模式主要分为两个时段。第一个阶段是中华人民共和国成立初期到改革开放前，无论大学还是大专院校，人才培养以满足社会和行业发展所需为主要目标。第二个阶段是改革开放初期，国家主要推动高等理工科教育改革发展。②教育大众化实践阶段（2000—2010 年）。1998 年，我国高校扩招开启教育精英化向大众化转型发展。此时，国家不仅加强了政策实践，也注重了理论探索。③新时期政策推动（2010 年至今）。此时，高教发展由数量规模扩张转向质量内涵提升。为确保高等教育质量稳步提高，优化高等教育结构，国家出台了一系列政策支撑高校改革发展。朱建新（2019）发现，中央政府、教育主管部门、地方政府三级联动，多层次、多角度推动地方本科高校向应用型大学转型的政策体系已初步建立，为地方高校转型发展提供了强有力的制度和政策保障。①

思政专业学科建设探讨，学界习惯性将 1984 年作为时间节点、时间起点和历史原点。1984 年 4 月，教育部下发《关于在十二所院校设置思想政治教育专业的意见》（〔84〕教政字 005 号）②；6 月 9 日，教育部下发《关于在六所高等院校开办思想政治教育专业第二学士学位班的意见》③；6 月 30 日，教育部思想政治工作司接连下发《关于在高等学校举办思想政治教育本科班的意见》等三个文件④批准设立思政专业，随之相关高校开展招生与人才培养工作实践。作为专业与学科建设的历史与逻辑起点，彭涛、黄少成（2016）在梳理、总结、探索该学科建设的脉络、经验与规律基础上，就专业背景、专业目的、专业功能和专业属性研究发现，从历史和逻辑考究还可追溯至中华人民共和国成立初的政治教育专业。时至今日，专业发展历经广泛论证、批准设立、深刻调整和快速发展几个阶段。⑤思政专业从专业设立到步入正常发展轨道，逐步走向成熟。

---

① 朱建新.地方应用型大学变革研究——以 X 学院为例 [D].杭州：浙江大学，2019：44.

② 1984 年 4 月 13 日，教育部批准设立思想政治教育专业的 12 所院校分别是：清华大学、南开大学、复旦大学、华东师范大学、武汉大学、华中师范学院、西南师范学院、北京钢铁学院、东北师范大学、陕西师范大学、上海交通大学、大连工学院。

③ 1984 年 6 月 9 日，教育部批准开办思想政治教育专业第二学士学位班的 6 所院校：分别是清华大学、北京钢铁学院、北京师范学院、大连工学院、西安交通大学、浙江大学。

④ 教育部思想政治工作司.加强和改进大学生思想政治教育重要文献选编（1978—2008）[M].北京：中国人民大学出版社，2008：32.

⑤ 彭涛，黄少成.思想政治教育专业建设发展历程溯源及其启示 [J].学校党建与思想教育，2016（15）：18-22.

　　很长时间里，思政专业人才培养主要是具备马克思主义基本理论和思政专业知识，能在党政机关、学校、企事业单位从事思想政治工作的专门人才。随着高教改革不断深化，社会对学校的人才培养质量要求进一步提高，就业市场需求多元化趋势进一步增强，学科专业标准化建设进一步明显。新时代背景下，随着师范专业国家标准化建设，人才培养主要任务是为中小学思想政治（品德）课程教学培养合格的优质师资。毋庸置疑，应用型人才培养既是一个理论问题，也是一个与时俱进的探索性实践问题。当下，思政专业的教学体系改革，主要围绕传统人才培养模式开展；从课程体系和教学安排的学时学分、课时构成、课程设置等来看，总体上理论教学学时占比相对较大，实践教学学时占比权重相对较小，甚至存在严重不足的状况，这一局面亟待调整。高校主要动适应高教改革发展新形势和新要求，满足新时代中国经济结构调整和产业转型发展对人才的要求，以及社会分化重组对人才培养提出的更高要求。鉴于此，2018 年教育部发布《普通高等学校本科专业类教学质量国家标准》（以下简称"国标"）[1]，作为人才培养方案制定的参照标准和直接指导，客观要求高校在遵循"突出学生中心、突出产出导向、突出持续改进"三大原则基础上，根据既有"规矩"又有"空间"、既有"底线"又有"目标"、既有"定性"又有"定量"要求的客观实际来确定实践教学的学时学分。

　　强化实践教学，目的在于突出应用型人才培养的实践性、应用性和针对性，通过实践教学的课程设计，不断丰富和完善教学内容、组织形式和教学模式。开展实践教学，可以检验学生对基础理论知识的掌握程度、对现实社会的认知，充分了解就业市场和岗位需求，不断增强学生的动脑动手能力、创新创业训练以及服务社会的能力。开展实践教学，可以切实增强和提高人才培养的社会适应度、条件保障度、质保有效度和结果满意度。真正做到实践教学与理论教学相互补充、时间与空间并存、理论与实践并举。实践教学可以有效检验教师的理论教学和学生的理论学习成效，以及应用型人才培养的目标达成度。根据教育部印发的《普通高等学校师范类专业认证实施办法（暂行）》（教师

---

① 2018 年 1 月 30 日，教育部在北京召开 2018 年教育新春新闻发布会，发布了一个非常重要的文件，即《普通高等学校本科专业类教学质量国家标准》。这也是首个高等教育教学质量的国家标准。习近平强调，"办好我国高校、办出世界一流大学，必须牢牢抓住全面提高人才培养能力这个核心点"。这对于中国高等教育改革发展具有里程碑的意义。

〔2017〕13 号）文件精神，高校应按照师范毕业生"一践行三学会"[①] 毕业要求推进应用型人才培养。

根据高校在人才培养上的基本目标和功能使命，新时期课堂教学革命亟须从以下九个方面加快教育教学转型。一是坚持思想变革为先导，解放思想、与时俱进开门办学；二是坚持以服务发展为宗旨，为产业行业发展提供人才资源；三是以促进就业为导向，实现就业一个带动一家发展；四是以提升能力为本位，强化综合技能训练和专业核心素养提升；五是以学生发展为主体，通过规范和发展教学实现教学相长；六是以立德树人为根本，培养对党和国家、社会有用之人；七是以过程工作为导向，建立职业化、专业化发展标准；八是以文化传承为己任，培养大国良师铸魂育人；九是走产学研道路，实现学校、政府、社会、企业联合办学一体化发展。

根据教育部 2020 年全国教育事业发展统计公报数据，2020 年全国共有普通高校 2 738 所，比上年增加 50 所。其中，本科院校 1 270 所（含本科层次职业学校 21 所），比上年增加 5 所；高职（专科）院校 1 468 所，比上年增加 45 所。2020 年，高等教育毛入学率 54.4%，比 2019 年的毛入学率 51.6% 增加了 2.8 个百分点（图 3-2）。2018 年，新建本科高校 721 所（公办 294 所，民办 420 所，合办 7 所），占全国本科高校 58%。从 2018—2020 年，数量和增长系数不算大。但以专业认证、评估和排名为导向的指标化考核使得各大高校进入快速发展与提质增效阶段。应用型本科高校对缓解毕业生就业与企业人才需求结构性矛盾，克服高等教育从精英化向大众化过渡中诸多困难具有重要意义。[②]

---

① 根据师范专业认证要求，"一践行"是指践行师德规范和教育情怀，"三学会"是指学会教学、学会育人、学会成长。这既是新时代教育改革发展国家对师范院校培养的师范专业毕业生提出的现实要求，也是全社会对未来教师提出的殷切期盼与厚望。

② 张义丹. 新建应用型本科高校"双转型"视阈下师资队伍建设的困境与建设办法研究[J]. 现代经济信息，2016（22）：394-395，481.

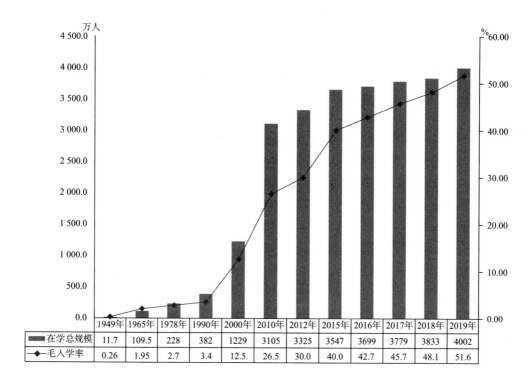

	1949年	1965年	1978年	1990年	2000年	2010年	2012年	2015年	2016年	2017年	2018年	2019年
在学总规模	11.7	109.5	228	382	1229	3105	3325	3547	3699	3779	3833	4002
毛入学率	0.26	1.95	2.7	3.4	12.5	26.5	30.0	40.0	42.7	45.7	48.1	51.6

图3-2 高等教育在学总规模和毛入学率

（注：此图来源于教育部《2019年全国教育事业发展统计公报》）

第四章 地方高校转型发展问题及其原因分析

第一节 转型发展之困

一、教育转型

教育转型是当下中国社会转型发展中的一个备受关注的热点话题和突出议题。从概念和内涵上讲，冯建军（2012）认为，教育转型是教育在外部和内部条件共同作用下，教育诸要素在不同的教育形态之间所发生的质变过程和结果，或在同一教育形态内部所发生部分质变的过程和结果。在新中国教育转型先后经历了从"政治化教育"到"经济化教育"再到"人本化教育"的两次教育转型。[①] 从发展阶段性特征看，教育转型是一种双重转型，具有赶超性、矛盾和冲突的复杂性、动力外推性和改革自觉性等特点。[②] 社会转型必然伴随着教育转型，教育转型的核心是人的转型，公民教育是当代中国教育转型所在。[③] 王建华（2011）系统研究了观念变迁[④]、制度变迁[⑤]、权力转移[⑥]、利益分化与教育转型的关系。鲁洁等人（3012）从教育转型系统性地探究了教育转型的理论、影响教育转型的内外部因素、教育转型的价值变迁和期待等问题。

教育转型的价值变迁，鲁洁等（2013）认为，教育转型先后经历"意识形态型→学术型→人文型"变化，马克思"完整的人"的理念为其提供了价值追求与现实回应。胡建华（2008）认为，转型是我国高等教育发展的重要特征，

[①] 冯建军. 教育转型与教育学转型——基于新中国教育的考察 [J]. 河南大学学报（社会科学版），2012（3）：133-142.

[②] 冯建军. 论当代中国教育的双重转型 [J]. 南京师大学报（社会科学版），2011（3）：104-109.

[③] 冯建军. 教育转型·人的转型·公民教育 [J]. 高等教育研究，2012（4）：9-15.

[④] 王建华. 论观念变迁与教育转型 [J]. 教育导刊，2010（9）：5-9.

[⑤] 王建华. 论制度变迁与教育转型 [J]. 教育导刊，2011（1）：5-9.

[⑥] 王建华. 论权力转移与教育转型 [J]. 复旦教育论坛，2011（1）：28-32.

高教转型体现出空间上的全方位、时间上的加速度和程度上的深层次等特点。[①]
龚放（2009）系统性地论述了社会转型与高等教育的本质、转型的战略选择和
系统创新，以及大学变革的国际化和区域化趋势，就通识教育对人才培养质量
的重要性以及创新性提出独到见解。[②] 王建华（2012）系统论述了现代大学面
临的系列危机以及大学的概念、理想、常识、传统与想象的变化，以及媒介变
迁、消费社会、知识社会和知识应用对大学转型的影响，提出大学转型的若干
建议。[③] 在高等教育转型的取向与路径上，赵宏强（2011）提出了一些建设性意
见和建议。[④] 一旦高教大众化发生质和量的改变，则意味着高等教育真正发生转
变并有力地为精英向大众转型提供了佐证。孙长智（2007）[⑤] 站在哲学的视角分
析中国高等教育转型矛盾，揭示矛盾根源在于未能正确处理好公益性与功利性
的双重属性，以及自身的价值回归，无法以自主性逻辑防御和化解市场化与行
政化逻辑冲击，实现内在同一与和谐。

　　当前，世界处于百年未有之大变局，进入以创新要素全球流动为特征的开
放式创新时代。面对全球经济社会发展不平衡的矛盾，资源环境承载压力与全
球气候变暖的挑战，高等教育如何契合全球发展大势，深化科教创新是解决全
球性问题、增加人类社会知识积累、增进人类福祉的重要手段。而国内，经济
社会发展不平衡不充分与人民群众对美好生活向往的矛盾，对教育发展提出了
更高要求。高等教育发展由精英化向大众化、区域化向国际化、数量化向质量
化、单一化向立体化转型，深化教育教学改革已成为世界性高等教育发展的必
然趋势和战略选择。新形势下，地方院校如何响应经济全球化、区域一体化、
利益多元化以及战略国际化发展，面临既"赶"又"转"的双重，甚至是多重
压力。

　　就六盘水师范学院的思政教育专业而言，针对新时期高教改革发展以及如
何转型的问题，我们应从国家、区域、省域等不同层面、空间尺度，从改革力
度、实践深度以及价值维度等定位发展，根据学校办学定位和人才培养目标，
紧密服务地方经济社会转型发展。立足六盘水"一中心、一枢纽、三基地、四

①　胡建华. 论近年来的我国高等教育转型 [J]. 南京师大学报（社会科学版），2008（6）：
74-79.

②　龚放. 大学教育的转型与变革 [M]. 青岛：中国海洋大学出版社，2009：15.

③　王建华. 我们时代的大学转型 [M]. 北京：教育科学出版社，2012：2.

④　赵宏强. 高等教育转型的取向与路径 [M]. 北京：北京理工大学出版社，2011：12.

⑤　孙长智. 中国高等教育转型矛盾的哲学反思 [D]. 长春：吉林大学，2007：2.

示范"①，按照"本科标准＋行业目标"的原则，科学定位思政专业的人才培养规格、培养方向和培养目标，主动适应初级中等学校对思想政治（品德）课程教学需求。人才培养不能简单地归结为要完成培养中小学思想政治（品德）课程教学能力目标要求，更要站在国家战略、社会发展以及人的全面发展视角去进行积极育人。正是从该角度讲，未来学校思想政治课教师能力要求更高、承担责任更大，可谓使命荣光、任务更加艰巨。人才培养在尊重基本教学规律基础上，使学生培养达到基本规格与目标要求，充分尊重和促进学生个性化发展，使其与岗位需求、职业能力和素质相适应。此外，思政专业特性赋予了专业新的时代使命和任务要求。不仅教师自己要努力做到"四有好老师"，而且还应该将学生培养成拥有大气度、大视野、大智慧、大战略和大格局的时代新人。通过战略前瞻思考和科学引导，帮助学生成长，自觉培养其领导能力和管理才能，使之未来成长为治国理政的专家，成为思想家、政治家和教育家打下坚实基础。

社会实践教学，是有效检验和防范思政教育转型发展历史虚无主义风险和碎片化风险的关键。孙其昂（2015）认为思政教育断裂潜藏思想政治教育的现代性风险，主要表现为：一是历史虚无主义风险。否定和割裂思想政治工作的历史，工作中断章取义"只知其一不知其二"。二是碎片化风险。思想教育中的整合与协同不够，问题出现实则是横向离散。三是立体方向"断裂"。各层次形成相对独立的空间与层次区隔，民间社会与国家层面差异明显，进一步加剧行政管理机制机械化。四是分化过程中整合乏力风险。②思想政治教育体系秩序化与规范化问题突出，也是新时代高等教育科学化发展的实践难题。只能顺势而为不能视而不见。教育者自觉认知积极探索，充分尊重学生个性化发展，把握教育教学规律和学生的身心成长规律；需要立足当下，谋划长远。在师范专业认证激励导向作用下，通过思政专业社会实践教学课程资源开发，积极推动面向中小学课堂的合格思想政治课教师培养。强化国家意识形态高势位，思想政治教育对于进一步凝聚共识，协同推进国家战略目标实现具有重要的理论与实

---

① "一中心、一枢纽、三基地、四示范"，具体是指六盘水市是川黔滇桂四省区交界处的经济、文化中心，贵州西部综合交通枢纽，国家战略能源基地、国际标准旅游休闲度假基地、贵州现代服务与新兴产业基地，国家循环经济示范区、长江珠江上游生态建设示范区、贵州城乡统筹改革发展示范区、贵州扶贫开发与民族团结进步示范区。另外，根据区域功能和承载，附加赋予区域作为全国工业城市产业转型示范区，全国农村集体产权改革试验区等重点建设，西南地区新型产业培育基地等建设为新时期改革发展探索新路

② 孙其昂.论思想政治教育转型的风险与对策[J].思想理论教育，2015（7）：52-56.

践意义。鉴于项目研究需要，则可从国家、区域、社会以及高校自身等不同的空间尺度、时间维度以及价值效度加以诠释。

二、地方院校转型

当今世界正处于"百年未有之大变局"。各国或地区经济社会发展的核心竞争力在于教育，高等教育承载着重要的历史责任与战略使命。高等教育由精英化向大众化、由区域化向国际化、由数量型向质量型转型发展，已成为新时代中国高教发展的历史选择与现实出路。杜玉波（2018）指出，要把党和国家的最新战略部署转化为高等教育强国建设的实际行动，首要的是应该把高等教育放到国内外大背景下来审视，充分认识面临的机遇和挑战，准确把握新时代高等教育所处的历史方位和未来发展走向。[①] 新升本科地方师范院校，如何响应经济全球化与区域一体化、工业化、城镇化、信息化以及农业现代化，面临着既"赶"又"转"双重，甚至是多重的任务和压力。如何紧密服务经济社会发展，尤其是传统的思政专业如何进行应用型人才培养，坚持问题导向，本着"为何转""转什么"以及"如何转"的问题，可从国家、区域、高校以及个人层面等不同空间、不同尺度以及不同维度进行系统建构与积极回应。

（一）为何转

一是国家发展需要。21世纪纪以来，伴随以人工智能、互联网技术为标志的第四次工业浪潮，世界经济发展与增长方式快速转型。在全球产业结构的深度调整期，发达国家纷纷提出"再工业化"和"制造业回归"战略，高端制造领域向发达国家回流的"逆转移"趋势进一步增强。其中，美国出台"再工业化战略"，德国提出"工业4.0"，日本实施"再兴战略"，我国也提出"中国制造2025"的中国版工业4.0，客观上需要高校培养出适应产业发展的大批量高层次应用型人才助推产业转型升级。

二是社会发展需要。随着高等教育大众化发展，以往高校办学定位欠科学的理性判断，一味强调学术型、管理型定位，人才培养出现相对过剩，应用技能型人才培养不足。高校培养的大量人才难以支撑产业结构调整和转型升级需要，尤其是无法满足经济社会发展对各级各类专门人才的需求。无形中造成"知识失业"，构成经济社会可持续发展的掣肘。岳昌君、周丽萍（2017）研究发现，"2011年，专科毕业生的落实率不仅高出本科生8.0个百分点，并且超出硕

士生 1.4 个百分点。2015 年和 2017 年，专科毕业生的落实率在各个学历层次中稳居第一，分别高达 87.4% 和 88.9%。"[①]

三是高校发展需要。当前，中国高等教育处于结构调整、战略重组和质量提升阶段，针对众多高校办学同质化发展问题，我们迫切需要对高等学校办学定位进行结构调整，方能走出一条差异化、特色化的发展道路。纵观欧美发达国家教育发展史则发现，在其高等教育发展中，学术型高校与应用型高校占比为 2:8，而中国学术型和应用型高校占比则高达 6：4。

四是就业发展需要。21 世纪以来，中国普通本科院校发展面临尴尬问题。一方面，高校扩招造成就业压力加大，办学定位模糊加剧人才培养同质化问题严重，导致毕业生就业难和难就业。另一方面，产业结构调整和转型升级需要大量人才，企业找不到合适的产业工人，人才市场出现的供需两旺表面繁荣与供需结构失衡矛盾并存。根据教育部 2019 年第四场教育新春发布会权威信息发布，2018 年，全国各类高等教育在学生总规模达 3 833 万人，高等教育毛入学率达 48.1%。普通高校 2 663 所（含 265 所独立学院，本科高校 1 245 所）820万毕业生，就业形势异常严峻且难以触底。

（二）转什么

回答普通本科高校向应用型技术大学转型"转什么"的问题。地方院校应立足地方经济社会发展需要，建设区域性、高水平、应用型大学。围绕区域性、高水平、应用型本科教育转型发展，高校可在专业设置、课程安排、教学内容、教育理念、教学模式等方面主动进行转型转化，紧紧围绕、主动适应基础教育发展和行业产业发展，依托社会力量培养应用型人才。这其中，尤其要紧密服务地方经济社会转型发展需要，为特殊职业、行业产业和相关领域，以及部门培养应用型专门人才，为生产一线培养合格的工作者，实现学生一毕业就成功就业，一就业就上手，能"做"、会"做"并做好本职工作，最终实现工读交替的终身教育发展目标。因此，高校转型涉及以下几方面：学校定位上，由普通本科高校向应用型技术大学转型；人才培养上，明确普通本科高校人才培养由过去的理论型、应用型转向应用型；课程设置上，由过去"重理论、轻实践"向理论教学与实践教学并举；课程设置上，由过去轻视实践教学环节到重视并强化实践教学转变。

20 世纪 90 年代末期开始，随着我国高校改革发展不断走向深化，尤其是大

---

① 岳昌君，周丽萍.中国高校毕业生就业趋势分析：2003—2017 年 [J].北京大学教育评论，2017,15（4）：87-106.

学逐年扩招，地方院校由数量扩大到质量提升转变，既要适应高等教育发展的基本形势变化，又要主动遵循教育的基本规律与生态位发展。就国内就业形势看，经济社会转型发展对人才需求正发生结构性变化。大学围绕"培养什么样的人、如何培养人，为谁培养人"①这个根本性问题，加大教育教学改革力度和改革步伐，以满足经济社会发展对人才的迫切需求，已成为当下中国高校转型发展不可回避的重大议题和实践难题。因此，高校人才培养质量和效率越来越受到家庭、学校、个人和社会的密切关注。整个教育就像一根绷紧的神经，无时无刻不牵动着千家万户，乃至整个国家。在应用型人才培养过程中，高校积极部署和加强实践教学工作，对于培养具有家国情怀的高素质人才至关重要。

（三）如何转

事实上，早在党的十七大报告中，就已经明确提出培养实践能力强、富有创新精神的高素质人才。2007 年，教育部发布了《教育部关于进一步深化本科教学改革全面提高教学质量的若干意见》（教高〔2007〕2 号）文件，明确提出要高度重视实践教学环节，提高学生的实践能力。根据教育部文件精神，我校结合实际加快应用型人才培养，通过积极转变观念、创新思路与时俱进地推动应用型人才培养与转型发展。至于如何推进普通本科高校向应用型技术大学转型发展，需要从以下几方面着手。

第一，提高认识，牢固树立以实践能力和创新精神为核心的人才理念。积极推进人才培养模式和培养机制创新，通过采取积极有效、灵活多样、丰富多彩的形式开展实践教学，将教学由课堂搬到饭堂和厨房，引导学生关注民生和自身生存；将课堂由校园搬到田园，让学生关注社会发展和未来走势。第二，多视角把握实践教学的内涵与外延，从而确立实践教学在人才培养中的重要地位和积极作用。将教学实践转化为生活实践、社会实践和人类实践，培养学生的家国情怀和人文关怀，在人才培养中将个人成长成才与家庭、学校、社会、国家、民族，甚至人类命运有机联系起来。第三，强化社会实践教学的课程安排和教学设计，以学生的实践能力和实践创新精神培养为重点，通过增加实践教学的课时比例和实践教学学分权重，以实践教学为抓手提高人才培养质量。第四，以本科教学评估、师范专业认证、工程认证为契机，进一步推进实

---

① 2016 年 12 月 7 日至 8 日，习近平在全国高校思想政治工作会议上强调，高校思想政治工作关系高校培养什么样的人、如何培养人以及为谁培养人这个根本问题。要坚持把立德树人作为中心环节，把思想政治工作贯穿教育教学全过程，实现全程育人、全方位育人，努力开创我国高等教育事业发展新局面。

践教学改革。通过实践教学体系完善、实践教学内容安排、实践教学方法运用、实践教学手段改革，形成实践教学模式，加快应用型人才培养助推高校的转型发展。

教育肩负着培养具有国际眼光、家国情怀和关心人类命运共同体的时代新人的重任。大学通过开展实践教学，努力提升学生的服务能力、适应能力、创新能力和实践能力，同时必须清晰地认识到提高人才培养质量的时代感、紧迫感、使命感、责任感和危机感，通过进一步提高实践教学的重要性认知和采取强有力措施，扎实推进政产学研用一体化发展与应用型人才培养，可谓机遇与挑战同在。

第二节　后发赶超之痛

高等教育是一个层次、类别、形式多样化的系统，不同层次类别和形式的高等教育对人才培养有着不同的要求，各级各类高校在教育教学方面也有自身的特点和优势，即使是同一层次或类别的高校，由于所处的自然和社会环境不同，各自办学历史和传统互异，所以在教育教学上也存在差别。正如英国教育家阿什比所言："任何大学都是遗传和环境的产物。"①新建本科高校不仅要继承和发扬自身的文化传统，也要与时俱进，适应环境变化对自身提出的新要求，满足经济社会发展的需要。

2018年6月，时任教育部部长陈宝生在新时代全国高等学校本科教育工作会议上指出："本科教育是大学的根和本。"进一步强调高校要"以本为本"，可见本科人才培养质量对于高校发展的重要性。新建本科高校大都由几个专科层次的学校联合或者单独升格为本科，经过近20年的发展，这些学校实现了办学层次的提升和规模的扩张，外延式发展成效显著。但是，从专科到本科，不仅仅是学校校园面积的扩充、学生人数的剧增，更重要的是人才培养质量等内涵的提升。从高等教育系统内部来看，高校之间的竞争也更加激烈，不同层次的高校都在自身的发展空间争夺资源，谋求更大的发展。谢军（2019）认为，新建本科高校面临着重点大学的"压"，也面临着职业技术学院的"顶"，还面临着同类院校的"挤"，生存环境非常有限。从社会发展趋势看，随着经济体制改革的深入，我国面临着产业转型升级、技术更新换代、社会治理创新的巨大压力，急需高等教育主动适应，回应国家和社会的期待，为社会发展提供高层次

---

① 阿什比.科技发达时代的大学教育[M].滕大春，滕大生，译.北京：人民教育出版社，1983:7.

应用型人才。① 根据教育部全国教育事业发展统计公报数据，图 4-1 显示毕业生就业压力增大。

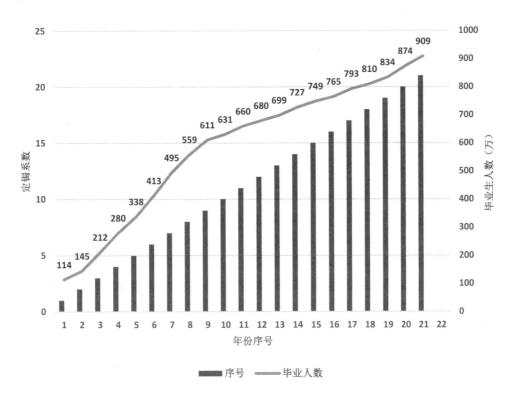

图4-1　2001年—2021年全国大学毕业生人数统计

图 4-1 显示，2001 年毕业生仅 114 万，2003 年迅速扩大到近两倍达 212 万，到了 2008 年迅速上升到 559 万。2009 年，学生毕业人数达到 611 万，随后进入缓慢的增长期，17 年我国普通高校毕业生 793 万人，2018 年为 810 万人。2019 届全国普通高校毕业生 834 万人，2021 年毕业生超过 900 万，达到 909 万人。庞大的就业基数使毕业生就业成为巨大的压力，同样考验着高校的改革发展，使其必须考虑学生的就业问题。高校必然要考虑人才培养的出路问题，以及未来的生存发展必须突破转型困境。

① 谢军. 新建应用型本科高校"双师型"教师队伍建设研究——以 S 省"转型试点"高校为例 [D].
西安：陕西师范大学，2019:15

一、转型的困境

经过改革发展和自身办学积淀，应用性大学建设成效已初步显现。地方高校向应用型转型既有内生性变革，更多的是外界力量的强制性介入推动发展的结果。随着转型发展的深入推进，新建地方院校改革发展面临诸多问题亟待解决，困难和突出问题表现在以下几个方面。

（1）价值实现的困境。从哲学考究，关于价值的理解和判断，思维方式与立场差异对价值研判和认知则各异，根据价值理性的认知价值可以使人的需要、意愿、兴趣或目的对其赋予认知对象性，加以个人喜好和偏好甚至独有意涵，因而造成事物对象性对人的满足。大学的变革和发展也不例外，看似客观存在，但在抉择和发展时，更多地与主要领导发展相关。胡建华等（2006）提出，从大学发展的历史与现状来看，大学制度的变革是社会本位价值观、个人本位价值观、知识本位价值观和学校本位价值观这四种价值观念相互竞争和相互博弈的结果。① 根据教育改革发展的国家顶层设计看，转型不仅有利于高校满足地方经济社会发展对应用型人才的客观需求，而且从个人价值考究，有助于新建本科院校人才培养的精准定位，立足区域经济社会发展需要，为扎根地方办人民满意的大学而积极努力。同时，转型的目的是遵循知识生成的基本规律，顺应并实现"生产知识→传播知识→应用知识"的积极转变。从学校本位考量，转型将改变高校盲目跟风模仿的办学弊病，立足实际根据特色错位差异发展。

改革实践中，新建地方本科院校转型发展，往往伴随着利益最大化和效益最大化与现有状态存在价值观上的激烈冲突。新建地方本科院校与区域发展能否"同构"问题，既是高校立足基础优势超越现状改革创新，但是很多时候却事与愿违。一是组织结构的同质化、办学模式趋同化、大学自治与教授治学的虚置化问题，严重阻碍了大学的转型发展。表面上的"异构"却容易造成"同构"，实质性地推进改革发展变成低效内耗和"内卷化"，高校内涵发展应尊重教育发展的基本规律，往往社会需求需要的是"短、平、快"，如果更多地强调办学效率，两者往往不在一个频道上就容易出现错位而难以协调。作为刚起步的地方性应用型本科院校，从一出生就缺少与作为重点大学建设的国家级"985"平台、"211"工程和"2011"计划等诸多高校平等发展的对话机会，因而先天缺乏"双一流"计划的优势基础和优越条件，要获得社会、市场和政府的认同，面临着艰巨挑战和困难。

---

① 胡建华，王建华，王全林，等．大学制度改革论[M]．南京：南京师范大学出版社，2006：122.

　　长期以来，地方高校在发展过程中形成的发展路径形成一种新的运行惯性和动力机制。这一机制无关发展路径的是非判断和好坏的价值判断，却对高校的发展产生深远影响，这就是地方院校一定带有区域性地方性的特色，同样这一特色也必将根植于大学的转型发展过程以及未来发展，这样一种现象的表征实质上就是强烈的路径依赖。新建地方院校的路径依赖，不仅涉及办学理念、办学定位、办学方向、办学目标和办学基础等问题，而且在工作和学习中形成这一思维模式和行事风格必将形成办学障碍，需要加以重视并及时解决。

　　（2）组织的困境。任何组织的建立与变革都是适应目标需要的，阎光才（2000）认为，"一个可以为科研提供最有效支撑的大学组织结构，将完全不同于另一个密切关注本科生教育的组织结构"①。应用型大学的办学目标要求其在内部机构设置上要有较为灵活的组织架构，以利于外部信息输入和相关教学资源的积极整合，由外向内注重人才培养、科学研究、文化传承和社会服务等能够对经济和社会的需求做出及时、有效的反应。

　　尽管国家提出高等教育改革发展问题，无论是从内部组织建构，还是外部组织关系建立高校都应积极建构一个具有特色又具备强大创新实力与发展活力的组织结构整体，根据自己的发展实际和对世界高教充分调研的基础上，形成科学研判，对应用型大学建设以及如何建，如何依法治校进行科学规划，建设具有应用型大学特点的现代大学治理体系。高校不仅要倡导学术自由、办学自主；而且还要实现与政府对话，与市场对接，与自身定位以及与时代接轨，形成具备独立批判精神和创新实践能力的实践主体和实体，而不是地方政府的"附庸"。因而，按照现代大学治理的规律和基本逻辑，我们应强化以教育的逻辑和规律来办教育，而非行政化手段干预、自主安排大学的自身建设。

　　（3）制度的困境。地方高校向应用型转型中，更多地开展了探讨和研究。但实践层面相关的政策和措施十分缺乏。因此，应尽快将工作开展从理论层面移至制度层面上来。尤其是针对国家发展的相关政策举措，需要通过完善的制度保障和相关政策制度为其保驾护航。这其中包含人事制度、人才制度、考核制度、聘任制度、管理制度、奖惩制度以及保障制度等都需要从思路和任务层面，逐渐进入操作性政策与实施制度层面。这样才不至于造成建设目标与发展目标脱节、技术路径与配套政策脱轨、现行制度与技术设施错位。在宏观制度层面，基于人才培养定位的高等教育分类体系存在缺位，要从长期以来形成的惯性思维和发展类型中解脱出来，需要借助一系列的政策制度、管理制度、评

① 阎光才. 大学组织的管理特征探析 [J]. 高等教育研究，2000，21（4）：53-57.

价制度、奖惩制度以及保障体系为转型发展打开道路。否则，缺乏一系列的保障体系，转型发展很难正常进行。

（4）资源的困境。新建地方本科院校发展，利用各自优势与物质基础开拓创新，国家化路线是一种尝试与出路，既是资源的整合也是科学利用资源参与教育国际化发展。与"985""211"类型高校相比，地方院校如何开展国际化办学，民办本科高校、独立学院等办学尝试，为其提供了一种借鉴与实践支撑，这类地方高校希望通过明确学校新的战略定位谋求转型发展。2000年前后升本的地方高校办学基础较好，因而这类高校从一开始就有升大学的冲动，大兴土木举债办学、扩大规模、盲目攀比是这一类高校出现"资源亏损"。当前，全国已有300多所新建地方本科院校开展了普通本科向应用型技术大学转型的试点。影响新建地方本科院校发展大局的，既有政策不明朗，也有办学目标不明确，甚至出现摇摆等情况，使得资源使用和开发不同程度地存在上述问题。

二、实践教学：转型的一个重要突破口

十九大以来，中国站在新的历史起点上推进教育改革发展。高校聚焦人才培养新需求，深化实践教学，强化能力培养，将教育信息化作为教育系统性变革的内生变量，支撑引领教育现代化发展，由此推动教育理念更新、模式变革和体系重构。实践教学无论是概念还是行动，从内容到形式、从手段到方法、从理论到实践等都发生了深刻变革。新时期高等教育教学如何认知实践教学，如何科学推进理论教学与实践教学有机融合，如何构建适合不同学科、不同专业、不同层次的实践教学体系，如何加强实践教学师资队伍稳定性与专业性建设，如何健全实践教学组织、管理、实施和保障体系，进一步完善奖惩激励机制推进实践教学发展，亟须学界加强理论与实践研究。

教育从"精英化"走向"大众化"、从单一走向多元，实践教学作为人才培养中一个重要的关键环节，对检验理论学习成效和知识技能转化具有显著的推动作用。不仅如此，它更是培养学生动手动脑能力、独立思考能力、团队协作精神以及创新创业能力等的重要手段和方式。故此，加强与改进实践教学的课程体系、教学设置和任务安排，提高实践教学权重和比例，既是提高本科教育质量的必然选择，也是应用型人才培养的重要战略性举措。事实上，实践教学并非标新立异，而是地方师范院校传统师范专业主动适应新时代经济社会发展和教育国际化的积极响应。

便于研究需要，本书以六盘水师范学院思政专业为例开展解析。强化"三

字一话"①教师基本功技能训练，一直是师范生的专业技能发展和实践教学的主要内容和重要方式。但是，通过面向基层开展的社会实践教学，借助暑期全国大学生"三下乡"和课余时间引导学生深入基层一线，接受劳动锻炼、开展社会调研和自愿服务等实践，也是一个不可或缺的重要途径和举措。它可以让学生在学习中增长知识，在实践中接受锻炼，做到实践过程可视化、实践内容可观察、实践结果可检验、实践经验可推广。高校应积极推进实践教学和理论教学优势互补，从而实现理论学习与实践运用、专业技能与岗位需求等有机结合，在理论指导下深入展开具体实践，在实践中检验理论学习效果，做到"知行合一"，并根据问题对症下药、因地制宜地开展。

本项目主要以社会调查理论与方法、大学生职业生涯规划、大学生科研训练等课程教学为前置课程基础，依托《思政专业社会实践》课程建设这一实践载体和操作平台进行应用型人才培养。根据专业人才培养定位为中小学思想政治课合格教师的现实需要及社会实践教学课程的实践性特点，为深度推进应用型人才培养，本项目主要从实践活动与过程、实践内容与方式，以及实践结果与检验等方面开展研究。

第一，探究实践教学在推进应用型人才培养中的内生动力、运行逻辑、基本规律以及未来演化趋势。积极推进人才培养方案、课程教学大纲、教学管理模式以及教学运行机制及时调整。

第二，通过开展社会实践教学，检验课堂教学质量、检测课堂理论教学效果和课外社会实践教学水平，同时便于检查学生的理论学习成效，对学科基础知识、专业知识掌握和运用程度的能力，以及通过大学生就业创业和大学生的第二课堂反馈实践教学成果。

第三，根据课程目标开展教学。围绕大学生就业创业、服务社会、暑期"三下乡"、全国"挑战杯"、学科专业竞赛、课外学术科技创新、科研计划训练等实践活动，强化社会实践教学的课程资源开发，努力提升思政专业的应用型人才培养质量，达到实践育人目的。

第四，强化社会实践教学的一体化开展。其主要内容涵盖实践教学的整体教学设计、教学内容安排、实践任务落实、实践结果检验、实践效果评估，以及实践经验推广。在新文科背景下，实践教学的系统性开展为思政专业的本科人才培养模式改革探索了一条新路，从而积极改革现有教学模式，深度推进实践教学高质量发展。

---

① "三字一话"主要是针对师范生技能训练的四个方面的内容。所谓"三字"具体是指粉笔字、毛笔字和钢笔字，而"一话"则是指普通话。

　　总之，实践教学不仅是贯彻落实学校的办学定位，即由普通本科高校向应用型大学转型的重要抓手，也是思想政治教育师范专业认证的客观需要。通过实践教学推动区域性高水平应用型大学人才培养，为中学培养合格的思想政治课教师意义重大。

第五章 实践教学助推高水平应用型大学人才培养

第一节 实践教学

新时代背景下，大学的功能与使命在于全方位服务地方经济社会发展。徐同文（2004）提出，区域性高校要扎根地方办大学，主动对接地方经济社会发展，主动助推产业结构调整与转型升级，客观上急需大学的服务能力整体性提升。[①]长期以来，教学中"重理论、轻实践"的问题至今未从根本上改变，因而出现理论与实践、课堂教学内容与课外教学实践、教师的教与学生的学等严重脱节的问题，加上大学的专业理论教育与中学素质教育、实践教育补位不及时，最终导致高校人才供给与产业发展、行业需求以及市场需求，高校人才培养与产业发展错位问题突出。因此，人才供需失衡问题亟待通过深化教育教学内容和课程体系改革来实现。高校所培养的人才不仅要懂理论、重实践，还需要在掌握理论基础上，通过实践教学转化为生产力适应经济社会科学发展。

一、实践教学

伴随高等教育国际化、大众化发展，社会对"一专多能"的应用型人才需求倍增。国家历来重视实践教学开展，用以满足应用型人才的客观现实需要。1999年，《中共中央国务院关于深化教育改革全面推进素质教育的决定》（中发〔1999〕9号）提出把加强大学生实践能力培养作为主要任务。2005年，共青团中央、教育部等部门联合发布《关于进一步加强和改进大学生社会实践的意见》（中青联发〔2005〕3号）提出，深入开展社会实践，对促进大学生了解社会与基本国情，在实践中增长才干、奉献社会，锻炼毅力、培养品格，对增强时代青年的社会责任感具有不可替代的作用。2012年，教育部印发《教育部关于全面提高高等教育质量的若干意见》（教高〔2012〕4号），提出强化实践育人的

---

① 徐同文.区域大学的使命[M].北京：教育科学出版社，2004：7.

目的、作用，以及价值和意义，要求建立党政机关、城市社区、农村乡镇、企事业单位、社会服务机构等接收高校学生展开实践工作的相关制度。

实践教学作为应用型人才培养的一种重要手段和关键举措，与理论教学形成相辅相成的关系。应该说，实践教学早已上升到一个国家重要的战略高度，通过实施顶层设计推动应用型人才培养。那么究竟如何才能有效推进实践教学开展？教学中应遵循何种原则达成教学目标，以及如何实现价值建构？张绪清等（2016）就推进实践教学的合规律性与合目的性协同建构①，推进课程资源开发促进应用型人才培养等相关问题进行研究。为便于研究，下面仍以思政专业为例展开分析。

（一）概念内涵

实践教学这一学术概念，最早由美国著名教育家约翰·杜威（John Dewey）提出。他以教育即"生活""生长""经验改造"等理论为基础，提出了"从做中学"的教学论思想。也就是说，经过教材教法课题研究，得出与传统教育观念相异的结论。李伟（2012）研究发现，这一典型的实用主义思想不但影响美国教育发展，而且对全世界很多国家和地区都产生了深远持续的积极影响，包括中国在内。②

从价值作用上讲，实践教学是巩固理论知识，加深对理论的深入理解和认识深化的有效途径。可以说，实践是培养高素质应用型人才的重要环节。这也就是说，实践教学是理论联系实际、培养学生掌握科学方法和提高动手能力的重要平台。1958 年，匈牙利裔的英国哲学家迈克尔·波兰尼（Michael Polanyi）将人类知识根据其类型和体现方式分为显性和隐性两部分。李白鹤（2011）研究发现，显性知识具有规范化、系统化特点，以书面形式表述并通过不同转化机制适用于实践。隐性知识根植于个体及心智模式，是难进行编码和沟通的知识，具有高度个人化、难规范化特点。隐性知识为实践课程教育开辟了新的观察视角，为素质提升提供隐性知识生成、转移和共享的环境和条件。③日常教学

---

①　张绪清，向荣，范兆飞.社会实践教学的合规律性与合目的性协同建构研究 [J].牡丹江大学学报，2017，26（4）：144-147.

②　李伟.借鉴、传承与发展——北京电影学院与美国综合大学影视制作专业的实践教学比较 [J].北京电影学院学报，2012（3）：11-16.

③　李白鹤.迈克尔·波兰尼自由思想的理论逻辑 [J].广西师范大学学报（哲学社会科学版），2011，47（6）：31-35.

中，我们可以通过实践将隐性知识更好地利用起来，服务于工厂生产、农场运转、市民社会生活以及客观发展实际。

在实践教学的实践观、课程观，以及质量观基础上，法国著名的社会学家皮埃尔·布迪厄（Pierre Bourdieu）提出了实践理论。刘洋（2014）对蕴含的"惯习"和"场域"相关分析发现，高校在理论教学中创造出支持性的"场域"和培养与课程改革相适应的"惯习"结论。① 故此，皮埃尔·布迪厄、华康德（2004）提出，"实践理论要同时考虑外在性的内在化、内在性的外在化的双重过程"②。为此，实践教学体系健全为社会实践课程的理论教学与改革深化实践教学提供了逻辑话语、解释框架和解构方案。

（二）理论支撑

应用型人才培养中，实践教学与理论教学具有同等重要的地位和作用。强化理论支撑将为实践教学的具体开展提供科学与合理的建议和意见。张晋、马庆发（2008）认为，马克思主义哲学、知识观、建构主义、多元智能理论及情境学习③ 等为实践教学提供重要的理论来源。此外，通过实践教学的开展促进社会教育与生产劳动有机结合，成为指导实践教学的一个重要指导思想。这对于改造"重理轻技"和"重术轻器"思想具有的积极作用。钟志贤（2006）研究发现，认知学习理论中布鲁纳主张关注知识结构、学习者内部动机、多种认知表征方式、探索与发现未知、直觉思维、从多重观点中建构知识和价值等。④ 学习作为一种情境活动，被理解为整体、不可分的社会实践，是创造性活动中的完整部分。当前，应用型人才不仅要积极反思和审视传统教学，更要重新认识学习的本质特征和知识养成的惯性作用，同时认知学徒制、交互式教学等策略，均对实践教学提供理论支撑。终身学习教育观、多元智能学生观、建构主义学习观、能力本位质量观、过程导向课程观以及行动导向教学观等为实践教学提供依据。

第一，终身学习的教育观。现代教育培养学生学会认知、学会做事、学会生存，以及终身发展的四项基础能力。教师从组织者、引导者变成导演者，目

---

① 刘洋.大学生社会实践课程化建设研究[J].中国校外教育，2014（12）：48.

② 皮埃尔·布迪厄，华康德.实践与反思：反思社会学导引[M].北京：中央编译出版社，2004：18-19.

③ 张晋，马庆发.高职实践教学的理论基础研究[J].河北师范大学学报（教育科学版），2008，10（1）：127-131.

④ 钟志贤.面向知识时代的教学设计框架——促进学习者发展[M].北京：中国社会科学出版社，2006：107.

的在于从以教师"教"为中心改变为以学生"学"为中心。教师要重视学生的学习权，把学生变成学习的主体，受教育的人必须成为教育他自己想要成为那样的人。第二，多元智能的学生观。在教学中，教师根据学生的学习特点和身心发展特点，挖掘潜能和发展个性，学习实践知识和必需够用的理论知识；在课程学习中，防止让学生再遭遇智慧关闭，而是多让学生体验智慧开启和增强自信。第三，建构主义的学习观。学习需要学生通过互动交流逐渐认知和识别并转化为亲身体验，利用必要的学习资源主动建构获得。灌输式教学限制学生创造性思维发展，剥夺学生认识和理解自身的机会，失去通过探究和主动学习达到目的的效果。教师要为学生创设学习情境，运用多种教学方法，提供学习资源，使学生能够主动建构自己的经验和知识。第四，能力本位的质量观。社会实践教学目标是培养完成综合性工作任务和应用型的职业能力。通过工作过程系统化的课程学习，学生不仅要获得专业的职业技能、职业资格和必备的专业知识，而且更要获得自我发展的内化职业能力。第五，过程导向的课程观。教师要构建"工作过程完整"而不是"学科完整"的学习过程，从教师职业出发选择课程内容，并按职业能力从易到难顺序安排教学；课程内容首先强调获取完成工作任务的过程性知识，加上"怎么做"和"如何做更好"的"策略"问题，然后运用适度够用的陈述性知识。第六，行动导向的教学观。"为了行动而学习，通过行动来学习"，工作过程与学习过程相统一。该观点倡导教师是课程学习的组织者、咨询者、引导者和协调人，学生始终是行动和实践主体，教学活动中应遵循"咨询、计划、决策、实验、检查、评估"的完整"行动"过程。

因此，在教学实践中教师需要从知识到能力进行特色建构。教师要充分运用成熟的教学技能、实践经验和操作模式等手段和方法，帮助学生确立实践目标和行动方案。然后，根据教学目标的反向设计与正面施工，构建适应学生能力培养和目标发展的教学体系。

二、社会实践教学

社会实践教学是培养人才的一种教学活动。无论是课程设置还是教学安排，甚至对当前正处于成长发育阶段的实践教学，作为一个成长发育型的理论与实践问题，根据项目设计和项目研究以及实施方案推进，本项目主要围绕以下几个方面着重展开，即社会实践课程教学的基本概况；社会实践教学的主要内容；课程设计与任务安排；运行情况与基本成效；成绩评定与评估检验；实践反思与持续改进策略。

与理论教学相比，当下实践教学存在着严重短板。陈亚绒等（2008）运用文献综述、比较研究、专家访谈等一系列方法，对工业工程专业实践教学展开样本研究①，认为现实问题可归结为以下四个方面：第一，各实践教学环节独立，多为具体课程服务，缺少衔接纽带，没有形成实践教学的整体体系；第二，实践教学体系缺乏先进性、实用性、创新性和有效性，主要源于实践教学内容脱离科技发展和企业需要；第三，教学模式单一，缺乏综合实践教学环节，使得学生主动性和创造性难以有效发挥；第四，实验以验证性为主，缺少综合性、设计性和开放性实验，不利于学生的动手能力和创造力的培养。基于此，要达到实践育人的教学目标，迫切需要坚持专业学习与社会需求、学校教育与社会教育、理论教育与实践教育、服务社会与双向受益、职前教育与职后教育一体化发展，课堂学习与课外学习有机结合。

教学中师生教与学的双向互推、内外兼修，可以积极促进并加快理论与实践的融合发展。不仅如此，社会实践教学还需从实践目的性、主体参与性、过程可控性、结果可评估等环节进行整体性、精细化的课程设置与教学设计。我们既要注重概念的内涵与外延研究，又要注重实践价值与效用的最大化，从实践教学课程的内在逻辑、结构层次、开发时序，空间布局等展开研究，无论局部实践还是整体开发，无论过程监控还是结果评估，无论成效检验还是深度开发等，都构成实践教学的基本内容。

第二节　实践教学内容及实施

一、教学过程与环节

邹海燕（2011）研究发现，《中华人民共和国高等教育法》第一章第五条规定，"高等教育的任务是培养具有创新精神与实践能力的高级专门人才，发展科学技术文化，促进社会主义现代化建设。"②同时，教育部也曾多次发文强调加强实践教学，把提高大学生实践与创新能力作为"十二五"期间"本科教学工程"的重点建设内容之一。《中华人民共和国高等教育法》第二章第十六条第二款中规定，"本科教育应当使学生比较系统地掌握本学科、专业必需的基础理论、基

---

① 陈亚绒，周宏明，付培红等.应用型工业工程专业人才培养的实践教学研究[J].中国成人教育,2008（18）：147-148.

② 邹海燕.应用型硕士研究生培养机制探索——基于课程选择的视角[D].厦门：厦门大学,2011：18.

本知识，掌握本专业必要的基本技能、方法和相关知识，具有从事本专业实际工作和研究工作的初步能力"。而学生实践能力的培养，学生基本技能、基本方法和相关知识的训练，主要还是靠实践教学来完成。

（一）教学设计

课程设计是实践教学环节的重要组成部分，是专业理论知识联系具体实际的桥梁纽带，是学生综合运用本课程和其他课程的基本知识，通过独立思考来解决实际问题的初步尝试。它既是应用型人才培养的重要手段，也是培养学生动手和操作能力必要途径，实践锻炼能够提高从事实际工作所需的基本技能，对培养具有基础扎实、视野开阔、适应性强，以及创新精神和创新能力的应用型人才，具有重要的现实意义。

经过试验与改革研究，实践教学环节中的课程设计存在以下问题。诸如，课程设计计划内容不合理、教学过程不规范以及课程设计课效果不明显等。具体表现为课程设计计划目标不明确，没有结合本专业应用型人才培养目标需求，课程设计大纲与一般课堂教学内容缺乏互补性，形式大于内容，没有起到实践教学应有的效果，没有对课程设计教学过程的管理提出明确要求，教师上课和课程设计规范性不突出，教学过程缺乏应有规范。另外，鉴于没有明确的课程设计教学计划和教学规范，课程设计教学效果不明显，课程设计对人才培养目标没有起到良好的支持作用。

实践教学作为教学计划和安排执行，实践过程中应贯穿科学的教育理念和教学思维，如终身学习的教育观、多元智能的学生观、建构主义的学习观、能力本位的学生观以及行动导向的教学观。实践教学可以通过校企合作组织课程开发、典型任务确定课程方案、工学交替实施课程教学、课程目标注重工作任务以及项目工作引领情景教学等开展。

（二）教学组织及任务安排

为进一步规范和加强实践教学环节的管理与监督，确保实践教学工作的顺利开展，学校每年都会做出实践教学的任务安排。学校要求所有的教学单位，尤其是二级学院所有专业建设中的实践教学安排，无不是在学校教学处的统筹安排下根据人才培养方案来进行的。

一方面，社会实践教学作为教学的一种基本形式，教学任务安排不仅不能例外，而且要遵循基本教学规律和相关教学管理规定执行。从实践教学的内容上讲，实践教学大致可以分为实验（实训）、实习实践和实践课程设计三种基本的类型。从教学的任务安排和课程设计的可行性上讲，社会实践的教学安排和课程设计，以及实践教学任务落实需要进行全方位论证和科学设计。实践教学的任务安排和实践活动开展上，不仅开课单位教学系按照基本的教学规范、教学条件和教学目标正常运行，从而做到理论教学与实践教学的能力提升统筹兼顾；而且教学单位（二级学院）也同样需要有宏观设计与微观把握。同时，学校教务处还要对实践教学安排、运行状况、保障措施等实施过程监控，保证其正常运转。另一方面，实践教学任务安排与教学结果将作为各教学单位和教学工作绩效考核，以及年终工作量核算的重要依据。各单位要高度重视教学工作安排，并专门成立实践教学工作领导小组，涉及院长、分管教学副院长、教学科研管理科、教学系主任、任课教师等，做到任务具体落实到人、责任到人到物，做好教学组织管理和项目推进工作，以确保实践教学工作的任务安排合理、教学运行高效、管理科学精确。与此同时，实践教学任务安排需着重考虑并兼顾以下几个方面的问题。

第一，教学单位要做好教学系、实践基地负责人、学校教务管理人员等相关人员的组织协调工作，通过整合学校内外、学院内外等教学资源，协同做好实践教学的准备工作。第二，实践教学任务落实和推进的时间、地点等一经落实就不得随意更改。如果确有特殊情况发生临时异动，教学实施者务必就教学异动办理相应手续。第三，开课单位就课程建设建立相关的责任制，课程安排需要履行签字审批手续，如社会实践教学在思想政治教育系主任、副主任签字审批同意后，课程负责人方可执行，并将实践教学调整写出书面材料，一份交给教学系存档做好台账，另一份交教务处留存。目的在于敦促任课教师保质保量地完成实践教学任务和工作按时完成。第四，建立完善的课程建设管理机制体制，以便于学校和学院两级教务管理人员及时登陆教学管理系统，检查教学单位实践教学任务完成和工作安排落实情况。

（三）教学实施及操作原则

构建科学合理的实践教学体系，应用型人才的培养，必须紧紧坚持国家需求为本，社会需要为基，中学思想政治（道德与法治）合格师资的培养为要，始终坚持产出导向，正向施工和反向设计有机结合起来，扎实推进人才培养。针对社会实践教学，黄志华、谢小凤（2011）提出，"以教师教育训练为基础，以综合素质提升为核心，以能力培养为主线，努力提高综合素质。"[①]实践教学通过培养学生的基本教学技能、专业教学能力、综合实践能力，积极锻造创新思

---

① 黄志华，谢小凤.论高校艺术设计专业实践教学模式的构建[J].赣南师范学院学报，2011，32（4）：132-134.

维，培养学生的创新能力，实现应用型人才培养。正是从该角度上，社会实践教学体系应由实践教学环节、实践教学环境、实践教学队伍和实践教学管理四部分构成。但构建思政专业的实践教学体系，同样需要"注重基础、强化训练、加强综合、培养能力"，遵循实事求是原则有序地开展。

1. 目标性原则

也就是说，教学目标性就要体现在学生预期的学习成果上，目标设计要有完整性、合理性和可行性，而且实践目标和实践模式要具有可借鉴性和可操作性。根据教学规律，教学目标规定着教学活动方向，是教学活动的依据，也是评价学生学习的重要标准。因此，思政专业实践教学体系构建必须遵循国家本科教育办学精神，如六盘水师范学院亟须紧紧围绕学校建设区域性高水平应用型大学的办学定位，推进应用型人才培养。专业特色建设，亟须落实到区域性、师范性和应用性的本科教育定位上来。因此，实践教学活动不是为了完成任务走形式，而是在目标明确之后"谋定而后动，知止而有得"。

2. 系统化原则

教学既是一种行动也是一个过程，这就要求教学中需要遵循人的认知规律和教育发展规律，需要通过系统科学的思维方法，结合专业特点进行系统化教学设计。同时，注意实践教学与各门课程的内在相关性和内容自洽性，按照组成实践教学活动各环节的地位、作用及相互间的内在联系，形成相互联系协同育人的实践教学体系，将社会实践和思想政治教育、专业学习、志愿者服务以及大学生创新创业教育等教学内容相结合，积极推进理论教学与实践教学统一于人才培养全过程，将第一课堂和第二课堂深度融合，目的在于将操作方式和实践性教学技能贯穿实践教学全过程。实践教学的系统性，要求将实践教学与理论教学有机衔接融合发展；实践教学的系统化构建，需要通过一以贯之而非片段式、碎片化甚至是选择性执行。

3. 整体优化原则

针对实践教学的实践性、探索性和实验性特点，教学实践过程中尤其要以整体理论和系统思维实施科学建构，从而推进实践教学各要素汇聚形成合力，从整体上兼顾学生的能力培养和学生个体的德智体美劳全面发展。在实践教学中，实践教学的设计理念和操作实践，势必体现出"多利相衡取其重，多害相衡取其轻"这一整体优化原则。实践教学要充分体现理论的指导性、实践的科学性而非盲目性，以及理论指导实践和实践检验真理正确与否的科学思想。社会实践教学环节的科学设计，需要积极、科学地协同处理好实践教学与理论教学、课内教学与课外教学、课堂资源与课外资源、教师资源与学生资源、内生资源与外在资源等互动耦合关系，通过综合利用和科学协同发展，促进实践教学内容与课程体系改革与应用型人才培养相适应。

4. 规范化管理原则

教学工作规范化管理是比常规教学管理更高层次的管理。要明确实践教学的任务目标、任务流程和教学运行轨迹，需要对"实践前—实践中—实践后"等每个阶段做什么的具体任务和目标要求清晰明了，以规避教学中因时而变和因人设课的行为发生。尤其是客观存在时间交叉、任务重、多头管理、工作冲突、节奏失当、实事虚做、监控不到位、影响教学质量等情况下，加上客观存在师资短缺，抑或教学资源不足而对课程开设出现随意性和主观性。在实践教学体系中，规范实践教学管理与教学实践的实施流程，需要创新实践教学手段和方法，重视实践教学的基本流程和各个实践教学环节的有效衔接。同时，对于实践教学环节的内容和形式进一步地制定出合理的实践教学综合考核标准和具体要求，遵照学校教学管理的相关文件要求，强化全要素、全过程、全方位管理与规范性执行。

二、教学内容与形式

根据人才培养方案，社会实践教学通常安排在第 4 学期或第 6 学期进行。实践教学的目的在于两点：一是要求学生按照课程设计和教学任务安排，通过开展社会实践活动，引导其积极融入、了解和认识社会，在实践中增长知识、接受锻炼，在锻炼中增长才干、磨炼意志，在磨炼中关注社会发展、国家需求，以强烈的社会责任感和历史使命感立足当下直面未来。二是通过社会实践来检验理论学习成效，不断调整和完善个人学习计划和就业发展规划，为长远发展明确努力方向。实践内容主要涉及社会调查、劳动锻炼、勤工助学、志愿服务，以及"三下乡"等几个方面。根据教学内容，实践教学可以采取以个人、集体，甚至班级为单位等形式开展。

（一）社会实践内容

1. 社会调查

"没有调查就没有发言权。"这是毛泽东在《反对本本主义》一文中提出的著名论断，它深刻阐明了领导者要重视并善于调查研究，对于学生而言更要通过开展社会实践，深入基层社会，感知真实生活，科学看待学习、就业发展规划、职业人生定位等问题，同样需要开展调查研究。针对我校学生生源 80% 来自省内，20% 来自省外的实情，社会调查的内容和地点主要以省内为主，以省外为辅，涵盖以下几方面的内容：

　　第一，针对中国农村、西部城市、贵州省、六盘水，乃至乌蒙山区等区域经济、社会、政治、文化等领域发展现状和发展趋势展开问题研究。尤其是要求学生以宽广的学术视野关注国内外、区域经济社会发展中正在发生，抑或即将发生的重要事件、现实问题，深入基层认真观察身边的事，对家乡抑或生活的城市、乡村当下发生的焦点、热点以及难点问题展开深度调研。要将自己放到国家和民族发展大业，甚至是人类命运共同体视角下积极思考，理性看待和认识国家战略、经济发展、社会需求和百姓关注的现实问题。通过直面世情、了解国情、关心省情、立足市情和针对社情，学习贯彻落实国家的大政方针，深入了解和关注具体政策施行，如脱贫攻坚、依法治国、从严治党、小康社会建设、"四个全面"、地方立法权法治边界等，参与脱贫攻坚，积极投入全面小康社会建设，贯彻落实新发展理念，真正做到"家事国事天下事，事事关心"。

　　第二，扎根乌蒙大地，立足六盘水市地方经济社会基本实情展开深度调研。特别是要求学生针对六盘水市农村"三变"改革，乡村振兴战略实践，大生态、大健康以及大数据等战略实践，农旅一体化，特色农业产业化，民族文化传承，农村留守妇女、留守男人，农村早婚早孕现象，人居环境改造等问题。抑或是资源型城市转型、城乡规划环境建设、特色小城镇打造、煤炭工业与环境承载、大数据与智慧城市建设、国际大健康旅游目的地打造、智慧凉都旅游、城市品牌文化建设，以及城市经济社会改革发展面临的突出问题和实践难题，需要就某一方面、某一环节，甚至改革中的特色、亮点、成效、经验以及未来趋势进行科学预判，揭示内在本质，探求规律，把握新常态。深入区域乡村和城镇、矿区、厂区以及社区就各自关注的问题开展实地调查，通过深入调研透过现象把握本质，帮助厘清发展思路，提出科学的对策建议，努力将调研结果由感性上升为理性认识，力争为问题解决出谋划策。

　　第三，对农村、城市的精神文明、生态文明建设成果、经验及存在的问题和解决办法展开调查。在市场经济冲击下，传统乡土社会变迁加快，新的社会形态结构尚未形成，以经济建设为中心的价值取向和以财富多少论英雄的价值标准，一定程度上影响正常的"三观"形成发展。如何加快"五个文明"系统化建设与和谐构建，探究传统淳朴民风，安宁祥和、自然生态的原生乡土文化是如何被急功近利的实用主义思想所消解。引导学生正确看待乡村充斥低俗、媚俗，甚至恶俗的商业文化，揭示这些文化如何侵蚀、消解和破坏传统的乡风文明并开展探究。对地处边远地区，尤其是省区（市区）、乡镇等接壤地带，监管相对薄弱的农村社区，拜神敬鬼、搞迷信活动、传销以及各色人等活动盛行，对白色污染、黄色污染以及工业污染下乡等严重破坏农村良好的生态环境、文化环境以及社会环境开展探讨。另外，农村的"扫黑除恶"工作的开展情况及成效，在乡村振兴背景下，结合国家战略实践行动计划要求展开摸底和调查研究。

第四，对新时代、新青年榜样和模范调研。对创业先锋、脱贫攻坚先进个人、基层组织、党风廉政建设标兵人物、党建扶贫先进人物、尊老孝老道德模范，以及弘扬爱国主义的先进事迹等开展调研学习。针对脱贫攻坚、乡村社会变迁、乡村振兴战略实践中涌现出来的先进人物和典型事迹，对带动村民脱贫攻坚的先进人物，自强不息艰苦创业的致富能手、新时代职业农民、农村致富带头人、民营企业家等进行调研学习。全面把握新时代精神脉动和改革发展新动能，明确新时代青年的国家需求、社会责任与历史使命，把握新时代农村经济社会变迁的基本规律和机遇挑战，为大学生干事创业提供发展平台，为有志青年搭建人生舞台和提供发展空间。

第五，社会热点问题调研。新时代，国家富强和中华民族伟大复兴，对新时代青年有着特殊的厚爱，赋予新的责任使命，新时代对新青年提出新要求。因此，引导学生关注社会，立足当下放眼未来，将自己的成长与未来发展放到国家发展和民族未来，以及融入世界进行深入思考，通过了解现实社会、主动融入时代洪流，把握未来社会发展需求。正确认识当前国内外形势和国家发展战略需求，结合新冠疫情下的经济社会发展热点、焦点和难点问题，以及未来发展演变趋势。帮助学生准确全面地了解当前复杂的国际政治经济形势，以便对学生关心的国家发展与社会现实等重大现实问题开展深入调查。通过现实问题展开实地调查，以脚步丈量大地，搜集一手资料与整理，用数据说话，实事求是地展开问题分析研究。依托调研数据，撰写内容丰富、理论水平和参考价值较高的调研报告。一般来讲，社会调查可根据内容的难易程度，采取个人单独完成和小组完成两种方式提交报告。

2. 劳动锻炼

劳动锻炼是指到农村或工矿企业、单位或工地等与农民、工人，抑或父母等一道从事某项具体的生产活动。劳动锻炼时间一般为 12 至 15 天，要求与工人、农民等交朋友，深入了解他们对生活的态度、对生存的理解、对生命的情感，对未来的愿望，对家庭的责任，以及对子女的期待等。学生要努力学习劳动过程中的好思想、好作风、好品格、好做法等并及时总结。参加实地劳动锻炼，旨在磨炼意志、增强体魄，培养热爱劳动、吃苦耐劳精神。在劳动锻炼结束以后，学生要请组织劳动锻炼的部门、单位，抑或相关单位、领导或部门负责人为其工地劳动锻炼、现实表现等做出客观评价，并合理、科学地写出鉴定意见。当然，也有同学是回家帮助父母一起干活、种地或参加家务劳动。一般而言，实践锻炼结束以后，同样父母或监护人也要提供联系方式，抑或到所在村（居）委会、街道办事处等基层单位盖章认可才行。同时，学生本人还要写出劳动锻炼的总结报告。

社会实践报告需涵盖以下内容：第一，要有明确的目标、具体的内容和清晰的思路，并对深入基层的调研实践、劳动锻炼、社会服务等相关工作有清晰的认识；第二，要对深入到村庄、工厂、学校、社区，哪怕是回家参加具体劳动锻炼等，都有一个全面的情况介绍；第三，实践报告既要充分体现社会实践的切身体验与个人感受，又要对现实生活中的问题或困惑等，理性和客观看待。第四，社会实践报告要体现问题意识和责任意识，反映社会实践中的问题、困惑、发现以及实践取得的基本成效；第五，社会实践报告后面要求附上自己在场参与的真实图片，以证实社会实践过程的真实性和有效性。第六，社会实践报告表格中基层实践单位鉴定意见一栏，务必请实践单位盖章签字方可有效。如果是在家参加劳动锻炼没有实践单位依托的，则请父母抑或监护人签字并留下具体联系方式。

3. 勤工助学

勤工助学是指经过学校学生工作主管部门批准同意的各种有偿的服务性活动。大学生作为准社会成年人，参加勤工助学活动不仅可以增加经济收入，还可以增加实践锻炼了解社会的机会、增长见识和丰富阅历。要让学生知道父母挣钱的不容易，提前感知社会竞争的残酷。勤工助学活动，可以帮助学生正确认识自我，明白能力和收入是一种正比例关系，深刻理解知识和技能的价值效用，便于学生在接下来的时间里更好地珍惜在大学学习的宝贵时光和学习机会，努力学习科学文化知识，为真正踏入社会和成功就业发展做准备。就其内容主要包括以下几方面：

学生可选择到旅游景区做兼职导游，到农业产业园区采摘、除草、清理沟渠、排水等工作。当然，还可参加学校组织的寒暑假期间的护校工作或者到现代农业产业园区做农旅一体化的服务、旅游接待以及从事导游讲解。还有部分同学选择到旅游景区打扫卫生、到酒店或餐馆端盘子做暑期工，有的也还可选择到德克士、肯德基抑或是华莱士快餐店等做小时工。还有的同学可以参加开展有偿服务的家庭教育、课业辅导、家政服务、科技开发、送快递、做广告宣传、产品推销，或者到企业兼职等。待实践活动结束以后，学生同样需要写出勤工助学的总结报告，请服务对象（单位）在《实践登记卡》上盖章抑或签署意见方可有效。

4.志愿服务

这主要指结合专业特点开展的文化科技服务活动。文化科技服务的主要内容是指到农村、工矿企业向工农群众进行所需的计生卫生服务宣传、政策宣讲和文化扶贫，传授科技知识，为工人和农民百姓解决生产中遇到的技术难题和实际问题。根据地方经济社会发展实际情况，我们积极鼓励学生参加从2013年开始的一年一度"凉都·六盘水夏季国际马拉松赛"的志愿者服务。通过公益服务，个人获得锻炼，能力得以提高，了解了国际大赛需要什么层次的服务及国际服务需要何种专业能力。另外，学生还可到农村居委会进行电商扶贫的相关培训指导，将在学校所学到的科技、文化知识应用到实际中去。文化科技服务有：大学生"三下乡"活动、农村中小学生课业辅导、用电安全常识、农药污水处理、妇女生育避孕常识义务宣传、新冠疫情防控等。通过志愿服务，促进文化宣传、科技咨询、法律服务，以及技术协作等。文化科技服务活动结束后，学生也要写出此项活动开展情况的总结报告，请服务对象所在单位或有关部门在报告上签字。文化科技服务也可与劳动锻炼结合起来。

（二）教学开展形式

根据实践教学的目标任务和内容安排，结合具体工作实际和发展需要，实践教学中有以下几种方式可供选择。它们既遵循教学的基本规律，也兼顾学生的各种诉求，以及正确处理实践教学中教与学的关系，通过采取具体问题具体分析的方法，贯彻落实"因材施教"。

一是以个人名义单独开展。针对个别同学的家庭情况和实际问题，实践教学可以选择采用个人实践的方式开展，但是需要在指导教师的具体指导下进行，即严格按照社会实践的教学任务和考核指标，目的在于使实践教学能够遵章办事，促进应用型人才培养。

二是以小组团队名义开展。有些项目，如社会实践调研、志愿服务、劳动锻炼等，通常按照内容相近、志趣相投、相邻区域、相关专业、相似问题等共同关注的问题，或者是生活在相邻区域等组建团队开展集体实践。当然，组队参加的实践，既可以是同一个专业的学生组队，也可以跨专业、跨年级，以及跨学院等组建一个社会实践团队参加社会实践调研、集体志愿服务。

三是以全班作为整体开展。有些项目特殊情况下也可以采取全班同学作为一个整体参与社会实践。目的在于考量整体对该项实践的实施情况，具体检测实践对象的认知、识别、判断以及施行的效果。当然，这种情况一般而言比较少见。

第三节　实践教学成效及检验

一、实践运行

（一）教学运行

实践教学是提高应用型人才培养质量的主要途径和重要抓手，也是实现"实基础、强能力、高素质"培养目标的关键环节。除了学校、学院高度重视实践教学开展外，我们应进一步深化认识，抢抓机会和提高实践教学的实践性，围绕实践教学的"实践"这个关键，充分认识实践教学的极端重要性，切实把实践教学工作抓好、抓实、抓到位。当前，实践教学运行中存在着几个比较突出的问题需要引起注意：

第一、实践教学的规范性，迫切需要建立适宜应用型人才培养的实践教学体系。客观上，需要将社会实践与社会调查理论与方法、班主任技能训练以及大学生科研训练与写作等实践教学课程设置进行有机衔接，梳理其内在的逻辑关系并按照实践教学的国家标准，有效推进实践育人工作顺利开展。既要突出大学生创新创业的能力培养和创新精神培育，也要强化创业意识和挖掘"双创"能力。

第二，坚持问题导向，以师范专业认证为契机，以能力培养为主线，全方位、立体化解决实践教学中存在的问题。既要认真扎实地推进实践教学开展，又要对实践教学中存在的问题及时进行经验总结。既要根据实践教学的实践性、应用性和持续性建立长效机制，又要对实践教学开展存在的问题通过深化改革和创新实践来完成。注重课程设置的科学性与教学安排的合理性，还要兼顾教学开展的实践性，以及成效检验的可持续性。教学中注重教学设计理念的运用与科学研判评估实践的结果，通过持续改进实践内容、实践手段、实践方式和实践方法，努力将实践教学落到实处，以提高学生的动手动脑能力、组织协调能力以及适应社会的能力。

第三，加强指导，抓好统筹协调，协同推进实践教学体系进一步完善。依托实践载体创新实践教学形式，不断完善"三结合、三层次"实践教学体系。通过教学的组织实施体系、过程运行体系、质量监控体系，将理论教学与实践教学、课堂教学与课外教学、教师的教与学生的学有机结合起来，以确保实施到位、落实到位、保障到位。根据过程与结果的辩证统一性原理，通过统筹兼顾与综合施策，真正把实践教学作为不断提高应用型人才培养质量的重要载体和实践平台，不断开创实践教学工作新局面。当然，在高等教育大众化发展的新时代，实践教学的运行与管理不能简单化为教学过程完成，更在于要将实践教学落在实处，促进人才培养质量提升。

（二）教学状况

近年来，高等教育大众化快速发展，为现代化建设培养了大量高素质技能型的专门人才做出重要贡献。高等教育发展肩负着培养面向生产、建设、服务和管理一线的高技能人才的使命，在我国社会主义现代化建设进程中具有不可替代的作用。为进一步贯彻落实《教育部关于全面提高高等教育质量的若干意见》（教高〔2012〕4 号）及《贵州省教育厅关于加强高等学校实践教学工作的若干意见》的有关精神，规范实践教学的运行与管理，强化实践教学过程监控，便于有效提高应用型人才培养质量，就其内容而言，实践教学涵盖毕业实习、课程实习、专业见习、实验（实训）教学及实验（实训）室建设与管理，目的在于能够建立科学的实践教学检查指标体系。单纯就社会实践教学的运行状况而言，近年来实际成效并不理想。

一方面，学校进行校、院两级改革，并建立校、院两级管理体系，无形中对学院层面进行了赋权。这进一步健全了基层教学组织单位，将办学主动权落实到学院，教学系主任的责任更加明确，任务更加具体。同时，这也使得二级学院面临更多工作挑战以及新问题和新任务。另一方面，近年来二级学院领导干部和人事更迭频繁，无形中影响了实践教学顺利开展。尤其是教学管理队伍的稳定性差，抗逆性弱，变化系数大，致使刚刚取得一点成绩的实践教学却因人事变更而影响正常开展。

二、成绩评定

社会实践教学的成绩评定办法和措施，主要依据 2015 年制定的《六盘水师范学院政治教育与法学系大学生社会实践课程实施办法》来执行。其中，第六章关于考核及奖励制度从第十五条到第十八条做出了较为详细的规定和实施执行方案。

第十五条明文规定：每学期在社会实践教学结束之后，由政治教育与法学系社会实践课程建设小组负责组织评阅学生社会实践活动报告，根据《六盘水师范学院思想政法系学生社会实践活动登记表》反映其参与社会实践深度、取得效果及报告质量等评分。

第十六条强调：社会实践成绩以百分制计算，大致分为优秀、良好、中等、合格和不合格五个等级（表 5–1）。

表5-1　六盘水师范学院政法系社会实践评分标准及成绩评定表

序号	项目内容	优秀 (90～100分) 参考标准	良好 (80～89分) 参考标准	中等 (70～79分) 参考标准	合格 (60～69分) 参考标准	不合格 (低于60分) 参考标准	比重/%	分值	评分
1	选题符合课程要求，立场观点正确	1.选题在实践方案范围内，立场观点正确。2.报告选题具有非常积极社会意义	1.选题在实践方案范围内，立场观点正确。2.选题有比较积极的社会意义	1.选题基本在实践方案范围内，立场观点正确。2.选题恰当	1.选题基本在实践方案范围内，立场观点基本正确。2.选题不十分恰当	1.选题不符合社会实践方案要求，立场观点不正确。2.选题不恰当	20	100	
2	能够联系实际进行调查研究和理论分析，有自己的见解和观点	1.实际参加某项实践活动，广泛调研，全面如实阐述某个社会现象问题，反映实践具体内容，总结概括。2.在理论联系实际基础上形成自己的观点，原创性强	1.实际参加某项实践活动，对实践活动进行较完整叙述，运用有关理论形成自己的观点。2.提出可行的问题解决措施方案，抄袭低于10%	1.实际参加某项实践活动，对活动进行一定叙述，能理论联系实际；如实反映某个社会现象问题。2.有自己的观点看法，抄袭比例低于20%	1.实际参加某项实践活动，但是对实践活动内容过程阐述不完整，不能如实反映某个社会现象问题。2.形成个人观点不深刻，抄袭比例低于30%	1.实际参加某项实践活动，但调研不够广泛具体，也不能正确运用理论对实践活动分析总结。2.未提出个人看法与观点，抄袭	30	100	
3	语言表述，结构层次和分析能力，逻辑性	1.表述清晰，语言严谨，结构层次分明合理，分析透彻。2.逻辑性强	1.表述较清楚，结构层次分明，分析较透彻。2.有一定的逻辑性	1.表述较清晰，结构尚分明，分析问题较透彻	表述尚可，结构不够完整清晰，分析问题不透彻	1.表述不清，结构混乱，问题分析不清晰。2.没有逻辑性	30	100	

续　表

序号	项目内容	优秀(90～100分) 参考标准	良好(80～89分) 参考标准	中等(70～79分) 参考标准	合格(60～69分) 参考标准	不合格(低于60分) 参考标准	比重/%	分值	评分
4	文字通顺，格式规范，字数符合要求	1.行文流畅，语言有感染力。2.格式规范，报告各组成部分齐全，字数符合要求	1.行文较流畅，语言通顺。2.格式规范，报告各组成部分较齐全。字数符合要求	1.行文较流畅，语言较通顺。2.结构、内容基本达意。报告组成部分缺失，字数符合要求	1.文字较通顺，语言平淡，格式基本规范。2.报告组成部分多项欠缺，字数符合要求	1.文字表述不通顺，格式不规范。2.报告组成不完整，字数不符合要求	20	100	

社会实践课程作为思政专业的专业必修课，主要依据人才培养方案作为蓝本执行。根据人才培养方案，明确要求每个学生必须在第四学期或者第六学期参加社会实践。社会实践教学活动结束以后，成绩评定为合格才能取得相应的社会实践课程学分，即3学分。同样，如果学生未参加社会实践活动，抑或是参加实践活动之后成绩被评定为"不合格"等次的，必须重修才能取得成绩并记入学业和成绩档案。

第十七条规定：通过社会实践教学开展，对每学年在社会实践活动中涌现出来的先进个人、先进团队、先进班集体择优进行表彰，并颁发"优秀组织奖""优秀实践团队奖""优秀调研报告奖""优秀指导教师奖"等予以鼓励。

第十八条规定：思想政治教育系负责将全部学生社会实践活动的有关材料进行整理归档。

三、基本成效

（一）成绩体现

实践教学的全方位、立体化开展，不仅使学生明确了努力方向和清晰未来发展，而且为学生重新认识了所学专业、职业预期以及发展规划，并及时做出清晰判断与调整完善。社会实践教学的成效可以从大学生科研项目申报、大学生创新创业计划训练参与、毕业论文选题、大学生考研、全国大学英语四六级考试、全国大学计算机等级考试、普通话考试过级率，以及就业情况等多维度多视角体现。

1.大学生科研

社会实践教学有助于学生对学习、生活、社会，以及专业有更深刻的认知与理解，进一步增强教学实效性和学习积极性，有效助推大学生的科研意识与科研实践能力提升。鉴于社会实践对象和内容的多样性、多元性，刘丽萍（2017）提出 5 个阶段性社会实践教学展开的路径和方法，实现了认知型、专业考察型、生产型、专业型和毕业实习型的培养目标。[①] 朱鹏、赵绍成（2009）认为，社会实践教学更重要的是通过科研训练调整学生的知识结构，激发学生对于学习的求知欲和探索欲。[②] 创新社会实践教学的形式与方法，探索产学研合作的新途径和新领域，周婧、高印寒（2011）深刻地论证了社会实践教学也是对学生早期科研训练的一种重要形式。[③]

一定程度上，应用型人才培养问题是工科思维和工具化、程序化实践模式，对于传统文科学生思维和能力的培养，社会实践教学同样具有重要的作用与参考价值。事实上，大学生科研训练计划项目是在吸收借鉴国外流行的 PBL（基于问题的学习）模式和 CDIO（基于项目教育和学习）工程教育理念。大学生科研意识、科研素养、科研创新能力培养路径与方法，为学生的自主性、研究型学习发展提供了较好的前提和基础。通过学校专门设立的大学生科研项目和大学生创新创业计划训练项目的实施，在学校与学院的协同推进中，学院的科研立项数量和质量都有了显著提升。如表 5-2 所示，总体上看思政专业的科研项目申报和科研立项数量与质量都呈现出良好的发展态势。

表5-2　思政专业2016—2020年级大学生科研与创新创业项目立项情况统计

序　号	年　级	大创项目 / 项			科研项目 / 项	项目总数 / 项	学生发文 / 篇	班级总人数
		项目申报	立项率 /%	申报率 /%				
1	2016	0	12.24	7	6	6	2	49
2	2017	3	33.33	43	6	14	4	42
3	2018	4	26.67	40	6	12	7	118

---

① 刘丽萍 . 社会实践教学与大学生综合能力培养 [J]. 实验室研究与探索，2017，36（4）：212-214.

② 朱鹏，赵绍成 . 开展研究性实践教学，创新实践教育模式 [J]. 西南农业大学学报（社会科学版），2009，7(5)：212-215.

③ 周婧，高印寒 . 创新实践教学 探索产学研合作的新途径 [J]. 实验室研究与探索，2011，30(5)：94-96，103.

续　表

4	2019	6	32.56	54	5	14	10	43
5	2020	5	27.08	60	6	13	12	48

数据来源：来自学校科研系统的数据统计整理。大创项目是指大学生创新创业计划训练项目，科研项目是指大学生校级科研项目。

　　一方面，得益于学校高度重视科研工作，并积极搭建科研平台且明确二级学院的科研任务要求。学校通过完善科研推进的奖惩激励机制，完善指标量化考核的指标体系，为科研项目的推进提供了制度设计和政策安排。另一方面，经过二级学院的精心组织策划和安排部署，教学系、学生科、教学科研科广泛动员和大力宣传，在广大教职工老师的支持配合，甚至参与指导之下，大学生的研究性学习能力得到显著性提升；另外，学生的科研实践取得显著性进展。通过社会实践教学工作的开展，大学生科研与创新创业训练计划项目立项无论是数量还是立项层次都获得了显著增长。如表 5-2 所示，立项数量上，保持在13 项左右，获批立项率 26.67% ～ 33.33% 之间。除 2019 年外，2016 年以来，大学生科研项目每年均保持在 6 项。2019 年仅 5 项获批，原因在于 2017 年有 1项没有正常结项。从 2017 年开始，学校设置大学生创新创业项目申报，在上年度的激励示范下申报积极性高达 45%。

　　立项级别上，2017 年国家级创新创业项目获批 1 项，实现了"零"的突破。2019 年，国家级项目增加到 3 项。2020 年，再获批 1 项。申报内容上，为积极响应中央和地方发展战略，学院要求广大师生将科研论文写在乌蒙山区的改革实践大地上，立足于区域经济社会发展中的热点、焦点、难点问题，努力撰写好大地论文；同时，引导学生对问题开展持续性关注与深入探究。紧紧围绕全面脱贫攻坚、乡村治理、特色农业产业、农村"三变"改革、乡村振兴战略实践、新型职业农民培育、全面二孩政策、"互联网 +"、校园贷、网络游戏、滴滴打车、民族民间文化传承与发展，以及大学生就业、中小学班级建设、思想道德建设等问题申报课题。通过 2016 年社会实践教学开展与项目获批立项激励示范带动，总体上看，学生项目申报呈逐年上升趋势（图 5-1）。

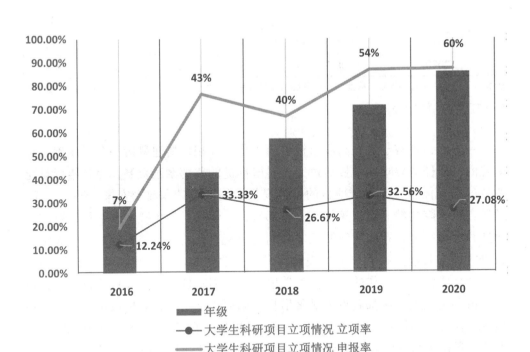

图5-1　大学生科研项目申报与立项率比较

2017年，学校获批立项21项大学生创新创业项目，其中，政治与公共管理学院占6项，立项数占全校比重28.57%。重点项目1项，占全校比8.33%；在年度22项校级创新创业立项中，获批6项，占比高达27.27%。在121项校级大学生科研项目立项中，获批8项，占比6.6%。2018级45人；如图5-1所示，科研项目申报呈出逐年上升趋势，由2016年申报获批率7%，上升到2017年的43%，2018年高达40%，因为2018级学生增多；2019年高达54%，2020年更是增至60%；在立项上，2016年开了一个好头，获批率达到12.24%，2017年达到新高33.33%；2018年为26.67%；2019年上升至32.56%；2020年回落到27.08%。实践证明：通过社会实践教学的开展，学生触摸社会真实，感知社会温度，可以在实践中接受教育、劳动锻炼和增强服务能力。在教师精心指导下，学生看问题的视角、认知逐渐由感性上升到理性，解决问题的能力有了显著提升。这不仅锤炼了学生意志，训练了科研思维，培养了探索求真精神，而且在实践中形成了强烈的问题意识、培养了家国情怀和责任使命担当。科研立项同学的示范带动产生了强烈的"头雁效应"，激发了学生的求知欲与探索精神。

2. 毕业论文选题及来源

围绕建设区域性高水平应用型大学的办学定位和人才培养目标，努力将毕业论文写在乌蒙山大地。紧密结合地方经济社会发展需要和基础教育培养合格教师的历史使命，结合思政专业为中小学培养合格的思想政治（品德）课教师，立足新时代中学课堂和思政课教师教育，密切关注中小学思想政治课的教育理念、教学内容以及教学方法改革。积极响应国家关于教育发展战略问题，以"三农"问题为突破口，直击区域经济社会发展中的焦点、热点、难点，甚至是"痛点"问题展开毕业论文选题工作（表5-3），扎根"三尺讲台"搞好教育教学与人才培养工作。

表5-3　2016—2020届思政专业毕业论文选题及组成来源情况统计表

序　号	年　级	社会实践	教学实践	教师选题	其他选题	年级学生	实践占比/%
1	2016届	41	3	30	6	80	55
2	2017届	27	7	13	3	50	68
3	2018届	25	7	12	1	45	71.11
4	2019届	25	7	8	4	42	76.19
5	2020届	32	8	5	3	48	83.33

从表5-3可以看出，2016—2020届学生的毕业论文选题主要来自社会实践和在教学实践中产生。通过暑期社会实践教学的社会调查、劳动锻炼和服务社会等工作思考，紧密服务地方经济社会发展和基础教育服务工作需要，围绕应用型人才培养目标，指导学生努力将毕业论文写在乌蒙山区改革发展的实践大地上。另外，关注中学思想政治课教育教学改革发展和提升师范生教育的专业核心素养，满足专业发展的现实研究需要。同时，关注现实社会和底层民生问题、深化"三变"改革等选题丰富而具体，在实践中发现的问题和产生的灵感，以及在科研中获得的启示，均成为毕业论文选题的重要来源。在实践教学中产生的选题呈显著上升趋势（图5-2）。

可以说，社会实践已经成为大学生科研项目、大学生科研训练计划项目、创新创业项目训练，以及毕业论文选题的直接来源。这既是思政专业科研项目的一大特色和亮点，也是该专业本身所具有的显著理论创新性、较强的实践针对性，以及明确的政治导向性所致。应该说，社会实践教学工作的积极影响及衍生作用，其价值效应远超出社会实践教学的本身。无论是理论探索还是对实践教学的实践解答，都具有重要的参考价值与借鉴意义。它既充分反映了理论指导实践，实践检验理论学习成效，以及实践是检验理论正确与否唯一标准的基本原理，也充分体现了社会实践教学中的"以人本为中心"，尤其是强化了实践育人的理性思考与责任担当。

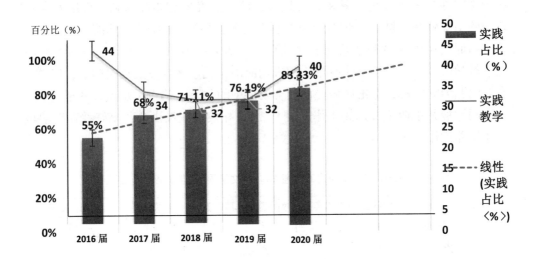

图5-2　思政专业历届毕业论文的选题来源及占比

表5-3充分说明，2016届毕业论文中，44个选题来自实践，占总体选题比高达55%；2017届，34个选题来自实践，从实践中产生毕业论文选题占比高达68%；2018届，则有32个选题从实践中产生，占总体选题的比重71.11%。2019届，基于师范专业认证工作需要，毕业论文选题更加谨慎和科学，围绕应用型人才培养32个选题产生于实践，来自实践中的选题占比高达76.19%；到了2020届，随着实践教学的深化和工作经验积累，40人的毕业论文选题来自社会实践、生产实践和教学实践，从实践中产生的论文选题占比高达83.33%。足见，实践教学改革的深化对教学实践、应用型人才培养产生了积极影响。当然，还有一些是教师的选题，以及部分属于学生的兴趣爱好和临时性个人选题。

一方面，毕业论文选题既体现了指导教师的科研关注、学理视角、学术视野以及科研思考；另一方面，它也集中反映了指导老师与时俱进的课程设置、教学改革、学术体悟、社会问题聚焦，以及对国家战略响应、国家重大改革问题的密切关注，进一步深化了对改革发展的深入思考和根本性认知。同时，这也是教学科研实践的一种重要体现。此外，毕业论文选题充分体现出专业建设精确化、标准化和科学化。尤其是党的十九大之后，国家提出"四个全面"，围绕"四个意识"，坚定"四个自信"，做到"两个维护"等战略；更多的学生选题围绕思想政治教育课堂和教学实践等集中选题尤为明显。在学生毕业论文选题中，近几年平均70.72%的选题产生于社会实践。根据课程建设要求和教学目标，学生把毕业论文和科研课题写在乌蒙山巅，努力为区域发展献计献策成为该门课程实践教学的独有特色与价值体现。

3. 大学生考研及通过率

在社会实践教学中，大学生通过实践发现真知，接受社会考验、检验理论学习成效，可以及时转变观念进一步明确学习任务和努力方向，对社会问题和自我认知更加理性成熟。同时，对自己的目标追求和人生选择更加清晰。尤其对用人单位的岗位标准和人才要求，对人才的核心素养认知，学生尚未进入社会就有了清晰的认识，并做好专业学习和未来发展的必要准备。实践教学不仅帮助学生寻找学习差距，而且反过来帮助学生进一步明确奋斗目标。面临严峻的就业形势和就业压力，学生选择了通过继续攻读硕士研究生来暂缓就业压力，既可以通过继续深造提升学历和综合素养、夯实专业理论基础，为将来就业增添砝码；又可以通过攻读硕士，甚至博士研究生实现曲线就业。表5-4 数据显示，思政专业学生报考研究生的热情逐年高涨，也是学校研究生录取率最高的专业。总体上，近几年来无论报考率还是录取率在全校均名列前茅。

表5-4 思政专业学生报考硕士研究生及录取情况统计

序 号	年 级	报考人数	报考比率 /%	录取人数	录取比率 /%	班级总人数	毕业时间
1	2012 级	5	6.17	2	2.47	81	2016 年
2	2013 级	11	26.19	5	10.86	42	2017 年
3	2014 级	19	43.18	7	15.56	44	2018 年
4	2015 级	15	34.88	5	11.36	43	2019 年
5	2016 级	20	41.67	8	16.67	48	2020 年
6	2017 级	23	52.27	7	15.91	44	2021 年

2009 年，学校升格为本科以来，一直高度重视提升人才培养质量问题。其中，又尤其以思政专业为典型代表。第一个 2010 级思政专业的学生考上硕士研究生后，研究生的报考比例逐年增加。

2016 届，全班 81 人仅王化梅、王星媛 2 人考上贵州大学、天津师范大学硕士研究生。2017 届，则有吴宗伟、程宇林、王岩岩、陈佳、钟敏丰 5 人分别考上温州大学、成都理工大学、安徽师范大学、重庆师范大学，以及广西师范大学的硕士研究生。最为突出的是，吴宗伟同学于 2020 年从温州大学硕士研究生毕业后又考上了国内著名的"985"大学同济大学的博士研究生。2018 届，全班

45 人中有向东梅、杨梦君、路春燕、吴艺、吴恩俊、肖鹏、韩忠芸等 7 人分别考上大理大学、成都理工大学、温州大学、云南师范大学等学校的硕士研究生；2019 届，张克艳、王静、罗兰等 5 名同学分别被吉首大学、南宁师范大学、大理大学、重庆师范大学、成都理工大学录取。2020 届，李官云、包林、徐露等 7 名学生分别被西藏大学、喀什大学、大理大学、重庆医科大学、成都理工大学、贵州师范大学、安徽师范大学等高校录取。2021 届，卢飞、陈云、陈学礼、张云霞、方丹、张华、刘思思分别被华北电力大学、四川轻化工大学、江西理工大学、重庆医科大学、大理大学、云南民族大学等高校录取。应该说，2016 年合格评估以来思政专业培养的学生质量逐年提升，攻读硕士研究生呈显著递增趋势（图 5-3）。

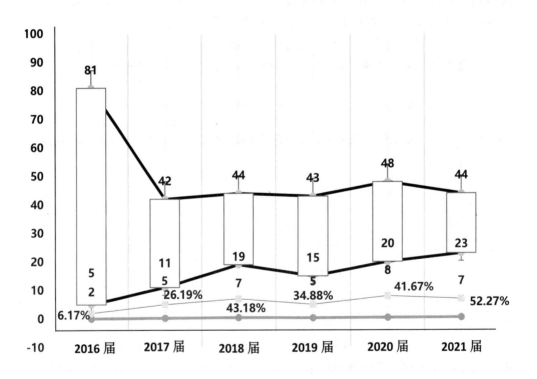

图5-3　2016—2021届研究生报考及录取情况

图 5-3 数据显示，2016 届的毕业学生 81 人报考硕士研究生 5 人，报考率仅仅为 6.17%；当时，录取 2 人，录取率为 2.47；到 2017 届，42 人中有 11 人报考硕士研究生，报考率 26.19；录取 5 人，录取率 10.86；2018 届 44 人中，报考 19 人，报考率 43.18；录取 7 人，录取率上升至 15.56。2019 届 43 人中，

报考 15 人，报考率 34.86；录取 5 人，录取率 11.36。2020 届 48 人中，报考 20 人，报考率 41.67；录取 8 人，录取率 16.67。2021 届 44 人中，23 人报考，报考率 52.27，笔试成绩上线率 69.57。遗憾的是，由于填报志愿的疏忽和不理解政策等缘故，9 名学生未能进入面试环节，最终只有 7 人录取，录取率 15.91。通过实践教学倒逼学生尽快认清就业形势，选择报考硕士研究生并作为重要的就业发展途径与可行的理性选择。学生将专业学习与就业发展、理论学习与实践检验等有机结合，不再是退缩"象牙塔"里"两耳不闻窗外事，一心只读圣贤书"，而是与时俱进地做到"风声雨声读书声，声声入耳，家事国事天下事，事事关心"。

　　4. 就业情况

　　（1）促进学生就业发展。社会实践教学的开展，帮助学生迅速由半社会化到社会化状态的角色与心智转变。通过理论与实践交互作用，学生逐渐走向理性与成熟，并将就业创业和创新精神有机结合起来。根据贵州省大中专毕业生就业信息管理系统、《六盘水师范学院毕业生跟踪调查表》《六盘水师范学院毕业生质量跟踪调查问卷》以及行动研究采集的数据显示，截至 2021 年 8 月 20 日，社会实践教学对大学生的就业数量和质量产生深远影响。6 年时间里，思政专业的学生 2012 级、2013 级、2014 级到毕业时一共是 172 人。其中，2016 届毕业生人数为 81 人，2017 届的毕业生人数为 50 人，2018 届毕业生人数 44 人。到 2015 级、2016 级和 2017 级的毕业学生一共是 137 人。2019 届毕业人数 45 人，2020 届毕业生 48 人，2021 届毕业生人数 44 人。除少数学生当兵入伍保留学籍，或者是退伍之后复学修习外，各届就业情况大致如下（表 5-5）。

表5-5　思政专业5年来就业率情况统计表

序　　号	教学学院（系）	年　　级	毕业人数	就业人数	百分比 /%	学　　历
1	政治教育与法学系	2012 级	80	78	97.50	本科
2	政治教育与法学系	2013 级	50	48	96	本科
3	政治与公共管理学院	2014 级	44	41	93.18	本科
4	政治与公共管理学院	2015 级	45	43	95.56	本科
5	马克思主义学院	2016 级	48	47	97.92	本科
6	马克思主义学院	2017 级	44	42	95.45	本科

注：2017 年 5 月，六盘水师范学院启动了学校、学院两级管理体制的校院改革。所以，2012 级的学生进校、毕业时称谓均为政治教育与法学系，到了 2013 级的学生进校时依然为政治教育与法学系。随着院校两级改革实施以后，学生毕业时已经将称谓改为政治与公共管理学院；2019 年 11 月，按照国家关于马克思主义学院标准化建设标准，思政专业根据学科归属在马克思主义学院。

　　表 5-5 数据显示，得益于实事求是的办学态度和措施得当的就业举措，尤其是 2019 年开始根据师范专业认证的要求，按照新的专业建设标准，坚持 OBE 理念对标开展师范专业建设。在科学发展理念引导下，学生的就业工作开展比较顺利。特别是社会实践教学的开展，可谓未雨绸缪，既帮助学生提前认知和了解社会，最重要的是对专业学习、专业就业现状、学科发展以及未来就业等，使学生一进校就开始提前谋划，通过寻找差距，端正学习态度，实施精准定位发展策略，强化理论与实践教学，以质量求生存，依托专业谋发展。5 年来，学生的平均就业率达 95.95%。图 5-4 也显示，5 年来的就业移动平均相差 2 个百分点，最低的是 2014 级 2018 年毕业时首次就业 93.18%，较好的是 2016 级 2020 年毕业时就业率高达 97.92%。

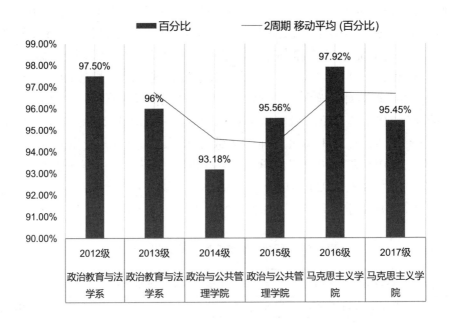

图5-4　2016—2021年就业情况统计反馈

　　随着实践教学的深入推进，学校引导学生尽快认清严峻的就业形势，主动适应和接触真实的就业问题。帮助学生进一步明确专业的就业前景、职业发展和就业市场人才需求，以更好地看清形势，对职业发展做出理性判断。在实践中求真知，化被动为主动，使得学生能够很早就开始谋划就业或升学。在师生共同努力下，专业思想、专业认同逐年提升。表 5-6 数据显示，绝大多数的毕业生主要还是集中在教育行业就业发展。即便是考上硕士研究生的学生，也是攻读思想政治教育专业的硕士研究生。

从表5-6结果来看，无论就业数量还是就业质量均呈现出总体向好的发展态势。从就业数量上看，就业率总体呈现出逐年上升趋势；就业质量上，围绕师范专业认证的"一践行三学会"人才培养目标，很多毕业生在中小学思想政治教育教学工作岗位上体现出较强的适应性和发展力，不仅能满足岗位能力需求，而且在工作岗位上能迅速适应并健康发展。

表5-6 思政专业学生的本科就业率情况分布表（单位：人）

序 号	年 级	教育行业	升 学	合同就业	创 业	暂不就业	总体就业率/%	行业就业率/%
1	2013级	16	5	27	0	2	96	50
2	2014级	28	7	13	4	2	93.18	77.78
3	2015级	27	5	7	4	1	97.78	71.11
4	2016级	30	8	7	3	0	100	79.17
5	2017级	19	7	15	3	0	100	59.09

注：行业就业率是指教育领域的就业率，升学是指考上思政专业的硕士研究生。所以，行业就业率 =（教育行业 + 研究生升学）÷ 当年毕业生总数而得。

2013级42名学生毕业时，16人直接在教育行业就业，加上5人考上硕士研究生，意味着50%的同学实现归口就业。当时，由于尚无师范专业认证硬性规定和要求，合同制就业成为主要就业渠道。从2018届开始，学校以师范专业实施认证为工作导向，强化应用型人才培养方案并在培养目标领域实现正常就业。于是，2018届、2019届、2020届在教育行业就业率分别为77.78%、71.11%、79.11%。2016年，学校被确定为贵州省普通本科高校向应用型高校转型发展的试点学校，根据转型发展试点要求，在办学模式改革、应用型人才培养进入对标对表建设新阶段。

（2）就业领域与相关度。为顺利推进思政专业毕业生就业工作，项目组对《六盘水师范学院毕业生跟踪调查表》展开了深度调研。调查数据显示，随着办学条件和教学环境改善，硬件设施完善与软件设施不断健全，人才队伍增强、师资结构优化不断促进学校的教学质量提升和教学水平同步提高。2016年，学校参与全国排名是701名；2017年排名为全国682名，2018年排名为全国692名，2019年排名为全国691名；到了2020年，排名迅速上升到全国483名。最新数据显示，2021 年我校在全国高校的排名为 485 名。学校从教学、科研、管理服务等方面全方位推进应用型人才培养，短短 8 年，就由全国排名 700 多名上升到 480 多名，不得不说实现了量变到质变的飞跃。

一方面，毕业生专业的自我认同度、满意度逐渐提升。另一方面，在国家、学校、社会以及家庭的共同推动下，整个社会对思想政治教育工作前所未有地重视。升本后，学校办学条件改善，育人环境与办学水平、教学质量不断提升，以"贵州最美大学校园"积极影响、实现形象建构。应该说，客观环境改善是基础，人才培养质量提升是关键。2016 届到 2018 届的毕业生就业满意度高达96.52% 是一个硬指标反馈（表 5-7）。

表5-7　2016—2018届思政专业本科毕业生就业满意度

序　号	年　级	非常满意	满　意	基本满意	不满意	整体满意度
1	2012 级	12	53	35	0	100
2	2013 级	66.67	22.90	0	10.42	89.58
3	2014 级	53.12	44.58	2.3	0	97.7
平均满意度合计				96.52		

数据显示，2016 届毕业生就业非常满意的仅占 12%，53% 的学生为满意，而就业基本满意的学生占 35%。到了 2017 届学生毕业时，66.67% 的学生非常满意，22.90% 的学生为满意，与此同时，也有 10.42% 的学生对其表现出不满意。这一届学生之所以出现就业满意度整体上只有 89.558%，主要原因在于一部分学生在学习中出现的严重分层。到了毕业时才发现自己的专业学习并不扎实、职业选择和就业发展摇摆，就业满意度较弱以及班级学习两极分化现象较为严重。这也是无可辩驳的事实。总体上，育人环境、育人条件、育人水平等不断改善和提升获得社会较好认可。同时，条件和环境改善也增强学生对专业的认同感、存在感和幸福。

值得注意的是，数据显示学生就业相关度高（图 5-5），但也存在层级式递减趋势。2016 届，思政政治教育专业学生就业相关度为 84%；2017 届，学生毕业时对口就业率高达 77.08%，完全不相干的就业率达 22.92%；2018 届，出现68.29% 完全对口就业情况；另外，相关领域就业率达 4.48%，4.88% 完全不相关。2019 届对口就业率达到 62.5%，而 2020 届完全对口率仅 43.8%。出现这种现象与特殊背景下的客观就业环境密切关联，2020 年初的疫情影响就业是最重要的原因。同时，严格按照师范专业认证标准进行统计。2016 届到 2018 届专业对口就业率平均为 85.40%；其中 27.83% 的毕业生所从事工作与所学专业完全对口，50.28% 的毕业生从事与其所学专业相关的工作。当然，还包括了每届毕业生中考上思政专业硕士研究生的总人数。

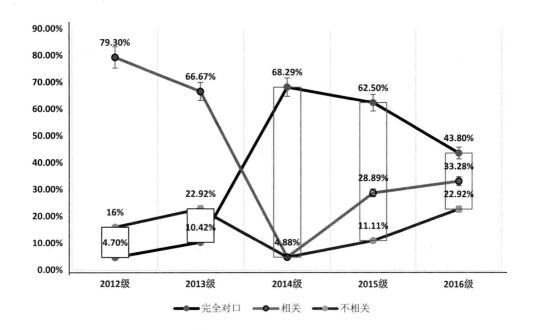

图5-5 2016—2020年毕业生的就业领域分布图

近两年，受新冠疫情影响全球经济受到强烈冲击而严重衰退，中国在全球化宏观经济发展环境中未能幸免，无形中造成就业问题突出。所以 2019 届学生对口就业率达到 62.5%，相关领域就业占比 28.98%。到了 2020 年，完全对口就业率降到 43.8%，还包括考上研究生的 8 名同学。2019 年之所以取得较好效果，主要得益于国家脱贫攻坚战略的实施，彻底解决农村的"两不愁三保障"，很大一部分学生进入特岗教师队伍和通过"三支一扶"计划顺利解决就业问题。2020 年，就业形式下滑一是受新冠肺炎疫情影响，二是教师作为行政事业单位招录减少，47.73% 的学生选择先就业再择业进入企业或者创业。就业形势严峻，但人才培养质量和教育质量迅速提高也是不争的客观事实。

5. 英语四六级、普通话考试通过率

对于个人而言，社会实践教学是最好的学习成效检验试剂。尤其是对学生的专业理论知识掌握和专业成长无不是一次及时的检测和验证，同时更是对个人成长与社会接轨后的一次重要的调适机会。在实践中发现问题和问题中成长，十分紧要和尤为必要。同学们也会借鉴上一年级的学长学习经验和实践经验，通过社会实践教学，根据自己的亲身实践体会和社会更加真实的一面，都会重新认知自己及时调整学习思路、转变思维方式。所以，从全国大学生英语四、六级过级考试和普通话过级考试，以及全国计算机等级考试的通过率就能看出，学生的综合素质与学习能力在逐年提升。通过实践，学生对专业的认知能力、专业核心素养逐步提高。同时，对就业发展以及未来出路进一步明朗，综合素质得以显著增强（图5-6）。

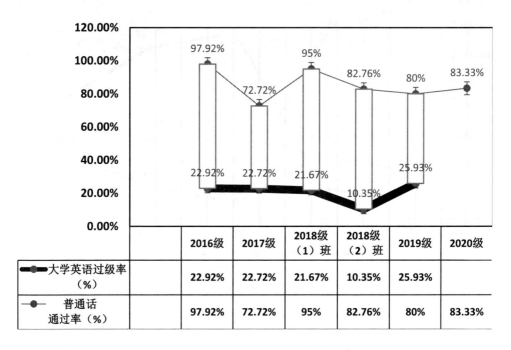

	2016级	2017级	2018级（1）班	2018级（2）班	2019级	2020级
大学英语过级率（%）	22.92%	22.72%	21.67%	10.35%	25.93%	
普通话通过率（%）	97.92%	72.72%	95%	82.76%	80%	83.33%

图5-6　全国大学英语、普通话过级率情况对比比校

从图5-6可知，学生的全国大学英语四、六级考试通过率显著提升，2016级英语过级率为22.92%，2019级学生仅大学二年级就达到25.93%；但也有发展不平衡的问题。同样是2018级，2018级（1）班就比2018级（2）班的成长显著。大学英语过级率和普通话通过率（1）班比（2）班分别高出11.32个百分点和12.24个百分点。可见，四个年级的大学英语平均过级率20.78%，显然与50%相比还有很大的差距，需要提高。当然，作为师范专业的基本技能"三字一话"过关率来看，普通话通过率成绩就最好的也就是2016级和2018级（1）班，分别达到97.92%和95%；其他年级学生与学校要求达到的100%人人过关，还有一定的差距需要持续努力。

6. 教师资格证与普通话等级证通过率

当前，世界经济增长乏力无形中波及中国的实体经济发展。实体经济增长不乐观，无形中影响大中专毕业生的就业。早在 2013 年，国家就针对就业问题出台了相关政策，旨在鼓励大中专毕业生通过"大众创业，万众创新"，以创业带动就业发展，但是几年下来实践成效并不明显。当然，这既由于地方院校受地理区位条件、市场发育程度、创业营商环境等客观因素制约，也因为学生创业精神、创新意识、学历层次等主观条件限制等要素影响学生的创新创业积极性。

　　教师资格证与普通话等级证通过率较低，影响对口就业。2016 年，思政专业毕业生中获得教师资格证的比率为 95.06%；2017 年，毕业生获得教师资格证比率为 98.04%；2018 年，毕业生取得教师资格证的比例下降到 71.11%。显然，一方面是由于学生忙于考研弱化师范生"三字一话"教师教学基本功的技能训练所致；另一方面，在尚未启动和实施师范生二级认证之前，基于专业特性可以说是就业上的比较优势，就业选择空间较广、范围较大，不仅有机会报考国家公务员或事业单位，而且可以根据就业意愿从事与本专业相关的工作。加上该专业毕业生仅 44 人，将近 1/4 的同学选择考研继续深造。综合起来看，思政专业的就业机会较多、就业范围较广。毕业生的教师资格证通过率呈下降趋势，近三年来平均过关率为 88.07%。具体数据参见图 5-7。

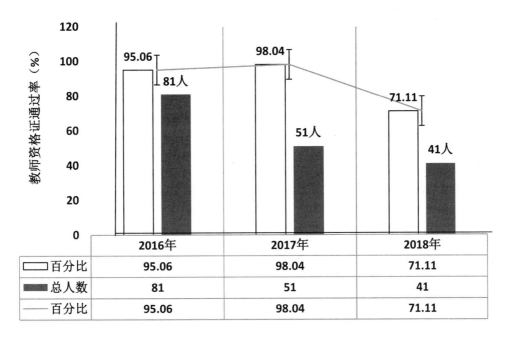

图5-7　思政专业2016—2018年获取教师资格证统计情况

从纵向看，近三年思政专业学生的普通话通过率不容乐观。一是大多数学生来自省内，日常交流普遍使用贵州方言，仅有的几个学生来自省外用普通话进行沟通和交流，相互练习训练还是不够。另一方面，鉴于实施师范专业认证工作启动之前，思政专业人才培养综合性、师范性和应用性的目标定位，决定了学生在就业时比其他专业有更多的比较优势和选择空间，以及机会优势。所以，普通话通过率不高既有就业选择宽泛的原因，也有自身努力不够的客观事实。表5-8提供了参照和数据佐证。

表5-8　2018届师范专业普通话等级考试通过率一览表

序号	院（系）/部	学院人数	报考人数	报考率/%	过关率/%	过关率排名	最终得分	平均得分
1	全校非师范生	789	352	44.61	42.46			
2	全校师范生	591	475	80.37	79.86			
3	化学与材料工程学院	44	40	90.91	90.91	3	2	1.15
4	建筑艺术学院	47	20	42.55	42.55	10	0	0
5	教育科学与音乐学院	141	120	85.11	85.11	5	1	1
6	旅游与历史文化学院	88	68	77.27	77.27	7	0.5	0.4
7	生物科学与技术学院	47	45	95.74	95.74	1	2	2
8	数学与信息工程学院	46	37	80.43	73.91	8	0.5	0.5
9	体育学院	42	27	64.29	64.29	9	0.3	0.3
10	外国语学院	44	42	95.45	95.45	2	2	1.5
11	文学与新闻学院	46	40	86.96	86.96	4	1	1
12	政治与公共管理学院	46	36	78.26	78.26	6	0.5	0.5

7. 毕业生就业去向

近三届毕业生就业行业（图5-8），主要为教育、行政、中小企业和事业单位等，思想政治教育主要是培养师范类毕业生，为中小学培养和输送教师，因而，选择与自己所学专业对口或相近的行业就业的较多。与此同时，本专业就业形势较为严峻，中小学政治教师缺口不大，因而在学校就业指导和帮助下，也有不少学生改变就业观念，选择其他行业就业。

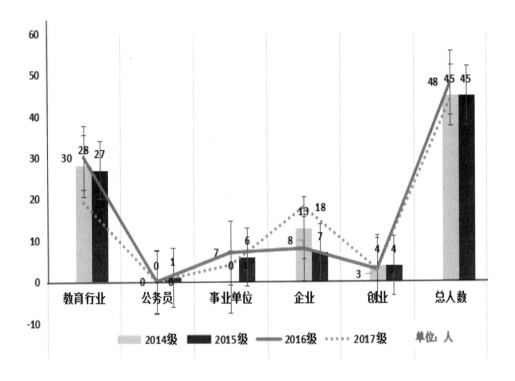

图5-8　2018—2021届思政专业学生就业领域分布图

图 5-8 数据显示近四年来学生就业领域和数量分布情况。首先，思政专业学生就业主要集中于教育行业；其次，进入企业工作；再次，进入事业单位工作；最后，极少数同学进入国家公务员队伍，抑或创业。例如，在 2014 级 2018 届毕业生 45 人中，有 28 人集中在教育行业就业，就业占比达 62.22%；事业单位就业有 8 人，占比达 17.78%。2015 级的学生 45 人中有 27 人，也就是 60% 的学生在教育行业就业发展。到了 2016 级 2020 届毕业时，学生 48 人中，有 30人在教育行业就业，占比达 62.5%。一方面，这几年得益于国家脱贫攻坚中的"两不愁三保障"政策的施行，为补充农村中小学师资吸纳了大量的毕业生实现了教育行业对口就业发展。即便到了 2017 级 2021 届，在就业异常艰难情况下，全班 44 名学生依然还有 19 人，也即 43.18% 的学生进入教育行业就业。足见，思政专业通过改革发展，学生的专业认同感显著提高、专业素养提升，专业建设成效显著。

（二）教学成效

1.教学质量稳步提高

社会实践教学活动作为人才培养的一个重要环节，对于人才培养质量提高、理论教学改革、教学设计完善，以及学习效果检验等无不裨益。尤其是学生从强烈的社会责任感、历史使命感、时代主体性和政治自觉性等方面出发，坚持正确的问题导向，通过严密的逻辑论证，深入地探究性学习，取得了较好的教学效果。在各级领导关心和支持下，学校按照要求开展实践教学，通过精心组织实施取得了较为显著的效果。根据实践教学的成绩评定要求，学校组织实践教学成绩评定小组对最终成绩进行综合评定。几年来，从实践教学成绩"优秀率"可看出教学质量稳步提升，表5-9提供了佐证。

表5-9　2012—2016级暑期社会实践优秀统计表（单位：人）

序　号	年　级	基本类型				年级总人数	总体优秀率/%	社会调研优秀率/%
		社会调研	劳动锻炼	志愿服务	勤工助学			
1	2012	16	3	2	2	80	28.75	69.56
2	2013	9	2	1	3	50	33.33	60
3	2014	11	2	1	2	45	35.56	68.75
4	2015	8	3	2	2	45	31.25	53.33
5	2016	13	1	1	2	48	38.63	76.47

表5-9数据显示，社会实践教学中的成绩优秀部分集中在社会调研方面，如2012级为69.56%，2016级高达76.47%，就算是最低的2015级也占到53.33%。足见，学生的社会实践中成绩获得优秀等次的，无一例外地关注经济社会发展中的热点、焦点、难点，甚至是敏锐地发现了"痛点""盲点"等问题，如对留守儿童、妇女、老人的教育与安全、农村土地闲置撂荒、民族文化的传承与保护、特色农业产业发展、二孩生育意愿，以及老龄化问题等展开实地调查研究。始终坚持问题导向，刨根问底探究缘由，揭示问题的本质，按照经济社会运行逻辑，将经济社会发展中的焦点、热点、难点和痛点等问题与个人成长、党和国家以及整个民族发展有机结合起来思考。可以说，实践教学的开展培养了学生的实践能力，提升了学生的精气神，使其保持良好的状态，图5-9的显著变化趋势更加直观地反映这一问题。

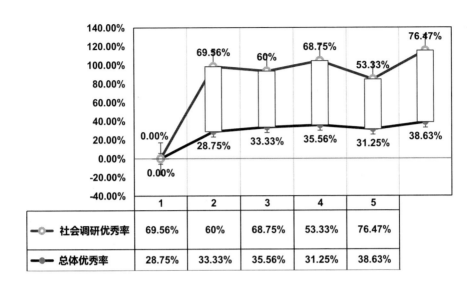

	1	2	3	4	5
○─ 社会调研优秀率	69.56%	60%	68.75%	53.33%	76.47%
●─ 总体优秀率	28.75%	33.33%	35.56%	31.25%	38.63%

图5-9　2012—2016级暑期社会实践成绩评定优秀统计

图 5-9 显示，不论是实践教学的总体优秀率，还是社会调研优秀率所占比重都呈现出总体的增长趋势。比如，总体优秀率在 28.75% ～ 39.63% 区间增长；社会调研中产生的优秀成果占总体优秀率比重居高不下，即便 2015 级最低也达到了 53.33%；2016 级最高达到 76.47%，这也与大学生科研、大学生创新创业训练计划，以及"三下乡"等项目立项高度吻合。社会实践使学生发挥哲理思辨和进行逻辑训练，以及观察实践，注重理论学习与实践运用，突出专业思想性、政治性和科学性，提升了学科思辨能力。

此外，社会实践使学生获得显著成长。在实践教学中产生的优秀毕业论文就是典型例证。2017 届，程宇林的《少数民族大学生民族认同与国家认同关系研究——以六盘水师范学院为例》，刘芳芳的《当代苗族大学生对国家认同的现状及对策研究——以六盘水师范学院为例》；2019 届，沈超的《农村"三变"改革中"旮旯型"土地流转问题研究》。2020 届，桂静文的《中小学思想政治课教师队伍专业化路径研究——以六盘水市为例》，以及 2021 届，《初中道德与法治课生命观教育方式探究——基于六盘水市第十七中学的调查》等。另外，2019 届王吕申报全国大学生"三下乡"调研项目获批立项，调研报告《乌蒙山集中连片特困区精准扶贫何以成功？——钟山区月照乡"三变"改革现场调研》最终荣获校级"优秀社会实践成果"等。

整体上，实践教学不仅有效检验大学生的学习成效，综合考量学生的知识素养、人文素养、专业素养和实践创新精神，更折射出大学生扎根基层实践的科研精神、理性精神与底层关怀，以及积极向上的精神面貌与社会责任担当。通过科研项目申报和科研活动开展，逐渐培养学生理性的科学求真、探索精神，坚韧不拔、攻坚克难的坚强意志。在无数次探索性实践和改革实验基础上，不断提升大学生的社会认知水平、训练实践能力、提升综合素养，通过社会实践教学的改革创新与理论深度融合，帮助学生掌握基础理论知识，全面提高专业核心素养。

2.实践教学成效显著

客观上，实践教学的开展调动和增强了学生的学习主动性，自觉地对接专业学习和职业要求，努力目标更加明确。一是积极参加各种校园文化实践活动与课外社会实践活动，充分体现实践教学课外延展，以及形成激励示范和带动作用。二是伴随社会实践活动的深入开展以及学校对实践教学的重视，强化实践育人的成果运用，实践成效更为显著，表5–10中各种奖项和奖学金以及荣誉为应用型人才培养提供了有力佐证。为遵循基本的目标原则以及实践需求导向，这又为学生成长指明了努力方向。

表5–10　思政专业学生实践成果一览表（单位：次/人）

序　号	年　级	各级各类获奖情况				奖学金			班级总人数
		校级	地厅级	省级	国家级	校级	省级	国家级	
1	2016级	52	3	0	0	42	0	4	48
2	2017级	50	10	3	0	16	0	2	44
3	2018级（1）班	31	8	6	5	54	0	5	60
4	2018级（2）班	33	0	0	0	51	0	6	58
5	2019级	36	2	1	0	54	0	3	60
6	2020级	40	0	3	1	48	0	0	54

表5–10显示，按照师范专业认证标准对标建设，社会实践教学的实效性显著性增强。在奖学金上，2016级46人次、2018级（1）班59人次和（2）班61人次、2019级57人次，几乎是实现奖学金的全覆盖，分别达到95.83%、98.33%、98.28%和95%；2020级刚来的一年级54人中，就有48人次拿到校级奖学金，获奖学金的比例达到90.57%。在各种获奖中，2016级，2017级的获奖分别高达116.67%、143.18%，意味着优秀的同学多次获奖。2018级（1）班的成绩最为突出，各种级别获奖都有，其中校级、地厅级、省级以及国家级获奖分别为51.67%、13.33%、10%、8.33%。在社会实践教学和实践锻炼基础上，学

生的社会认知更加理性和全面深入；尤其是参加具体劳动锻炼和生活体验，对就业市场风险和竞争认知更加深入，对就业市场的岗位需求和能力匹配度，以及未来发展空间有了思考，学生会在发现自己的短板和不足以后，针对各自的实际动手能力薄弱和岗位要求差距，反过来进一步明确努力方向，并进一步地加快成长。

在教育部、省教育厅、学校等各级部门举办的校园文化、体育、艺术等实践活动中，在各级主管部门的高度重视，学院的精心组织安排和老师的具体指导下，一些同学取得不错的实践成效。诸如，2013 级肖鹏、向先叶同学在"我的青春我的梦——学习习总书记讲话，做合格共青团员"主题征文比赛中分别荣获二等奖和优秀奖；在微视频创作大赛中，2015 级的吴仪义红同学荣获三等奖，在"多彩贵州·闪亮校园"六盘水师范学院第十二届校园文化活动月之街舞大赛中，荣获一等奖；在服务社会方面，2015 级的刘定昌、2016 级的高丽英等 10 名同学荣获校级"优秀青年志愿者"称号；思政专业 2015 级的夏莺芷等同学在"十九大"知识竞赛中，荣获二等奖。在 2017 年全国"爱我国防"视频网络演讲比赛中，2015 级杨封雪同学荣获"最佳人气奖"。在全国大学生暑期"三下乡"社会活动中，2015 级王吕同学针对农村精准扶贫问题申报调研类项目获批立项，调研报告最终荣获校级"优秀社会实践成果"；与此同时，王吕、龙秋兰等还荣获"个人优秀奖"。

3. 综合素质显著提升

在学校高度重视、学院精心组织和老师们的悉心指导下，2018 年以来学院 184 名学生获得各级各类奖项，其中，国家级、省部级一共 15 项，市、校级奖项 109 项，院级奖项 221 项，12 人过英语四级，13 人过普通话二级甲等，48 人过普通话二级一等，31 人过全国计算机二级。当然，这里不仅仅是校园文体活动，也不是一般的象征性参与社会性活动，更多的是对社会问题的认知和对自我的认知发现，以及行动能力转化的体现。对于本科生来说，更多地需要培育科研精神提升科技素养。

以 2016 年毕业生为例，社会实践教学对学生培养和成才成长的间接作用还在于对大学生的健康成长起到学习检查、成效检验和有效督促等作用。除了有 2 人考研成功外，还有 15 人通过了大学英语四、六级考试，分别占 16.25% 和 2.5%；在全班 81 人中有 77 人，将近 96.25% 的毕业生获得教师资格证；师范学生的专业技能扎实，有 77 人获得国家级普通话过级证书；35 人，将近 43.75% 的学生通过国家计算机过级考试等。另外，鉴于思政专业属于法学一级学科，或马克思主义理论一级学科的学科归属特性，毕业生最终授予的是法学

学士学位。在课程设置和双师型教师的带动下，9 人通过国家司法考试，意味着
11.25% 的毕业生可从事与司法相关的工作。表 5-11 的数据提供了实践教学的
价值效用和科学佐证。

表5-11　2016届与2020届思政专业毕业生实践教学成效比较

序　号	项目名称	2016 届		2020 届	
		总人数	通过率 /%	总人数	通过率 /%
1	毕业生人数与毕业率	80	100	48	100
2	学位授予人数与授予率	77	96.25	48	100
3	计算机过级人数与过级率	35	43.75	28	58.33
4	英语四级过级人数与过级率	13	16.25	9	22.92
5	英语六级过级人数与过级率	2	2.5	2	4.17
6	普通话通过人数与通过率	77	96.25	47	97.92
7	教师资格证取得人数与取得率	77	96.25	46	95.83
8	司法考试通过人数与通过率	9	11.25	0	0
9	大学生科研项目	2	2.5	19	39.58
10	研究生考试通过人数与通过率	2	2.5	8	16.67
11	当年毕业生就业人数与就业率	78	97.50	45	93.75
12	毕业生考取公务员人数	4	5	0	0

　　从表 5-11 中可知，在科研立项、大学英语四六级考试、计算机等级考试、
研究生入学考试，以及学位授予等几个重要指标中，2020 届毕业生科研立项、
英语四六级考试、计算机等级考试、研究生入学考试及录取率等几个关键性核
心指标，分别比 2016 届高出 37.08 个百分点、8.34 百分点、14.58 个百分点、
14.17 个百分点。这足以说明在较短时间内，实践教学的开展有效地提高了综合
办学质量和能力水平。可以说，该专业从 1984 年举办专业教育开始，到 2010
年举办本科教育，实践教学既无现成经验可鉴，也无实践样本参照，只能在摸
索中前行。即便如此，并不影响通过实践教学为中小学培养合格思想政治课教
师的发展目标和办学定位。

四、效果评价

（一）人才培养质量提高

通过对就业单位和学生回访发现，实践教学的开展在对毕业生的综合素养提升、能力培养、基础知识掌握程度以及岗位工作的适应性等方面及时反馈印证了实践教学的实践性、有效性。利用学校招生就业中心《六盘水师范学院毕业生跟踪调查表》提供的数据，经过对思政专业的毕业生表达能力、组织协调能力、沟通能力和实践能力等多方面指标体系进行综合测评，该专业进行应用型人才培养的实效性、专业性以及综合性较强，基本理论和基本技能掌握较为扎实，用人单位较为满意。在全国大学英语四六级考试、大学计算机考试等技能测试中，通过率在全校处于较高水平。在用人单位对毕业生质量的综合评价方面，满意高达 80% 以上，较满意占 15% 以上，总体上看，人才培养得到用人单位的好评和充分认可。

根据时代发展需要，用人单位对思政专业毕业生的知识与技能培养方面也提出较好建议，那就是需要加强毕业生的阅读能力、实践能力、沟通能力等综合素质的培养。另外，通过对毕业生谈话、网络调查、座谈交流以及回访问卷显示，学生提出需要加强市政工程、农村区域经济、社会工作和农村物流等专业建设或是课程设置。

（二）教育教学质量提升

提高课程教学质量的根本途径和保证是教师对课程内容的深刻理解和把握。做好教学设计，教师精心指导学生开展教学实践，严格按照课程大纲要求备好课程，心中有书；备好学生，心中有人；备好教法，心中有术；努力让教师有魅力、教学有深度、理论有高度、实践有温度，真正实现教学相长。当然，教学质量提升无非体现在两个方面，一是教师教有所获，一是学生学有所得。在教学测评与评价中，学生对该门课程的满意度和教学信息反馈高达 95%。通过实践教学的课程设置推进应用型人才培养，毕业生对学校教学条件和教学质量的反馈一定程度上检验了学校的办学水平。

来自著名的教育评价机构麦可思对我校的调查数据反馈，2019 届毕业生对教学质量评价比较满意占 70%，基本满意占 23%，总体满意度达 93%。另一方面，毕业生对学校教学条件的评价及建议进一步对学院的建设发展提出了更高的要求，既有对学校硬件设施建设加强的诉求，也有对学校软件设置和环境建设的期待。当然，也还有部分指导老师在实践教学中的指导方法和实施指导过程等需要完善和改进，这也对学生的学风建设和教师的教风建设均提出了新的要求和高的标准。

五、存在不足

（一）学科建设滞后，改革创新有待深入

与同类高校专业建设纵横向相比，本学科的突出问题在于建设滞后与改革力度不足。从专业建设和学科发展看，2006 年，贵州师范大学思政专业成为贵州省重点学科建设，2008 年，成为全国高校特色专业。同为地方院校的安顺学院，在 2011 年获批贵州省重点支持学科基础上，2013 年再度上升为省级重点学科。2009 年，贵州师范学院和贵阳学院同期获批贵州省重点支持学科。2015 年，六盘水师范学院成为全省专业综合改革试点，2017 年才成为校级重点学科。凯里学院、贵州工程应用技术学院和遵义师范学院，分别于 2008 年、2011 年和 2014 年成为校级重点学科（表 5-12）。

表5-12 贵州省思政专业建设与改革发展情况统计表

学科级别	学科专业建设类型、级别及时间				
	国家级特色专业	省级重点学科	省级重点支持学科	省级专业综合改革	校级重点学科
建设学校	贵州师范大学（2008）	贵州师范大学（2006）安顺学院（2013）	贵阳学院（2009）安顺学院（2011）贵州师范学院（2009）	六盘水师范学院（2015）	凯里学院（2008）贵州工程应用技术学院（2011）遵义师范学院（2014）六盘水师范学院（2017）

数据来源：根据贵州省教育厅和全省各本科高校的官方网站公布的数据进行挖掘和系统性整理。另外，贵州大学、贵州民族大学的思政专业属于非师范专业；而对于贵州师范大学求是学院作为三本则不纳入进行比较和分析研究。

从表 5-12 改革发展时序看，只有贵州师范大学学科专业建设起步相对较早成为国家级特色专业建设外。省内高校省级重点学科建设并不明显，这一传统学科并没有很好地体现出发展优势。从改革力度和专业发展的时序上看，六盘水师范学院思政专业创新发展滞后于实践所需。整体性建设滞后无形中制约了应用型人才培养。无论是教学改革力度、改革深度和范围广度，还是改革的内

容、手段和方法均需进一步加强。从创新实践行动来看，改革意识、创新意识以及居安思危意识并不强烈，深刻地反映出应用型人才培养的任务艰巨，为中小学培养合格的思想政治课教师任重道远。另外，在《省教育厅关于公布 2020年本科专业评估及下达奖励资金的通知》（黔教函〔2021〕89 号）文件中，全省2020 年有 14 所高校开设思政专业。在全省排名大致是贵州师范大学排名第一得分 91.77 分；排名第二的是贵州民族大学，得分 90.47；排名第三的是贵州师范学院，得分 89.83 分；排名第四的是遵义师范学院，得分 89.83 分。而六盘水师范学院排名第九，得分 80.83 分。

（二）形式相对单一，个别指导效果欠佳

当前，思政专业社会实践教学突出问题主要表现在，实践内容碎片化，实践过程单一化，教学情景模拟化，缺乏整体性建构，以及教学监控虚置化。构建实践教学体系，不仅是新文科建设中应用型人才培养的刚性需求，也是转型发展视角下响应学校办学定位与特色化发展的逻辑路径。鉴于此，周春晔（2017）提出，学校应从目标设置、内容体系、保障制度等方面科学构建思政专业的实践教学体系[①]，在理论教学中贯彻实践教学理念，充分挖掘知识性内容的实践价值；增加教师职业技能训练强度与时间保障，通过提高教学技能技法来夯实专业基础，通过组织多样化的社会实践活动增进对教师职业的社会理解，实现空间延展，在前移后拓中形成实践教学体系。

一定程度上，游柱然、胡英姿（2014）认为，"反观许多不太成功的实践学习，其问题不是没有体验，而是有体验但缺乏意义，导致这种现象的一个关键原因就是实践中缺乏通过反思去有意识地发现意义的过程。"[②] 正是从这个角度上讲，社会实践教学应秉承"全实践"理念，即专业发展全过程中所有实践环节作为一个整体来系统定位和统筹安排，而非片段式、断面式、碎片化进行，应以系统思维、整体建构、一体化推进和科学发展。为节约办学成本，以"统筹"兼顾提高教学资源综合利用，学校在实践中却难以兼顾各学科专业内部的差异性、专业性和发展的各自方向性问题。张绪清等（2017）认为，学科综合特性无形中弱化了专业性，甚至出现了"说起来重要、做起来次要、忙起来不要"的问题。事实上，人才培养目标是专业发展的最终目标，也是教学改革和教学

---

① 周春晔.思想政治教育专业实践教学体系构建的思考[J].上饶师范学院学报,2017,37(4)：110-114.

② 游柱然，胡英姿.体验与建构——当代美国高校实践教学研究[M].北京：中国社会科学出版社,2014：25.

建立的本源。[①] 吕丹、高鸣（2016）认为，应围绕社会需求和专业发展目标，在优质品牌化理念指导下拓展实践基地的规模和数量[②]，深化社会实践教学的基地建设，通过科学化推进，规范化执行、标准化实施，积极规避实践教学设置和实践基地建设形式化、走过场行为等问题发生。在实践的教学中，由于教师未能与学生一起深入实践现场，对实践方式、实践过程以及实践内容缺乏有效指导，出现分散化指导中的形式化。另外，尚未形成固定的社会实践教学基地，个别老师存在具体实践指导力度不够问题，从而影响实践效果。

（三）转变认知观念，强化课程设置衔接

在尚未启动师范专业认证之前，实践教学未必能够保质保量地完成，鉴于教学基地、专业师资、学习指导等原因，存在学生自主选择实习单位的情况。应该说，"分散实习"实际上存在有效监管的问题，容易造成实践教学的质量难以保证。另外，部分学生以参加就业考试、考研抑或找工作为由提出自主实习，加上指导教师把关不严，抑或实习学校要求不严，势必影响实践教学的教学质量。同样，社会实践教学是各自独立完成的，灵活机动便于安排，与其他实践教学尚未形成有效互补。可以说，各种实践教学不是为了完成任务而开展，而是为了能力提升而展开的综合设计。

一方面，为了改进教学和提升学习效果，需要转变观念对强化社会实践教学重要性的认识；另一方面，所有课程的教学都将聚焦点放到人才培养质量上，各门课程又形成应用型人才培养的一个有效支撑，使之成为一个有机的整体。强化实践教学实践性与生成性能力培养，使之形成完整的知识体系与教学体系（表5-13）。

表5-13　实践课程与毕业生能力需求的对应关系及学时学分比

培养方案（版）	实践能力	主要相关课程、教学环节（按强弱度排序）	总学分	总学时	学分占比	学时占比
2011	实践教育活动	大学生计算机基础实验、教育实习、毕业论文、社会实践、公共关系与实践、班主任工作技能、军事训练	160	2 570	23.12%	14.78%

① 张绪清，向荣，范兆飞.社会实践教学的合规律性与合目的性协同建构研究[J].牡丹江大学学报，2017，26（4）：144-147.

② 吕丹，高鸣.社会科学类研究生实践教学体系构建[J].长春大学学报，2016,26（4）：90-94.

续　表

培养方案（版）	实践能力	主要相关课程、教学环节（按强弱度排序）	总学分	总学时	学分占比	学时占比
2014	实践教学环节	军事理论与训练、社会实践、大学生计算机基础实验、教育实习、毕业论文、公益活动、创业创新实践	166	2 502	21.08%	16.56%
2016	实践教学环节	军事训练、大学计算机基础实验、社会实践、教育实习、毕业论文、教育见习 I、教育见习 II、社会调查理论与方法、中小学思想政治（品德）教育调查	174.5	2 200	31.52%	24.64%
2018 级	实践教学环节	军事训练、大学计算机基础实验、社会实践、教育实习、毕业论文、教育见习 I、教育见习 II、社会调查理论与方法、中小学思想政治（品德）教育调查、说课	172.5	2 168	36.52%	24.92%
2019 级	实践教学环节	军事训练、公益劳动、教育见习、教育实习、教育研习、毕业论文、说课、中学实践活动设计、综合实践活动设计、教师口语表达技巧比赛、现代教育技术竞赛、思政专业社会实践、教学设计	162.5	2 040	36.85%	
2020 级	实践教学环节	军事训练、劳动教育实践、思政专业社会实践、教育见习、教育实习、教育研习、毕业论文、说课、中学综合实践活动设计、教学技能训练竞赛、师范生综合技能考核	163.5	2 072	32.42%	

培养方案（版）	实践能力	主要相关课程、教学环节（按强弱度排序）	总学分	总学时	学分占比	学时占比
2021级	实践教学环节	劳动教育、思政专业社会实践、教育见习、教育实习、教育研习、毕业论文、中学综合实践活动设计、教学技能训练竞赛、师范生综合技能考核、教师口语训练、普通话、书写技能训练、思想政治教学案例分析、微格教学	158	2 120	31.55%	

　　表5-13显示，课程数量上，2011级有教育实习、毕业论文、社会实践、公共关系与实践、班主任工作技能、军事训练6门课程；2014级调整并增加创业创新实践课程1门，从总量上增加至7门。2016级人才培养方案中强化了师范生的专业技能训练和核心素养提升，课程由2014级的7门基础上增加了教育见习、社会调查理论与方法，以及中小学生思想政治（品德）教育调查，将原来的公益活动取消，总量上增加至9门；2018级开始，按照师范专业认证的标准进行课程设置，在实践教学中增加了说课，从而使实践教学课程总量达到了10门。2021级，更是增至11门，在课程设计中安排了思想政治教学案例分析，与社会实践调研内在统一。但从对实践教学重视程度来看，10年来一直处于不断增加的趋势，图5-10恰好印证了这一点。

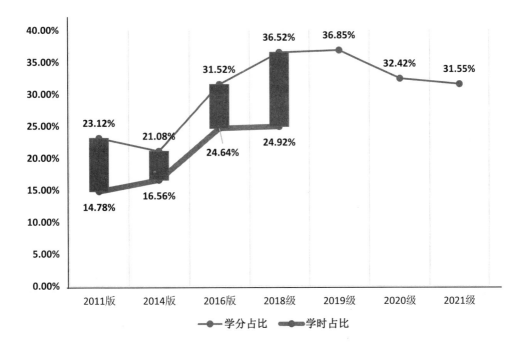

图5-10　实践教学学时学分占比

从学时上看，总体学时在降低，由2 570学时下降至2021级2 120学时，整体性减少了450个学时，贯彻了应用型人才培养教师的主导与学生的主体原则。教师的教不在讲多，而在精讲。从学分上看，变化趋势可以看出，实践教学由2011版的学时学分23.12%提升到2021级版31.55%，增加了8.43个百分点，突出应用型人才培养的实践性、应用型，另外，学时学分占比也呈现上升趋势，从2019级开始不再计算学时占比，但依然强化实践教学环节来完成应用型人才培养。总体上，自2015年学校被贵州省教育厅确定为向应用型大学转型发展的试点高校以来，无论是课程设置、学分占比，还是学时比例、教学安排等均体现应用型办学特点。

（四）激励机制不足，实践效果受其影响

从全国层面上看，大学工作与绩效工资挂钩，教师的职称聘评并没有体现出市场化、效益化，以及科学化。饱受诟病的唯文凭、唯论文、唯项目、唯获奖、唯帽子等"五唯"现象依然是突出的现实问题。在现有教师评价和职称评聘机制体制下，对于安心从教、专心教学和痴心从教的良师而言无疑是一种伤害。高校人事制度改革滞后于市场化发展，缺乏科学的保障措施和激励机制，也是大学沦为名利场和平均主义"大锅饭"的最后场地。这对认真从教和安心从教的老师存在不公平现象，同时对教育质量提升和学生健康成长也有不利的影响。教学质量缺乏相应的保障机制和激励手段，造成少数人的职业倦怠问题。

教育不仅是一种职业选择与社会职业，更是一项科学事业与战略经营；不仅需要具备很强的责任心和事业心认真经营，而且更需要采用科学手段和战略智慧。很长时间里，大学的公益性、社会性以及公共性强调做贡献忽视利益诉求，一定程度上公共性忽视其社会性，造成缺乏真正有效的奖惩激励制度的贯彻和执行，导致大学实践教学质量不理想。缺乏有效的奖惩激励机制和制度，导致大学的教育教学质量、人才培养质量、服务社会能力、科研成果转化能力，以及创新创业能力建设并没有发挥应有的功能。更多地停留在理论研讨和制度设计层面，真正的贯彻落实没有起到应有的作用。特别是"平均主义"的分配方式和饱受"诟病"的分配模式，严重阻碍优秀教师脱颖而出，干多干少与干好干坏一个样的结果不断强化教师的职业倦怠感。

事实上，学校缺乏教师的主动参与教学改革，缺乏科学的认知和正确理解导致实践教学的权重问题突出，不能够保障实践教学取得应有的实效。可以想象，绩效分配、人事聘任、分配制度、内部分流、岗位调整以及停薪留职等制度不真正施行，大学的课堂教学低效、低质量教学和充斥大量的"水课"也就不可避免。研究发现：在缺乏正向激励与激励机制不活的情况下，除部分教师自觉投入精力和时间进行教育教学工作外，其他教师要么就不怎么研究教学，要么是为了完成任务而采取照本宣科的形式敷衍。只有部分老师需要晋级晋职认真教学外，部分教师难以做到全身心投入教学改革中去。即便投入，也是"人在曹营心在汉"。不从根本上触动个人利益，也就难以提高教学质量，职业倦怠问题也就难以有效化解（表5-14）。

表5-14　某师范学院思政专业的师资构成与敬业程度

类　　型	双肩挑教师／人			专职教师／人		
层次	校外领导	学校领导	学院教师	潜心教学	胜任教学	照本宣科
数量	1	1	2	6	4	2
占比	6.25%	6.25%	12.5%	37.5%	25%	12.5%

资料来源：根据实地调研获得的第一手数据进行比较分析

截至2020年底，调研发现某高校的思政专业16位教师中，有4位教师属于校内外的双肩挑，包括学校副校长、校级处级领导干部，以及学院内部的双肩挑工作人员；其中，有3名行政领导完全不上课。另外，4位老师属于院内双肩挑，大量的行政事务造成教学质量难以保障，这类教师占比达43.75%。在全体教师中，还有 2 位教师属于典型的照本宣科型，这类教师占比达 12.5%。当然，也有为了评职称上课的人。这类教师既不会主动投入教学研究，也不会用心投入时间为了学生或者从事管理工作。

（五）实践指导差异，亟待强化教学考核

实践教学的目的在于通过实践帮助学生巩固理论知识和积极认识触摸社会。故此，师生在实践中寻求真知，并充分诠释和掌握"认识你自己"的真正内涵。学生在实践教学推进中，形成正确的"三观"以增强社会的责任感与历史使命感。通过实践教学活动开展，积极检验教师的教学效果和学生的学习效果，进一步提升和扩展学生的学习空间，积极将人生理想与社会现实接轨。实践教学本身是一种较好的教学方式，对于应用型人才培养具有很好的指导作用；但在具体的实践教学中，既有指导教师从事科研和社会服务的程度不同，对实践教学的参与实践和改革力度存在差异，甚至教学认知和指导工作也存在内部差异，也与学生对实践教学的内容、调研选题、投入实践的积极主动性密切相连。每年学生优秀社会实践成绩评定中，获得优秀等次的总是工作认真、热爱教学、科研投入、关心学生和努力思考的 5 ~ 8 名教师；也就是说，31.25% ~ 50% 的老师指导学生获得优秀，在此基础上用于申报大学生科研项目、大学生创新创业训练计划项目立项获批率高达 80% ~ 92%。但是，4 名教师在连续 5 年的社会实践教学中，指导的学生一次优秀都没有评选上，其占比也高达 25%。仔细思考发现，这也是教学考核目标导向中，缺乏应有的激励机制，造成少数教师推进社会实践教学成效不显著，这方面的改进措施亟待加强。

然而，伴随高教市场化不断深化发展，高教规模扩张与资源短缺矛盾日益凸显，出现了实践教学因人设课，因资源设课的问题。一方面，经济社会发展需要大批量的应用型人才而学校无法提供；另一方面，大批高校毕业生就业难、难就业问题依然突出。另外，学生在实践教学中没有获得真正的成长和发展，导致学生的实践能力相对欠缺。高校的就业指导部门创新开展就业服务工作的能力与成效并不显著，依赖用人单位上门提供服务的现象相对突出，很少从就业和人才培养的供给侧角度谋划实施改革，自觉参与服务社会发展的能力弱化。实践教学内容设计和实践环节安排浅层次、粗浅化，还需大胆改革创新、主动作为和持续深化。

第六章 新文科建设应用型大学人才培养优化策略

新文科建设背景下，通过实践教学进一步优化人才培养方案，使培养方案符合时代发展要求，最终实现教学改革领先、基础设施完善、师资配置优化、教学质量优良、专业特色突出的实践教学团队。经过五年一个周期的教学实践，力争取得标志性的实践教学成果。一方面，依托课程建设培养教学名师，形成年龄结构上"老、中、青"结合，结构优化的教学团队。另一方面，依托思政专业的诊所式实验室平台和科研平台，积极打造校级实践教学特色，形成专业实践教学亮点。在实践教学基础上积极总结完善，编制适用的社会实践课程教学教材，形成教学改革成果并将其加以改革深化，力争将其推广运用至相关文科专业。

第一节 转型需响应高教改革发展

社会实践教学作为应用型人才培养不可或缺的一个重要组成部分，在转型发展背景下，亟须积极响应世界高教发展，推进改革深化。伴随实践教学改革深度推进，亟须正确处理专业学习与社会需求、理论教育与实践教育、学校教育与社会教育、服务社会与文化传承，以及课堂学习与课外实践等相互关系。通过社会实践教学的开展，实现课程内容丰富和完善、课程体系优化与教学资源优化配置，以及学生综合素质提升，依托实践教学实现教学资源优势互补，形成应用型人才培养的双向互推格局。

一、凝聚共识，深化教学改革与助推实践深化

实践教学在应用型人才培养的教学体系中占有重要地位，发挥着重要的功能和作用。尤其自 2000 年以来，在全国各地由普通专科升格为本科的普通高校人才培养中，实践教学不仅是贯穿始终、不可缺少的重要组成部分，而且是提高人才培养质量的重要环节，更是培养学生实践能力和创新能力的主要方法和

重要手段。不仅如此，实践教学还是巩固学科基础知识、训练科研素养、理论联系实际学习工作作风的重要途径。

第一，教师和学生均需充分认识实践教学的重要性和必要性。实践教学是帮助学生成长成才、由知识到能力转化、完成社会角色转换，以及社会认知与主动适应社会发展的重要平台，有效规避学生"一毕业就失业"的发展尴尬。因此，积极加强和改进社会实践教学工作，切实增加实践教学的有效性，从课程设置和学时比重安排上予以体现是应用型人才培养主动适应地方经济社会发展的客观要求。伴随高等教育大众化发展，产业转型升级与结构调整中，如何确保思政专业人才的培养质量稳步提升，增加实践教学权重，提升专业学生核心竞争力，既是我国高等教育更深层次改革发展的内在要求，也是实现多样化人才培养目标的迫切需要。

第二，根据课程建设标准和师范专业认证要求，积极推动教师的角色与作用转化。也就是说，加快教师从过去的从知识占有者转变为学习活动的组织者，由知识传授者变成学习引领者，由课程执行者变成课程的开发者，由"教教材"到"用教材"，从"教书匠"变成"教育研究者"，由"知识固守者"转化成"终身学习者"。以主动适应当下及未来本科教育的革命性变化，助推并加快应用型人才培养。

第三，尽快弥补双师型教师的不足。根据缺啥补啥的原则，学校应积极提供学习机会，教师个人寻找机会，及时提升教师的教学能力和教学水平，通过培训、学习和培养，尽快形成稳定的"双师双能"[①]师资队伍，形成任课教师的专业化和特色化发展。特色作为教师成长的重要内容，原本是指一个事物所独有的东西。在教师职业生涯发展中，尽快提升能力不足的策略是形成"一专多能零缺陷"；所谓的"一专"指让自己有一项专长；"多能"指有可能多储备几项能力可以搭配着使用；"零缺陷"指通过自身努力和对外合作，让自己的弱势变得及格即可；而最需要避免的情况是"性情大于才情"——你有些小优势，但是由于与你合作的成本太大，没有人愿意和你合作。

---

① 所谓"双师型"教师是职业教育师资队伍双重身份的特色称谓。教育部门叫"双师型"教师，劳动部门叫"一体化"教师，就是既能从事理论教学，又能指导实践教学。应用本科称双师"双能"。"双师型"教师包括两层含义，即个体的"双师"素质和队伍的"双师"结构。"双师型"教师队伍建设既要加强专任教师个体"双师"素质的培养，也要加强专兼结合的师资队伍建设。根据应用型大学建设的国家要求，兼职教师应占专任教师的20%。

二、遵循规律，重视教学改革与师生角色转化

从认知规律发展来看，主体只有通过直接感知、接触客观事物才能更加理性地认知客观事物的真实性存在。实践教学的实践性就在于通过实践来认知事物的本质规律，在实践过程中发现问题，把握实践的规律性。尊重学生认知发展规律和学生身心成长规律，重视实践教学的深度推进，教师要按照教育的基本规律推进教学改革发展。尤其是注重教师的教与学生的学，既需要在教学中自身成长，也需要在教学中教学相长，还要积极进行师生角色转化。实践中，坚持"三人行，必有我师焉"的学习理念，遵循"实践是检验真理的唯一标准"原则，推进实践教学不断深化。

首先，遵循认知规律、教育教学和人的成长规律，努力剔除实践教学附属于理论教学的惯性思维和认识误区。积极构建与理论教学体系既密切联系，又相互独立、内容相互促进和结构层次分明、教学特点突出、开放式立体化的实践教学体系。在社会实践教学中，创建在办学上体现学校指导、学院引导，学习上教师主导、学生主体，效果上家庭认同、学生获得、社会认可和各方参与的利益共同体。努力构建一个富有主动性、创新性的实践教学独立运行新机制，在把握教学规律基础上深化实践教学改革。

其次，以增强学生实践能力和创新精神为目标，以未来社会和经济发展对人才实践能力需求为依据，系统梳理全过程学习的实践教学内容，强化专业实践能力的内核培养。通过系统性课程设置，充分构建与经济社会发展相适应的科学、合理、系统的专业实践教学方案。坚持理论联系实际，以合格师资培养为目标完善实践教学方案，提高实践教学的针对性和吸引力。另外，尽快启动和增加适应社会实践教学工作开展的实践基地建设。对原有实践教学基地进行内容和方式的拓展，延展实践教学空间。根据岗位需求，用活课内与课外、理论与实践两种教学资源，以专业核心素养提升为工作出发点，确保实践教学贯穿人才培养的全过程。整合实践教学各要素，优化教学资源配置，形成优质教学资源共同支持实践教学开展的良好局面。

最后，加强现代信息技术的运用，运用现代科技提高实践教学的设计性、研究性。鼓励教师将科研成果应用于实践教学，促进实践教学理论与方法的不断提高与及时更新，将实践探索精神贯穿于教学过程。引导学生关注社会热点、焦点问题，站在学科建设与发展前沿，将科研论文和社会实践扎根改革实践大地，撰写好大地论文。同时，组织学生参加各级各类科技创新实践活动和教师科研项目建设工作，以此推动学生的研究能力、创新能力和学术写作水平。既

要重视实践教学改革的研究立项工作，又要结合学科特色鼓励大学生展开科研创新创业训练项目计划实施。

三、教材开发：强化实践教材、案例教学建设

到目前为止，社会实践教学缺乏统一的教材和参考用书，各校实践教学都是根据各系实际开展教学，对于教学建设和管理问题，各学校、各专业尚处于自发探索实践阶段。随着实践深入的开展，迫切需要将教材建设规划、编写和选用统一纳入教材建设与管理体系，以确保教材质量过关和教学有序开展。当然，学术界思政理论课的《思想政治教育社会实践教程》[①]为专业实践教学提供了借鉴。但还需在教材统一建设上下功夫。一是通过教育主管部门组织专家统一编写。二是建立实践教学国家质量标准，出版发行具有指导性、纲领性的社会实践教材成为迫切需要解决的问题。

第一，在马克思主义理论一级学科建设基础上，根据思政专业发展的动态特征、人才培养规格和建设标准，与时俱进地锤炼教材内容，编写符合应用型人才培养国家标准的教学内容准确新颖、课程体系健全，以及特色鲜明的实践教学教材。

第二，将思政专业的社会实践教学与理科、工科等专业的实习、实训、实践教学区别开来。既要注重人文社会科学实践教学的个体性和特殊性，又要注重人文社会科学与自然科学人才培养的差异性和异质性。

第三，尽快在校内启动实施优秀实践（实训）教材的编写、评审，以及规划教材建设等具体工作。伴随学校转型发展，无论是教学内容与课程设置，还是教学安排与教学投入均需向实践教学倾斜。

第四，将教学任务书下达后，做好教学工作的跟踪和整体性协调推进。一方面要按照教学任务和教学大纲执行教学计划，另一方面要在实践教学中及时总结和反思，并将实践教学成效纳入教材体系整体性构建，尤其是要将其纳入教师的教学用书、统一教材，以及参考书等学校的教材建设和管理规划。

---

① 王丽荣.思想政治教育社会实践教程[M].长春：吉林大学出版社，2014.

第二节　对标专业、行业认证建设

一、强化标准化建设

要进一步加强实践教学的规范管理，与时俱进地提高实习、实践和毕业论文质量，这就要按照国家标准培养应用型人才，贯彻落实《国家中长期教育改革和发展规划纲要（2010—2020 年）》，全面提高思政专业的育人质量，尽快建立健全师范专业认证的质量保障体系。根据《教育部关于印发＜普通高等学校师范类专业认证实施办法（暂行）＞的通知》（教师〔2017〕13 号）、《省教育厅关于开展师范类专业认证工作的通知要求》对思政专业进行标准化建设，分类制定教学标准，增加实践教学权重

第一，实践教学权重和课程内容安排，贯彻落实党的十九大精神和国家、省教育规划纲要部署，坚持以学生为中心、坚持产出导向、坚持特色发展的专业建设理念，正确处理专业发展与学生发展、硬件建设与内涵建设、规范管理与创新管理、内部质量保障与外部质量保障等多重关系。尤其是要严格按照师范专业二级认证的标准，进一步完善实践教学体系，将专业实践和教育实践有机结合。教育见习、教育实习、教育研习贯通，及涵盖教学实践、班级管理实践和教研实践等，并与其他教育环节有机衔接。根据教学计划，教育实践时间累计不少于一个学期。①

第二，根据《国家中长期教育改革和发展规划纲要（2010—2020 年）》的顶层设计，通过实践教学积极推进应用型人才培养。一方面，要积极支持学生参加企业技改、社会调查、管理创新、基层治理等实践活动，加强思政专业的实践环节和增加实践教学内容，把加强实践教学方法和人才培养模式改革作为专业建设重要内容。另一方面，要加强实践教学研究，培育实践教学研究与教学改革成果。通过实践教学开展助推应用型人才培养，不断推广实践教学的成功经验与成果应用。

二、项目带动，推动教育教学改革与深入开展

坚持问题导向，帮助学生在社会实践中依托项目建设这一物质载体和实践平台努力探索、获取真知、加快成长。实施项目带动战略，通过大学生创新创

---

① 教育实践时间，根据教师教育课程标准和教育部关于加强师范生教育实践的意见要求制定。教育实践包括教育见习、教育实习、教育研习等环节，教育实践一学期指 18 个教学周。

业训练计划项目、大学生科研项目、"挑战杯"全国大学生课外学术科技作品竞赛、全国大学生暑期社会实践活动社会调查竞赛以及中国"互联网+"大学生创新创业大赛等项目开展，以家国情怀强化责任担当，以爱国情、强国志、报国行自觉融入职业选择与未来发展，以改革创新为己任勇立时代潮头，努力做担当民族复兴大任的时代新人。

对于思政专业的学生而言，他们中大多数人毕业后要在中小学从事思想政治课教学工作。要让自己人生出彩，人格魅力塑造主要源自对马克思列宁主义理论的真信、真懂、真做；按照习近平在全国思想政治课教师座谈会上的讲话精神要求，教师唯有做到政治要强、情怀要深、思维要新、视野要广、自律要严、人格要正，才能把自己锻造成可信、可敬、可靠，乐为、敢为、有为的"四有"好老师。这就决定了不管现在还是未来，教学绝不是一项简单的活动与普通的工作，而是一个科学的探索求真和寻求真理的过程，通过教育的启智作用与项目带动帮助学生健康成长。

第一，加大对"大学生创新创业训练计划"项目的支持实施力度，保证本科生有更好的条件且每人都有机会参与科学研究实践活动。以社会调查为切入点，牢固树立关注民生就是关注自己的理念深入基层展开一线调研。一方面是积极申报和组织实施国家及省级大学生创新实验项目，尤其是重视省部级、国家级大赛的参与度。通过充分发挥此类项目的示范和带动作用，推动大学生的科研精神与核心素养提升。另一方面是对学校大学生课外科技创新和实践项目等现有资源进行整合和优化设计。加大对中国"互联网+"大学生创新创业实践、"挑战杯"全国大学生课外学术科技创新竞赛的参与度，并在时间保障、资金投入以及指导教师安排上予以倾斜。

第二，以社会调查为突破口，鼓励广大青年扎根中国大地了解国情市情与民情民意，在创新创业中增长智慧，在艰苦奋斗中锤炼意志，主动服务国家战略和区域发展。积极开展教育教学改革探索，切实提高学生的创新精神、创业意识和创业能力。学院层面要科学谋划，积极、努力增加具有综合技能拓展训练类项目的申报数量，提高质量和立项比重。用好校级大学生科研、大学生创新创业类项目等资源，突破省级项目申报的数量和质量。依托"三变"改革研究中心这一科研平台，加大国家级项目投入和支持力度，形成特色鲜明、针对性更强、层次更加分明的科研特色。

第三，构建校级、地厅级、省（部）级、国家级项目建设"四级"联动机制。打造以校级项目为基础、省级项目为骨干、国家级项目为引领的大学生课外实践创新体系。积极引导学生将课外创新实践活动与专业技能训练、科研项目训练与大学生毕业论文选题、学生科研与教师科研有机地结合起来，以形成社会实践→科研训练→专业实践→毕业论文→教师科研"五位一体"立体化建构。通过实践教学的系统设计与工程性、程序化建设，在层级渐进中注重逻辑推演与内在规律遵循深入推进教学开展，积极构建应用型人才培养体系的稳态结构。根据个体性差异，在尊重个性基础上寻求共性，以积极规避学生低水平、同质化发展，以形成差异化发展个性特色鲜明、共性基础上优势互补的应用型、复合型人才培养特色与建设体系。

第四，以项目为纽带，实施立体化构建。既要鼓励开展以学生自主选题、自主设计以及自主研发为主体的创新创业实践活动，又要组织好本科生的课外学术交流和相关竞赛活动，为大学生展示社会实践和科研创新成果展示搭建平台，帮助学生扎根中国大地努力书写人生华章。推动创新创业教育与思想政治教育紧密结合、社会实践教育与专业教育深度融合，促进学生全面发展努力成为德才兼备的有为人才。推动大学生将各种比赛成果转化，以服务区域地方经济社会的高质量发展。

三、健全机制体制，加强实践教学师资队伍建设

众多周知，人才队伍建设作为学校正常运行的关键环节和重要组成部分，亟须强化学校的顶层设计和统筹规划，并结合专业特色和客观实际积极推进实践教学活动的开展。进一步健全机制体制，加强实践教学的师资队伍建设。这里，实践教学的师资队伍建设既涉及专职教师的教学队伍、教学管理组织队伍，还涉及学科建设队伍和教学保障队伍等几方面，当然重点是指加强社会实践教学的教学师资。从这个角度来看，邬大光（2013）发现，分布式领导模式的建立是大学作为知识社区推动其自身教学质量提高的必然要求。从更高的标准探究，如果在现代大学制度建设背景下讨论教师教学发展，那么高校教师发展中心的建立就不只是机构设置和规范性发展的问题，而是关于如何建立与现代大学使命与职能相匹配的组织与制度模式①的问题。具体而言，加强实践教学的师资队伍建设还可以从以下几个方面入手。

第一，科学设计并制定出实践教学工作量的合理计算标准。参照理论教学或其他实践教学的计算方式，我们根据课程特色在《2018级思政专业本科人才培养方案》中设计为3周（学时），占3学分数比例。根据《六盘水师范学院教师教学工作量计算办法》第二章第十三条规定的实习实践工作量（H）计算标

---

① 邬大光. 教学文化：大学教师发展的根基 [J]. 中国高等教育，2013（8）：34-36.

准[①]充分体现劳动工作量。根据实践教学的实际情况，适当增加教学的学分和工作量目的在于有效吸引和鼓励高水平、有能力、有经验的教师从事社会实践教学的具体指导和管理工作。

第二，探索建立实践教学与理论教学师资队伍互通机制。既重视实践教学的教师培养和教学能力提升，又重视科学的业务进修与学习制度建设。同时，还为深度推进改革积极建设一支专兼职结合、结构合理、数量充足、业务精湛、勇于创新、相对稳定的高素质师资队伍。

第三，建立有效的鼓励和约束机制，充分调动和发挥教师工作积极性。按教师专业背景、学科基础和科研特长，积极鼓励和支持广大教职工开展实践教学改革研究和成果申报奖励。加强对实践教学的考核力度，力争把考核结果作为教职工职称晋升、岗位评聘等的重要依据。

第四，结合师范专业认证需要，出台政策措施鼓励和支持教师，特别是中青年教师定期到中小学、企业行业单位挂职锻炼。这样既可丰富教师的实践教学经验，又可提升教师教育教学能力和实践教学水平。进一步培养和提升"双师型"教师的综合素质，还要重视"双师双能"教师培养，通过内外兼修和交互作用主动引进实践经验丰富并热爱教学的业界能人进入课堂，吸引全社会之力强化实践教学。在"人本"理念下构建一支热爱教学、实践经验丰富、科研能力强的实践教学队伍。积极发挥高校教师发展中心这一新兴的教师发展组织形式，通过整合高校内部原有部分机构的功能。正如李小娃（2013）所言，这体现了"国家制度安排、大学教师发展及自我实现的多种诉求，其根本在于实现教师发展的自觉行动"[②]。

四、实验模拟实训，保证实践教学实效

通过实践教学安排和课程情景模拟训练，不断增强诊所式实验室的使用效益，达到实验育人的教学目的。对于校内实习实训基地，大力改善实习实训的教学条件和设备，重点建设适合思政专业、城市管理专业等应用型人才培养的综合性、开放式实践实训基地。一方面，根据人才培养需要重视校外实习、实

---

① 基本计算为：H=S×T×X。其中，S——指导一天实习的课时数，S=3;T——实际到实习点指导天数，T=周数 ×7（特殊实习、实践除外）；X——学生系数，X= 学生数 /25. 当然，实践课程设计，即本校教师全程亲自指导，其工作量包本校教师联系、准备、指导、批改、总结、考察实习、实践、录入成绩。

② 李小娃 . 高校教师发展中心建设的制度逻辑与理论内涵 [J]. 中国高教研究 ,2013（12）:69-72.

训基地建设。利用社会资源，广泛深入推进政产学研用一体化发展，切实解决专业学生实习难和实习效果差等问题。另一方面，重视校内既有实验室和实践基地建设，以及课程资源开发以提高学生的专业核心素养。借助于情景模拟和社会问题聚焦，提高大学生实践技能和科技创新能力，推动高校、企业和社会一体化发展，共建实习基地。

充分利用思政专业诊所实验室的实践教学平台，完善实验室的管理规章和综合利用。强化网络课程资源开发和线下实体教学实践的课程资源整合运用，深度推进社会实践教学达到应有成效。因此，亟须充分借助现代信息技术构建的诊所式实验室信息网络课程提供的方法和模拟实训以及情景实验，逐步实现实验教学与管理信息化、网络化、智能化。加强思政专业课程建设与人才培养中的核心素养，努力创建一个基于产出导向的综合实验平台，突出实践育人的教学理念和改革创新精神，以培养学生实践能力、创新能力为宗旨，以实践教学改革为核心，科学推进，确保实效。

一是继续依托南京奥派信息产业股份公司提供的思想政治教育"云平台"课程资源，以开放共享为基础，建议社会调查理论与方法该门课程的教学在诊所式实验室进行现场教学和情景模拟训练。二是依托实践教学平台，积极组织老师进行实践课程培训和科研项目训练。教师组织、引导和设计实践教学环节，构建一个以高素质的实践教学队伍、创新管理机制和相对完备的实验条件为保障的校级实践教学示范中心。

第三节　构建应用型人才培养体系

一、加强科学设计，推进科学开展

参照师范认证的国家标准，实践教学进一步体现应用型人才培养目标的办学特色和社会适应性，以及课程建设的目标达成度。根据课程设置的国家标准，社会实践教学与专业实践教学、集中实践教学环节等，初步建立一个立体化的实践教学体系。结合实际社会问题展开教学实践，实现了专业与行业、职业与岗位需求衔接。尤其是专业课程与中学教师职业标准对接，使得教学过程更具针对性和指导性；加上实践教学中始终贯穿职业教育与终身学习理念，实现学历证书与职业资格证书有机衔接，努力把科学原理或新知识转化成指导实践的人生规划、运行决策和组织管理。

社会实践教学作为一门必修课，尽管课程设置与工作量计算进行了科学设计、周密考虑和详实安排，但在具体实践过程中依然还有诸多问题需要持续改进。第一，从教学组织过程来看，教学系根据实践教学需要对全体学生进行分组和名额分配，按具体指导任务和学生人数形成教学任务下达给全体任课教师。此时，更多地注重教学任务落实与完成，而对教学质量保障缺乏有效的制度设计与政策安排。第二，工作认定标准单一，不同教师对实践教学的认同度、投入度和关注度等客观上存在差异，加上实践教学仅仅以较少工作量为计算基准，即教师指导学生数乘以每人 0.2 个课时量。工作量平均计算的做法存在以下两大缺陷：一是课时量计算较少，与实际投入工作量不匹配，无形中影响教师投入教学工作的积极性。二是缺乏有效的激励机制，导致教师对教学投入缺乏动力，造成教师对实践教学注重任务完成而忽视质量水准，实践教学流于形式，教学持续改进缺乏系统性、持续性和有效性。

实践教学内容在整个实践教学体系中占主导地位和起核心作用。实践教学的内容是实践教学目标任务的具体化，主要包括了"三习"、课程设计、毕业设计、社会实践和学科竞赛活动等方面。首先，在教学方法上，要充分体现原则性和开放性，重视以能力培养为本位的教育。其次，在教学平台上，实现多元化与多层次性。可以考虑建立稳定的实践教学基地，让学生定期轮岗实习；校内建立高仿真实训室，尽可能全面地模拟真实的环境和业务流程；进行课堂模拟，学生分角色共同模拟完成某项任务等。严把毕业论文关，把毕业论文、创新创业、社会调查与实践等有机结合起来。

二、加强组织建设，保障改革深化

事实上，早在 2015 年，社会实践教学就作为思政专业的实践特色课程进行顶层设计，专门成立了社会实践教学的领导工作小组。成员分别由课程负责人（兼项目召集人）、政法系主任，分管学生工作的党总支书记，团总支书记（兼学生科科长）以及思政专业教研室主任。然后，根据教学需要，组建了一个实践指导小组，社会实践教学按照人才培养方案正常开展。在深入推进实践教学过程中，以下几方面的工作亟待完善。

首先，学校加强对社会实践教学的指导工作。对社会实践教学的规范科学开展进行及时指导，通过健全教学质量监控体系，加强对实践教学的成绩考核与评价，以检验和评估社会实践教学确保教学质量。严格根据学校的教学管理相关规定，以及课程评估标准推进课程检测。其次，二级学院强化组织实施。完善教学质量考核与评价工作小组的功能。由学院负责组织开展实践教学的教学质量考核与评价工作，进一步完善实践教学组织架构。成立以院长为组长，分管教学院长为副组长，成员由教学科研管理科科长、思政系主任、院级教学督导组组长、学生科长，以及实践教学课程负责人组成的工作考核与评价小组。承担公共教学任务的教研室也可以参照这种组建方式开展教师的教学质量考核与评价工作。最后，考核实践安排。根据实际情况，考核与评价可以在第二学期和第四学期进行。考核与评价的对象，主要是参与社会实践教学的学生，但同时也考核承担社会实践教学的全体任课教师。今后，建议将本科生导师、辅导员融入社会实践教学的指导工作中来，还可积极整合资源，将参与人员作为社会实践指导教师进行考核，推进教学工作开展。

三、完善制度体系，促进科学发展

加强实践教学的质量监控体系建设，需要在教学质量制度规范和评价指标体系完善基础上形成合力，协同推进教学改革实践深化。目前，我国高校教学工作质量评估由外部行政主导走向内部自我评估，高校应积极贯彻教育部的评估新要求，探索行之有效的评估制度和模式。何玉长等（2017）提出，吸收借鉴国外高校教学评估经验，以提高教学质量为目的，初步形成常态化教学质量评估、教学状态数据平台建设和年度质量报告制度"三位一体"的本科教学质量内部评估模式。[①] 这将为社会实践教学评估指标体系建立和制度完善提供实践参考和价值借鉴。赵琳（2010）从教育质量保障机制透视现代大学制度，为我们提供了实践范式。[②] 尽管实践教学制度保障机制和监控指标体系处于不断健全和发展状态，但要真正实现实践教学制度化、规范化以及科学化发展，现在看来依然任重而道远。

根据实践教学的实践性特征和教学实践的实践性特质，需要各级领导和教学管理部门高度重视，并对实践教学的规范性安排和教学秩序稳定加强指导。客观上，需要把实践教学的建设与改革工作列入学校教学工作的重要议事日程，通过加强统一领导，统筹规划，最终让教务处、二级学院教学单位和任课教师形成合力协同推进，确保社会实践教学正常运转。根据人才培养方案和培养目标要求，学校在教学安排、经费投入、质量评价与保障制度等方面，不断完善实践教学的各项规章管理制度。

一方面，需要学校对实践教学改革加大经费投入，真正让实践教学经费投

---

① 何玉长，赵玮，胡月，等."三位一体"教学质量内部评估模式的探索与思考[J].上海教育评估研究，2013（2）：55-59.

② 赵琳.从教育质量自我保障机制透视现代大学制度——以加州大学伯克利分校为例[J].清华大学教育研究，2010，31（4）:100-106,120.

入落到实处，保障实践教学的教学秩序的正常运转。一是在社会实践教学、专业实习（实训）以及教学技能训练等实践教学基础上，分批次地组织实施校级实践教学改革研究和试点项目建设工作。可以着重从重点支持实验教学体系重组、实践课程结构优化、实验教学内容更新、实践教学方法手段改革、实践教学管理机制创新等研究探讨，并进行试点工作。二是凝聚共识，统一行动，切实做到在实践教学上形成领导投入、教师投入、学生投入，以及经费投入各方参与与保障到位。全校上下形成领导关心、师生重视、校内外实践基地协同推进实践教学的良好氛围。另一方面，不断优化办学的经费支出结构，对于实践教学、毕业实习工作，不仅学校要在教学经费中做出专门预算和具体安排，还要确保实践教学经费落实到位，确保人人参加、个个受益。学校层面需要逐步加大实践教学经费在学校经费支出中的比重，鼓励和引导社会力量支持学校的实践教学工作，通过多渠道、多途径筹措资金增加实践教学的经费投入，确保实践教学的运行经费、实习经费等落实到位，还要加强对实践教学经费使用的绩效评估。切实加大对实验室、实习实践基地的建设和实践教学运行经费投入，使各实践教学环节有良好的环境和条件。

四、强化质量监控，确保改革实效

从教学实施及教学成效来看，实践教学的教学质量监控体系亟待进一步完善。第一，教学质量标准缺乏。在教学实施过程中，要求每位教师根据各自的学科背景、术业专攻、学术积淀、学术涵养以及学生的实践内容和对象要求进行具体的教学指导；但是对教师为学生社会实践的教学指导、教学安排、实践操作、过程跟踪以及成绩评定等环节的工作，更多地依靠每位教师的教学责任心、职业认同感、自我控制力来完成。第二，分散化教学执行过程中，教学质量监控体系不完善。总体上，对实践教学有要求但缺乏对教学的有效监控措施和完善的教学质量监控体系。因而，就无法对教师的教学质量进行有效监控，导致社会实践的教学质量无法保障。第三，教学质量标准不统一。鉴于该门课程实施过程的特殊性，社会实践主要依赖于全体教师共同参与集体完成的事实，教学过程是集体完成的。但最终资料整理和归档教学系缺乏而有效的指导和安排，缺乏课程负责人制度安排，造成教学组织和教学管理较为混乱。第四，集体评定成绩的做法在综合成绩评定上不够系统。因教师个人喜好在成绩评定上存在较大的主观性和随意性，同样的结果也存在教师之间的评定标准、判定尺度以及评价指标不统一，出现最终成绩有失公允。

根据六盘水师院发〔2018〕52 号文件，为促进学校教学质量提高，规范教学评价，加强教学质量监督，引导广大教师在教学实践中积极探索、大胆创新，学校应健全质量监控体系，有的放矢地推进教师教学质量考评，使其成为体现教学改革导向、反应教师教学业绩、促进教学方式改进、改变教学理念和先进教学手段运用的助推器，本着客观、公正、准确的原则，对教师的政治思想、业务水平、工作状态和工作成绩进行客观综合评价。

实施严格监管与过程监控。实践教学中，一旦发生教学事故依据《六盘水师范学院教职工行政处分办法》给予相应处理。伴随实践教学改革深化，亟待进一步完善社会实践课程的教学设计、组织实施、教学监管和过程监控。按照课程建设国家质量标准，积极发挥学院教学督导做好教学质量监管，以及执行教学指导和抽检制度，让实践教学不至于变成"漫无边际"自由散漫的教学形式。在教学管理和实践课堂明确边际，实施有效监管，保证教学质量的有效监控。这里需注意以下四个方面的问题：一是对指导教师的教学质量考评需要完善；二是建立完善的教学评价信息反馈机制，实现持续改进；三是完善学生实践成绩的考核评定办法，激发学生的学习兴趣与动力；四是积极转变学生的学习方式，形成自主学习、主动实践的良好氛围，促进实践教学高质量发展。与此同时，需要积极借鉴英国学校建立的内部质量控制体系、外部质量核查制度、社会化的监督与评价"三级"质量监控体系，这一现代高等教育体系与质量保证体系可为实践教学开展提供实践参考。德国的《实训教师资格条例》在健全社会实践教学师资队伍建设方面详细规定师资教育资格、知识证明和证书等方面要求的操作方式，可以用来指导实践教学的质量监控体系建设。

此外，针对新时代高校教师发展中的教学、专业、组织、个人职业生涯发展等核心问题，张熙（2017）提出围绕教学发展这一核心，根据组织与个人生涯发展的基本趋势，提出以分布式领导理论指导教师教学发展的建设思路。[1] 针对实践教学参与度的研究较少，刘丹（2014）发现实践中不少高校抱怨教师参与积极性不高，令他们十分头疼。[2] 问题在于，如何构建基于所有教师共同学习和参与的平台等运作机制，以及骨干教师除组织培训时成长，是否还可以发挥更大的专业领导力也是一个值得深入探究的问题。吴洪富（2014）强调，尽管教师自发组织的学习活动固然有利于教师间平等沟通与交流，但不能因此疏远学校的行政与领导系统，甚至与学校发展战略相脱节。[3] 这将为打破以往有人认

① 张熙.分布式领导视域下高校教师教学发展的组织建设[J].高校教育管理,2017,11(5): 102-109.

② 刘丹.浅析高校教师发展中心的活动参与度问题[J].中国电力教育,2014(3):160-162.

③ 吴洪富.高校教师教学发展中心的实践课题[J].高等教育研究,2014,35(3):45-53.

为社会实践教学是个别老师的教改项目，属于个人的事情，而非专业的一门必修课，这在认知上有失偏颇，需要及时转变。

第四节　完善考核与评估指标体系

一、丰富考核内容，完善考核方式

未来议程中，围绕社会实践教学"教什么"—"学什么"—"如何教"—"如何学"等问题，需要进一步深化改革和持续推进，有效推进教学中主体与主导、主体与客体、教与学、教师与学生、课内与课外、理论与实践等相互关系的协同推进，实现和谐教学生态位构建。亟须进一步丰富和完善社会实践教学的成果考核与评估，进一步完善考评机制和指标体系。希望教学管理部门的学校教务处、组织实施部门的二级学院专业系、执行教学计划的任课教师，以及协同完成实践教学任务的学生等，高度认识实践教学的重要性、必要性和持续性，进一步统一思想、凝聚共识，用发展的眼光和办法解决改革发展中的实际问题。通过实践教学的开展着力推进思政专业优秀合格师资培养，并推动社会实践课程的教学改革朝着纵深方向发展。

（一）实践教学的评价指标体系

同理，社会实践教学能否真正帮助学生成长，在实践中成长多少，究竟在人才培养中的作用地位与价值效用如何判定，检查和评价标准是什么等问题，需要设计一个科学有效的量化考核指标体系。学生可以在进行社会实践教学后，通过感知、体验、行动、检验等一系列实践，借助既定量化指标体系的客观标准和参照系数做出客观评价与判断。

（二）形成课程标准编制与评价体系

几年来，尽管社会实践教学取得了显著成效。但从课程标准建设上看，目前尚未根据课程特征和人才培养方案编制实施标准。在课程设置上，系统化"课程设计理念"亟待加强，教学设计应根据社会实践的具体内容和实践方式进行具体指导，既要在实践环节进行科学化、专业化设计，又要结合专业特色在教学大纲和教学设计上加以科学调整。缺乏统一的课程标准，无形中对确保课程质量监控等起到一定的掣肘作用。

准确地讲，课程设计思路可结合课程特点和具体内容科学表述。尤其是在课程目标、课程内容与要求、教学模式、教学方法与手段等方面的内容编制，既要注重系统性、完整性以及合理性，还要将学生的学习过程、工作过程与能力提升、个性发展等进行有机联系，将职业工作作为一个整体化的行动过程来全面分析，不要过细地分析那些具体点状的、缺乏有机联系的知识点和技能点，抑或是能力点。另外，课程评价注重质性研究，却无法对其进行定量研究；尤其是定性定量研究相结合的方法，以及社会实践课程教学的目标达成度问题亟待进一步检验与科学评价。

二、依据评价原则，开展科学评价

（一）完善社会实践教学的成果评价机制

社会实践教学开展，严格按照《六盘水师范学院政法系大学生社会实践课程管理规定》（政法系〔2015〕A 号文件）中第十五条、第十六条、第十七条规定执行。尤其是在成绩评定上，在每学期学生社会实践活动结束以后，由政治教育与法学系（2017 年后改为思想政治教育系）社会实践课程建设小组负责组织评阅学生的社会实践报告。

最终实践成绩分为优秀、良好、中等、合格和不合格五个等次。根据学生实践过程参与度、实践中行为表现、实践成效以及最终实践报告等进行综合评分。鉴于该门课程是思政专业必修课，每个学生必须在第二、第四学期参加，只有成绩合格才能取得相应的 3 学分。也就是说，如果未参加社会实践活动或实践成效不显著、不认真执行，一旦成绩"不合格"，要么是重修，要么是将成绩记入学生档案。另外，还要对每年在社会实践活动中涌现出的先进个人、实践团队和班级进行表彰，并颁发"优秀组织奖""优秀实践团队奖""优秀调研报告奖""优秀指导教师奖"等。

（二）按照评价原则，开展考核评价

实践成果管理，主要包括暑假社会实践的材料批阅管理及优秀团队（个人）评选，细则如下：

1. 材料批阅及管理步骤

第一，开学第一周内，各实践团队及个人需向系上提交进行 3 周社会实践证明及其支撑材料。材料包括：社会实践活动登记表、实践报告、亲自参与的问卷或访谈照片、录音或录像资料。其中，提供的照片或图片要求清晰，不少于 10 张，能够证明同学们亲自参与其中就行。如有六盘水师范学院志愿者文化衫、帽子或徽章标识的以及政法系系旗的，最好能在照片中有所体现。

第二，社会实践证明及支撑性材料必须真实可靠，一旦发现材料造假，无

论个人还是团队所有成员成绩均为零；取消评选优秀社会实践团队（个人）的资格，且团队（个人）必须重修该课程。

第三，《社会实践报告》内容具体，实事求是，实践活动深刻感人，实践报告行文流畅。篇幅不少于3 000字，且按公文写作的标准格式行文、打印装订。

第四，个人自主实践活动材料和班级内部学生组建的团队材料，由系上统一保管及存档。

第五，以班级为单位，公布暑假社会实践的成绩。

2.优秀团队评选细则

第一，全体组员的实践时间均在3周或以上；

第二，活动主题突出，正面社会影响积极；

第三，组织有序，活动方案翔实，效果良好，总结深刻到位；

第四，成员团结协作，内部和谐，在实践过程中未发生意外事故；

第五，纪律性强，团队成员宣传工作出色，活动影响力大；

第六，活动过程中信息反馈工作出色，活动效率高；

第七，社会实践过程中得到接待方高度认可，且社会效应较好；

第八，完成较高质量的总结报告。

3.优秀个人评选细则

第一，实践时间在3周或以上；

第二，参与暑假社会实践的自主性和积极性高，有实践热情；

第三，开拓进取，具有创新意识；

第四，活动主题突出，思想性好，有积极的社会意义；

第五，表现突出，受到活动单位和有关方面的好评；

第六，实践过程中与老师交流和信息反馈活动效果良好；

第七，实践过程中未发生各种意外事故；

第八，实践过程中无违背暑假社会管理细则记录；

第九，完成较高质量的总结报告，所提供的支撑材料真实客观。

细则规定：在社会实践过程中有"见义勇为""先进事迹"等先进道德模范积极社会影响力的事件，有利于提升学院专业系整体声誉的团队（个人），还要在年度评优评先时优先考虑，并要求在各班、各实践团队以及实践个人等实践中认真贯彻落实。

三、构建指标体系，完善考核评价

科学设计和构建一个公平、合理、开放、可纠错的评价体系，应以提高本科教育教学质量和办学水平为目标，强化教师教学工作职责，健全教师的教学质量考核与评价指标体系。通过采取多元评价、分类考核和分级管理措施，为教师岗位聘任、教学评优、职称评聘、优化教学以及科学管理等方面提供决策依据。激励广大教师牢固树立起质量第一的理念，积极加大对教学的精力和时间投入。积极改进教学内容和教学方法，不断提高教学能力和教学质量，促进人才培养质量提升。

第一，考核与评价方式内容及权重。社会实践教学的质量考核与评价，从内容上看，主要由思想政治教育系的评价、学生过程性评价、学生期末评教三个部分组成。当然，重点评价应该是课堂教学质量；通过兼顾课堂内外，强调过程规范，进行全程评价。评价标准主要参考《六盘水师范学院各主要教学环节质量标准》等有关质量建设标准。一是思想政治教育系的评价。单项总分为100分，占教师的教学质量考核与评价总成绩的40%。考核与评价方式由专业教学系自行制定，评价内容主要包括教师教学基本文件评价、实践教学的规范性评价、社会实践教学过程跟踪、实践报告撰写指导，以及实践教学研究与实践教学改革评价。二是学生过程性评价。过程性评价分两部分执行，一部分是社会实践教学中学生对教师的教学评价，评价成绩占教师教学质量考核与评价总成绩40%。另一部分是参照学校统一组织实施的网上评教，该部分成绩占20%。这既充分体现了教学评价的客观性、合理性和科学性，又有效地促进实践教学评价和教学过程与结果评价的有机统一。通过教学质量监控，可以强化对学生的学习监管、及时沟通和过程指导，积极规避以往实践教学提交一份调研报告，找个单位或部门盖章，甚至是父母签字应付差事等问题。

第二，考核与评价结果运用。参照学校教学质量考核与评价程序，学院根据学校关于教师的教学质量考核与评价工作小组工作原则和指导思想，负责制定政治与公共管理学院思政专业的社会实践教学质量考核与评价实施细则。实施细则不仅要明确考核与评价的内容、方式、要求和成绩计算方法，而且细则还要经过学院教学指导委员会讨论通过，最后提交学校的发展规划处备案。此外，思想政治教育系还要积极地组织全体任课教师对实践教学的教学质量进行考核与评价，考核与评价的结果要在全院范围内进行公示。公示期如有异议可向学院提出申诉，学院在接到申诉后10个工作日内提出处理意见。教师对处理结果仍然有异议的，可向学校的教学质量考核与评价工作领导小组提出申诉，并由学校教师教学质量考核与评价工作领导小组做出裁定。

第三，教师教学质量考核与评价分值，总分为100分。学生成绩由系组成的课程考核工作小组评价、学生过程性评价，以及最终结果评价三部分成绩加权取平均值构成，成绩构成比例分别为30%，45%和25%。计算结果采取四舍五入法，并保留小数点后两位。一般情况下，课程考核成绩与评价以当年（第二学期）的成绩为准，或两个学期（第二和第四学期）的成绩平均加权而得。假若只有一个学期被列为考核与评价对象者的，则以当年的考核与评价为准并记为最终的课程成绩。对实践教学的质量考核与评价结果，学院依据综合得分情况对所有任课教师综合排名，并将实践教学的实施结果，经过政治与公共管理学院党政联席会审定后，直接与绩效挂钩。

除重视实践教学硬指标外，学校还要重视教学中的师生关系，构建这一教学生态软指标考核和评价教师的教学质量。教学质量监控与保障体系健全，对推动教学质量整体提高至关重要。这一点上，李红慧（2013）通过实证研究发现，依赖教师教学发展中心组织趋向于矩阵式结构，通过集权与分权相结合，既讲求分工又重视协作。[①] 在分工协作基础上，可以促进教学能力与水平整体性提升。软指标考核主要参照教师指导学生的次数和实际的沟通效果，通过学生记录教师每次指导的实际情况记录和反馈意见建议，积极构建和谐的师生关系和教学生态系统，并将其作为教学质量考核的一个重要参照系予以确认。同时，学校应将实践结果作为推荐学校年度优秀教学质量奖候选人、优秀社会实践指导教师、优秀社会实践先进个人的重要依据。

四、根据考核结果，加强成果运用

（一）能力提升为关键

从"本科教学为本"到"学生能力为本"，再到"本科教育为本"即"以本为本"的教学理念和教育模式转变，社会实践教学的课程体系改革迎来一个崭新的春天。实践教学本身既是一个开放性的大系统，又是一个耗散性的复杂巨系统。因而，思政专业的社会实践课程建设，需要从开发到开放、实施到推进、实验与改革、深化到创新等多重演替，依然需要遵循开放办学、改革创新的教育教学规律，体现新时代应用型人才培养的基本路向。以扎实的举措推进学生实践能力培养，不论是课程设置还是教学安排，都需要注重教学技能的专项、双向，甚至是多项集成运用。

一方面，注意对学生的教师教学技能培养。不能仅仅只停留在师范专业的"三字一话"传统的教师基本功技能训练上，更多的是要根据专业核心素养要求，进行专业再生性操作技能训练，提高核心素养。这既要求教师要着重地提

---

① 李红惠. 教师教学发展中心组织的建设趋势研究 [J]. 复旦教育论坛，2013，11（1）：29-33.

高学生的创造性、生产性的智力技能训练，如中学思想政治（品德）教师调查、说课等实践环节训练，还要按照师范专业认证的"一践行三学会"标准，帮助学生进行学会教学、学会发展、学会反思综合能力提升。另一方面，社会实践教学不是片面地强调参与实践的动手能力、记忆能力培养，而是要在实践教学的课程体系中真正提高学生的实践能力与创造能力。坚持在实践基础上做到 EQ 与 IQ 并举，注重把师范专业的教学技能训练与职业素养、岗位需求，以及资格证书考试有机结合起来，将知识学习与技能训练、岗前培训与职业发展、顶岗实习与就业创业有机结合。

（二）强化素质教育

对于思政专业而言，既要重视学生的认知能力、专业技能以及社会适应协调沟通能力培养，也要重视"态度"和非专业能力的养成教育，特别是强调"做人"的教育和社会责任感。"以能力为本"的能力不仅仅是劳动者的专业基础知识、师范生的教学技能，更是以责任担当为己任、人生豁达的态度以及政治敏锐性等素质的聚合。师范生的"能力"培养，也不简单是"教学技能"训练，相反还包括思想品德、教育情怀、职业礼仪、职业观念、科学文化基础、人文素养、专业能力、身心健康、底层关怀等要求。实践教学的第二课堂课程设置，可以培养学生孜孜以求的探求真知、服务人民、与时俱进、实事求是、团队协作、拼搏奋斗以及爱岗敬业等精神。

根据师范专业认证的国家标准和基本要求，思政专业建设一定要体现学校的办学定位。按照教学内容支撑专业发展，课程设置支撑人才培养目标，教学目标达成毕业要求的反向施工原则，一定程度上讲，加强实践教学的课程设置与教学环节安排，可以在全社会形成尊重实践、崇尚实践的实践探索精神；可以在教学中将实践教学延伸至生产一线，紧密服务地方经济社会发展；做好人才培养、科学研究、文化传承以及服务社会的工作。尤其是将实践教学延伸至广大的中小学课堂，以振兴和服务乡村基础教育事业发展为己任，切实推进教育教学改革，加快区域性应用型大学建设。

当代组织分析的新制度主义理论认为，组织与制度中的文化认知性要素对于其成员而言具有最深层次的合法性。[①]试想如果不能基于共同愿景与价值观进而形成良好的文化氛围，那么组织便没有凝聚力，再好的规章制度也是摆设而已。因此，良好组织文化的形成需要进行组织愿景的规划与相关激励政策的设

---

① W·理查德·斯科特. 制度与组织——思想观念与物质利益（第 3 版）[M]. 姚伟，王黎芳，译. 北京：中国人民大学出版社，2010：8.

计，而"教学发展中心在形成全校范围内的教学组织文化中扮演着核心角色"①。组织愿景基于成员共同价值观而形成的、具有方向性与战略性，也是组织文化的重要体现。如果缺乏广泛认同的组织愿景，那么大学的教学工作就会如同一盘散沙，不仅不利于实践教学有效开展，而且也不利于学校其他教学政策与规划的执行实施。这也就造成老师缺乏归属感和荣誉感，感受不到应有的人文关怀，以及给予他们自我实现与相互提升的成就体验。而与此同时，教学中适当合理的激励制度，可以与政府及学校其他政策一起改变大学中的教学文化，使教师们感到教学工作受到共同体的重视，在教室之外他们的努力同样可以获得认可。

教师教育教学共同体建构问题，即包括教师晋升在内的、与学校整体激励机制相结合的、持久性和包容性的制度框架。传统思政专业的人才培养按照"重知识轻技能""重理论轻实践"的模式运转，教学中"学问化""理论型"过重，理论指导实践、在实践中检验理论和发展理论有待加强。教学方法上，尽管实现了理论与实践的有效融合，但学生职业技能弱化，社会适应力、就业竞争力、创新实践力以及未来发展力等双重甚至多重弱化问题不容忽视。思政专业作为一个传统的文科专业，长时间里形成的"重理论轻实践"需要加大力度改进。在未来议程中，思政专业应用型人才培养亟需加大实践课程所占权重，从过去主要依靠校团委组织实施校园文化代替实践教学的局限，让实践教学真正落实在实践上，注重内容而不是形式，有效规避实践"虚置化"、形式"表面化"、内容"空泛化"等问题。

（三）强化理论与实践有机衔接

"实践是检验真理的唯一标准"，根据这一客观的实践原则和科学判断，我们要在教学中实现应用型人才培养，始终坚持"以本为本"，在对学生进行理论教育的同时积极展开实践教育。针对人才培养中理论教学偏离具体实践的现实难题，通过加大实践教学的权重和比例，强化实践教学将理论与实践有机融合，注重提升大学生的实践能力，以服务区域基础教育和经济社会发展为宗旨，创新思政专业的实践教学模式，深化教育教学改革，以科学建构适应地方基础教育和经济社会发展需要的中小学思想政治课教师为己任。通过实践教学活动的开展，形成高素质应用型人才培养为目标的实践教学体系，培养适应教育教学改革发展的应用型人才。

---

① COOK C E, SORCINELL I M D. The importance of teaching centers[N].The chronicle of higher education, 2002-04-26（B21）.

根据实践教学的综合性、开放性、实践性特征，不论是教学环境、教学形式、教学内容、教学过程，还是结果性评价、教学环节以及教学情景的开放性，这都决定了教学中的社会调研、岗位实践、劳动锻炼、社会服务等情境性与体验性灵活多样。学习自主性，实践教学的综合性、开放性、情境性以及体验性，决定了实践教学的创新性使得教学活动充满无限的生机与活力。也正是这种生机活力在穿透理论教学思维固化的静态模式，打破理论教学单调与传统的固定教学场所，突破受教与施教的时空限制。在实践教学基础上，我们应正确理解实践教学与理论教学的互补性、实践教学与理论教学的有机衔接，强化实践教学的发展机制、运行机制和评价机制，将实践成果积极上升为理论，从而实现"理论—实践—理论再造—实践深化"的科学转换，并努力运用所学和所掌握的基本理论更好地指导具体实践。

第五节　实践教学改革深化方向、路径策略

一、从学科专业角度，突出实践教学

众所周知，思政专业是一个传统的文科专业。在本科教学阶段，要提升人才培养质量和教育教学水平，强化理论教学的掌握理解和实践检验，目的在于掌握和运用理论来解决和指导具体实践。实践教学的实践性在于有效地提升人才培养质量和水平提升，人才培养质量的提高须依托实践教学的开展来支撑与完成。根据建构主义理论，构建新型的社会实践教学模式和运用高效的实践教学技巧、手段和方法是本课题的突破和创新之一。因此，构建序列实践教学训练体系是本课题的有益尝试。我们应强化理论学习注重实践锻炼，努力培养学生的思维能力和空间观念，提高探索和解决问题的能力，经过社会实践教学开展，探索和总结实践教学的规律、途径、方式、方法和基本理念，构建科学、规范的实践教学新型模式，促进课堂教学改革。

学校坚持"理论联系实际，教学结合生产"的办学宗旨，并一直秉承这一重视实践教学的优良传统。尤其是六盘水师范学院本科教育办学合格评估4年来，随着招生人数大幅增加，学院教学经费十分紧缺，课程设置难以满足应用型人才培养需要。正是在转型发展与后发赶超中，如何开展好实践教学，构建新的实践教学体系，成为摆在传统思政专业面前应用型人才培养的一个亟待解决的重大课题。目前，我们逐步探索出"两个结合，三大体系"的实践教学模

式，基本形成一个目标明确、层次分明、系统性强的实践教学体系，有力地保证了实践教学工作顺利开展。

具体讲，"两个结合"指的是教学、科研、生产结合是其一；校内基地与校外基地相结合是其二。"三大体系"包括实践教学的内容体系、实践教学的条件保障体系和实践教学的管理体系。在实践教学目标上，学校以素质教育和能力教育为指导，以应用型创新人才培养为目标，全面培养学生的创新意识与独立实践能力。实践教学内容体系上，涵盖实践教学，教育见习、实习、研习一体化，课程设计，毕业论文；依据不同学习阶段特点，实践教学贯穿于专业学习全过程，逐步探索根据学生学习、社会实践、综合应用以及科研发展要求开设不同课程。按学生认知规律、身心发展规律，将实践教学各个环节组成一个贯穿学习全过程、全方位的实践教学体系，使实践教学有明确的教学要求和考核办法，形成教学内容前后衔接、循序渐进、层次分明的实践教学体系。

按照实践教学体系构建的具体内容和基本框架，强化思政专业学生的技能训练和劳动锻炼，帮助培养和提高学生的知识、能力以及价值观等核心素养。目的在于坚持"立德树人"这一根本任务，培养的毕业生不是一个传统的、单一的中学思想政治课教师，而是一个综合素质较高、社会适应能力较强、具有较强教学能力、教学组织管理能力、教学服务能力以及科研实践能力的综合型、应用型人才。

二、从创新思维角度，强化实践教学

创新思维是一切创新活动的开始，而大学阶段最能体现学生创新活动的教学模式，就是参加各种形式的社会实践活动。社会实践是充满生机与活力的创新性心智活动，属于精神产品范畴的活动外化。事实上，社会实践教学是创新思维的具体化和训练方式。为保障实践教学顺利开展，思政专业在应用型人才培养中根据人才培养方案和教学大纲要求，通过"举目为纲"专门制定和出台了一系列相关文件支持实践教学的开展。其目的是从根本上推动应用型人才培养和创新思维训练，强化实践育人。

从心理学角度对创新思维的理论阐释发现，所谓的创新思维是指对事物间的联系进行前所未有的思考，从而创造出新事物的思维方法，是一切具有崭新内容的思维形式的总和。它具有流动性、交通性和独创性的特性。实践教学，实质上就是借助有形的事物载体从不同的角度、观点、方法以及不同层面的思维去解决不同的经济社会发展中的实际问题。因此，思政专业的创新思维主要是针对人才培养的特殊性、综合性、复杂性，依托社会实践教学这一载体进行跨学科理论、跨专业知识、跨时空领域等，将知识迁移、技能训练和能力提升有机结合，形成应用型人才培养新模式。

三、从生活实践角度，研究实践教学

实践教学具有工具性和人文性融合发展的教学特色。因此，我们不能把实践教学当成一门课程简单地看待。而是要把社会实践教学贯穿于立德树人整个过程，并在其过程中能够将理论与实践有机结合，在实践中实现认知水平提高、沟通协调能力增强，提升解决实际问题的能力。既要把实践教学放到人才培养的高度落地生根与开花结果，又要把实践教学当成一项科学探索活动与一个教学改革的任务来积极行动。此外，还需进一步明确的是，实践是教学的实践，教学是实践的教学，二者互为补充不可偏废，更不能断章取义，只知其一不知其二。实践教学是将教学与实践有机结合，在生活中实践，在实践中教学，在教学中成长，这本身是一种较好的应用型人才培养教学模式与实践行动的体现。同时，它也较好地响应了我国著名教育家陶行知先生所提倡的"生活即教育""社会即学校"等理念。

生活即教育的实践思想，是将整个社会生活看成一个教育的对象和内容来识别。它把学校、家庭、自然、社会以及社会生活等看成教育的一个不可或缺的重要组成部分。在社会生活的大千世界里，老师、同学、集体、个人以及组织的衣食住行，甚至是媒体舆论、行为表现等均是社会实践的材料和对象。思政专业作为人文社会科学，培养的应用型人才既需要"上知天文、下知地理"，学养深厚，又能够通过内外兼修实现"专、精、深"，顶天立地。同时，需要将现实生活中的政治、经济、文化以及行为等问题以科学眼光来看待，并将其当作一个课题来观照，既体现浓浓的家国情怀和底层人文关怀，又体现民族复兴大任的历史使命与责任担当。

四、从能力提升角度，推进实践教学

从概念上讲，能力作为一种社会性存在，主要通过后天的养成、训练和培养所获。一般而言，学生的实践能力包括了观察分析、逻辑思辨、动脑动手、沟通协调、组织动员以及加工过滤等方面。能力既是一种特殊构成的社会性和自然性组合与整体性体现，也是个人技能修养与后天养成的结果和综合素质的反映。在项目研究中，通过实践教学的教学方案确定、实践环节设计、实践过程推进、实践成绩评定，以及实践成效考量等系统化建构、整体性实施、科学化执行、连续性跟进等环节，有效构成实践课程的教学生态链。经过精心设计

的实践教学方案与教学实践的积极稳妥推进，着力推进高质量的应用型人才培养，最终做到学以致用。同时，我们还可以在实践中进行调整、完善和补充，尤其是在实践教学汇总中一旦发现与实践方案设计不一致与实践效果不明显的地方，可根据实践教学安排需要对具体方案和工作实践节奏进行及时调整，最终做到内容完善和丰富发展。目的在于，实现实践过程的可视化观察、实践成效的科学化检验，以及实践教学的体系化施行。

在实践中要让学生意识到一些问题的存在，并将自己面临的问题及时地反馈给老师，并对自己的实践方式、方法、手段及思维等进行科学把握，然后将实践场域中存在的问题借助理论来指导完成，强调实事求是和实践效果检测，对不具体的或欠科学的地方进行适时调整，这有助于规避实践教学的形式化和程序化而无实质性收获的问题。如何整合实践教学的实践性与理论性，既需要进行情景预设、操作演练，又需要将实践教学在结果中可改进、可迁移和可转化。也就是说，实践教学的实践性，在于坚持实践过程可视化与可控性、实践成效可量化与可考评、实践模式可复制与可推广。

五、从激发兴趣角度，拓展实践教学

新文科建设既要加快人才培养理念转变，创新人才培养模式，激发学生学习兴趣，又要通过教学内容和课程体系改革，构建具有实践教学特色的课程体系。创新人才培养模式，并对培养目标与规格，以及与之相适应的教育教学结构方式进行改革，通过激发学生的学习兴趣，让学生在"一体两翼、三元共育、四个对接、五进五融"[①]教学环节和教学体系中，根据实情找到各自学习的兴奋点和引爆动力源。通过不同环节、类型、层次的教学设计和内容安排，构建以素质和能力培养为核心的理论与实践教学体系，形成"理论＋实践"教学特色，搭建以提高人才培养质量为核心的"立交桥"，最终帮助学生实现从理论掌握到知识转化，再到能力提升的转变。

---

① 所谓的"一体两翼"，即以专业为主体，以计算机和外语为两翼。"三元共育"即学生是一元，学校是一元，企业是一元，三元同心同力实现人才培养目标。"四个对接"即课程内容与职业标准对接、教学过程与生产过程对接、毕业证书与职业资格证书对接、学习目标与岗位任务目标对接。"五进五融"即企业文化进校园，企业文化与校园文化融合；企业人员进校园，"双师"融合；职业环境进课堂，专业能力与职业技能融合；岗位任务进教材，教学内容与岗位任务融合；工作流程进课堂，教学方法与工作流程融合。该理念来源于：于苗，魏玉娟，岳庆荣．实践育人模式下应用型高校"三学期制"改革创新研究[J]辽宁师范大学学报（社会科学版），2017，40（3）：61-65.

实践教学有助于激发学生的学习兴趣：一是实践教学的灵活性、机动性以及丰富性，二是深入实践的持续性和实践开展的多元性有助于满足学习所需和实践所要。现代心理学研究结果表明，兴趣是人们力求认识某种事物或某种活动的心理倾向。它能激发和引导人的思维和意志去探索某种事物的底蕴，而实践的好处则在于能够将之前学习和接触过的知识、观察、记忆以及印象等，通过实践环节将其再现出来。正是通过记忆和再现的形式重复和转化，直接促进智力的发展和学习效率的提高。正如爱因斯坦所言："兴趣是最好的老师。"实践教学利用实践，直接促进智力发展和学习效率提高，突破传统教学模式与教学空间的时空限制，将人、事、天气、动植物等生动地展现在学生的面前，从而丰富学生的情感活动，使其身临其境，全身心地投入情景中去认知和体悟实践教学的魅力。这样将有效地避免了枯燥的理论说教，增强教学实效性和教学生动性，以及直面社会热点、难点、痛点，甚至是盲点问题等，从而揭示其奥妙和本质，探究内在规律的教学价值和意义所在。当然，这也是社会实践教学充满无限生机和魅力的地方。

六、从理念创新角度，深化实践教学

（一）理念认知，强化为教而学

社会实践教学的开展，有效地推进了教育教学改革，使教学质量得以提高与教学效果得以及时检验。实践教学作为一种教学形式和教学安排，突出实践教学的学生主体性、议题时代性、政治敏锐性、内容主题性、逻辑自洽性、论证思辨性、形式多样性等内容，把实践教学作为教育科学理论与实践的一个重要组成部分来推进。在马克思主义语境中，始终做到坚持本体论、认识论、价值论"三位一体"，目的在于帮助学生在实践教学、创新创业、就业发展等问题上主动融入"课程思政"的教学理念，将育才与育人贯穿教学全过程。也就是说，强化社会实践教学，在人才培养中突破传统课堂理论教学的局限，有效弥补理论教学之不足。社会实践教学既是一个理念突破，也是一个行动参与；同时，它还是一个及时检验课堂理论教学成效的手段，推进了教育教学观念、教学手段和教学模式的革新。

因此，正在开展的实践教学有效地突破了师生对实践教学的认识局限和思维偏差。实践教学不是一个可有可无的东西，而是教学的一个科学化执行过程。思政专业需要及时地展开科学实践，在实践中还需要科学地把握实践教学的实践思想与精神原则。坚持以观念化为本质表征、以逻辑化为思维范式、以概念化准确表达、以行动化具体实践、以具体化为现实指向、以价值化为理想原则，推动教育教学改革和人才培养模式创新，通过实践教学的课程资源开发，真正培养具有思想性、引领性、时代性的高水平应用型人才，通过实践教学开展，培养具有时代特色、国际视野、实践导向、思想引领的中小学思想政治课"四有教师"。

（二）结构模式、方法技巧突破

思政专业作为马克思主义理论一级学科下的一个二级学科，是一个典型的文科专业。在人才培养方案中，根据课程结构和学时学分的比例分配，通过"三平台一环节"有机构成应用型人才培养体系。譬如，2021级的人才培养方案中，根据教学安排独立实践2周，占总学时1.15%，集中实践37周，占总学时21.20%，而创新创业类教学实践4周，占总学时2.29%。总体上看，实践教学环节174.5学分，占总学分的31.52%。在缺乏有效的质量标准建设前提下，实践教学环节无论是学分学时构成还是课程设置，表面上看似科学合理但实质上明显存在不应忽视的突出问题。

长期以来，由于人们对文科专业实践教学缺乏正确认知的思维定势，导致学校、学院对实践教学一直存在重视不够、投入不足，甚至是认识误区。在人才培养方案中，尽管设置了实践教学环节，但由于对实践教学认识不到位，对实践教学的重视程度不够、执行不力，加上缺乏有效的课堂教学质量监控，缺乏课程建设质量标准参照，严重弱化了实践育人的功能。不得不说，很多时候实践教学犹如形同虚设，因而也就难以实现实践育人的目标。本项目的实施，将强化实践教学的系统化推进、过程性检测，以及形成性评价，遵循教育教学规律，按照科学路径，通过系统安排形成实践教学环节的内在"闭合"，推进实践育人的自我完善、自我发展。

（三）课程设置，强化实践突破

一般而言，社会实践教学效果好，学生将获得高积分，这既是创新也是突破。课程设计的科学化、合理化，以及战略化将大大超越常见教学效果。2015年以来，学校启动实施教育教学改革。2018年，学校把教育教学改革作为"四大攻坚战"的重点之一扎实推进。陈彤等（2006）认为，高校在实践教学环节进行了有重点、分层次的改革，特别是在实践教学内容与体系、实践教学方法与手段改革方面取得了一定的成效[①]，通过调整课程设置和教学内容改革，按基

---

① 陈彤，刘维忠，苏枋，等.新疆农业大学构建实践教学体系的思路与实践[J].高等农业教育，2006（6）：16-19.

础实践、专业实践和综合实践三个层次，初步建立起贯通式、立体化和全覆盖四年的实践教学体系；通过系统性建构，形成了"四年不断线"的本科实践教学培养模式。

根据思政专业的人才培养方案，我们每年都如期开展社会实践课程教学和实践锻炼，积极组织学生到实践基地和广大的社会生产和生活中参加劳动锻炼、社会调研、教育服务等社会实践工作和学习。根据教学设计和教学任务安排和课程教学目标，总体安排如下：

大一时，让学生有目的、有计划地接触和感知经济社会问题，以有效地引导学生观察、分析经济社会发展中的热点、难点和焦点问题。大二时，结合专业基础课，组织学生参加校外社会调查、劳动锻炼、服务社会以及科学研究等活动。结合学校的大学生科研项目训练和创新创业科研计划训练项目开展，重点就自己关注的问题展开深入的社会调研和分析工作。到了大三，在专业的教育见习和实习基础上，结合实践教学的需要深层次推进社会实践课程教学和专业学习。到了大四阶段，借助社会实践课程的教学任务和时间安排，积极配合大学生科研、创新创业计划训练项目的开展，借助既有的经验、方法和实践成效，确保毕业论文有效地完成。

（四）资源整合，完善教学体系

根据实践教学的内容、任务和目标要求，实践课程建设也需靠"两条腿"才能正常走路。依托校内和校外两种实践教学资源，如校内实验室、研究中心、试验教学活动，实践课程安排等。另外，就是依托校外的国有企业、教学农场、农业园区、旅游景区、中小学、社区，以及社会服务机构等实践基地，推进实践教学有声有色地展开。

第一条"腿"是针对学校实验教学、实验室管理、教学实习、毕业设计（论文）等环节制度不够健全、工作不够规范、程序有待完善的现状，结合学校的实验室管理规章制度建设，进一步修订和制定了管理制度，建立起了教学单位的统计台账，并对基础课实验室进行管理评估。尽快启动和实施、规范全校所有实践教学大纲的制订工作，扭转了实践教学存在的问题，为学校高质量完成实践教学工作打下坚实基础。

一方面，整合全校实践教学资源，不断提高教学资源利用率，逐步改善学校实验教学条件。除每年教学常规投入外，学校应积极争取各种投资，并多方筹集建设资金用于教学科研仪器设备建设。另一方面，建议学校设立实践教学的科学研究专列项目工作，结合六盘水师范学院本科教学质量工程项目建设，鼓励开展实践教学内容和形式改革，调动广大教师从事实践教学改革的积极性。

逐步增加设计性和综合性实践课程的比重，加大操作技能培训。健全制度和规范，加强学校对实践教学的组织和指导。同时，明确各教学单位"党政一把手"为本单位实践教学质量保证"第一责任人"，积极改变实践教学领导机构缺位、组织体系涣散、责任不明状况。

第二条"腿"构建校外实践基地。校外实习基地是"理论联系实际，教学结合生产"的桥梁和载体。在建设过程中，我们积极探索出了多形式、多类型的建设模式，主要有三种类型：

一是校地共建型。学院与企业、地方政府、初级中学、社会组织等企事业单位、部门开展实践教学基地建设，便于科研合作与社会生产服务。通过联合申报社科类项目、社会服务以及理论宣讲等实践，积极参与中学课堂教学改革、中学课程内容构建等。积极参与文化建设、理论宣讲，使企业看到与学校合作在思想政治工作、项目申报、具体生产实践方面都有较大好处。同时，积极促进初级中学、企业、园区、社区，以及乡村等愿意接受教学实习、生产实习、毕业实习和社会实践等实践活动，通过实践教学，走出一条高校服务"三农"发展和地方经济社会发展、文化传承的新路。二是科研带动型。结合教师的科研工作，少数学生逐渐参与教师的科研项目，并与野玉海景区和水城县玉舍镇大田村展开长期合作。三是结合学生的科研课题和全国大学生暑期"三下乡"活动开展，使课程实习实践和毕业论文紧密结合起来，并展开科学研究，从而有效地提高实践教学效果与教学质量。

参考文献

1. 中文

[1] 郭文革. 实践教学：新内涵与新空间 [J]. 中国远程教育（综合版），2012（4）：16–17.

[2] 徐同文. 区域大学的使命 [M]. 北京：教育科学出版社，2004．7.

[3] 杜玉波. 新时代高等教育的历史方位和发展走向 [J]. 中国高教研究，2018（12）：1–4.

[4] 岳昌君，周丽萍. 中国高校毕业生就业趋势分析：2003–2017 年 [J]. 北京大学教育评论，2017，15（4）：87–106.

[5] 孙其昂. 论思想政治教育转型的风险与对策 [J]. 思想理论教育，2015（7）：52–56.

[6] 杨利伟. 叫停！这 181 所师范院校一律不得更名 [J]. 重庆与世界（学术版），2017（7）：13–14.

[7] 中共中央编译局. 马克思恩格斯选集：第 1 卷 [M]. 北京：人民出版社，1995.

[8] 李忠军. 中国梦·社会主义核心价值观·中国精神三位一体的铸魂逻辑 [J]. 社会科学战线，2015，（6）：9–15.

[9] 王武. 浅谈高校大学生社会实践的重要性探究及意义 [J]. 中国科技博览，2014（47）：3–4.

[10] 陈超，赵可. 国外大学实践教育的理念与实践 [J]. 外国教育研究，2005，11（32）：33–37.

[11] 韦玉. 论大学生社会实践教学环节的缺失 [J]. 教育教学论坛，2017（51）：35–36.

[12] 曲卫国，陈流芳. "新文科"到底是怎样的一场教学改革？[J]. 当代外语研究，2020（1）：14–25.

[13] 刘曙光. 新文科与思维方式、学术创新 [J]. 上海交通大学学报（哲学社会科学版），2020，28（2）：18–22，34.

[14] 黄启兵，田晓明．"新文科"的来源、特性及建设路径 [J].苏州大学学报（教育科学版），2020，8（2）：75-83.

[15] 樊丽明．"新文科"：时代需求与建设重点 [J].中国大学教学，2020（5）：4-8.

[16] 操太圣．知识、生活与教育的辩证：关于新文科建设之内在逻辑的思考 [J].南京社会科学，2020（2）：130-136.

[17] 马骁，李雪．创新与融合：学科视野中的"新文科"建设 [J].中国大学教学，2020（6）：31-33.

[18] 王铭玉，张涛．高校"新文科"建设：概念与行动 [N].中国社会科学报，2019-03-21（4）.

[19] 李凤亮．新文科：定义·定位·定向 [J].探索与争鸣，2020（01）：5-7.

[20] 宁琦．社会需求与新文科建设的核心任务 [J].上海交通大学学报（哲学社会科学版），2020，28（2）：13-17.

[21] 段禹，崔延强．新文科建设的理论内涵与实践路向 [J].云南师范大学学报（哲学社会科学版），2020，52（2）：149-156.

[22] 黎海波，谢健民．信管专业在新文科背景下的数据科学课程群建设研究 [J].情报科学，2020，38（8）：128-133.

[23] 夏文斌．新文科新在何处[J].石河子大学学报（哲学社会科学版），2019,33(6)：封3.

[24] 习近平．在哲学社会科学工作座谈会上的讲话 [J].人民日报，2016-5-19（2）.

[25] 郁建兴．以系统思维推进新文科建设 [J].探索与争鸣，2021（4）：72-78，178.

[26] 郁建兴．淡化学科边界，强化学术分工 [J].浙江社会科学，2007（4）：19-21.

[27] 托马斯·库恩．科学革命的结构 [M].金吾伦，胡新和，译．北京：北京大学出版社，2003，149.

[28] 托马斯·库恩．必要的张力 [M].纪树立，范岱山，罗慧生，译．福州：福建人民出版社，1981.

[29] 张绪清．"三变"改革的中国特色社会主义政治经济学理论与实践 [J].世界经济探索，2021，10（2）：9-16.

[30] 郁建兴．寻求具有全球一以的本土性 [J].中国书评，2005（3）：104-109.

[31] 陈凡，何俊．新文科：本质、内涵和建设思路 [J].杭州师范大学学报（社会科学版）.2020，42（1）：7-11.

[32] 郁建兴，江华.中国社会科学自主性：一种全球性视野 [J].复旦学报（社会科学版），2006（3）：58–67.

[33] 华勒斯坦，儒玛，凯勒，等.开放社会科学 [M].刘锋，译.北京：生活·读书·新知三联书店，1997.

[34] 吴岩.加强新文科建设 培养新时代新闻传播人才 [J].中国编辑，2019（2）：4–8.

[35] 黄铭，何宛怿.在新文科建设中强化价值引领 [J].中国高等教育，2021（7）：56–58.

[36] 叶忠海，陈子良，缪克成，等.人才学概论 [M].长沙：湖南人民出版社，1983.

[37] 孙瑕，白东明.领导科学辞典 [M].长春：东北师范大学出版社，1988.

[38] 王通讯.人才学通论 [M].北京：中国社会科学出版社，2001

[39] 叶忠海.新编人才学通论 [M].北京：党建读物出版社，2013.

[40] 斯大林.斯大林选集：下卷 [M].北京：人民出版社，1979.

[41] 毛泽东.毛泽东选集：第 2 卷 [M].北京：人民出版社，1991.

[42] 胡锦涛文选第 2 卷 [M].北京：人民出版社，2006.

[43] 董博.中国人才发展治理及其体系构建研究 [D].长春：吉林大学，2019.

[44] 顾明远.教育大辞典（增订合编本）[M].上海：上海教育出版社，1998.

[45] 叶澜.实现转型：新世纪初中国学校变革的走向 [J].探索与争鸣，2002（7）：10–14.

[46] 刘仲林.现代交叉科学 [M].杭州：浙江教育出版社，1998.

[47] 钱伟长.论教育 [M].上海：上海大学出版社，2006.

[48] 李佳敏.跨界与融合：基于学科交叉的大学人才培养研究 [D].上海：华东师范大学，2014.

[49] 周杰，林伟川.地方院校新文科专业建设的掣肘及路径 [J].教育评论，2019（8）：60–65.

[50] 潘懋元.什么是应用型本科 [J].高教探索，2010（1）：10–11.

[51] 张念宏.中国教育百科全书 [M].北京：海洋出版社，1991.

[52] 郭水兰.实践教学的内涵与外延 [J].广西社会科学，2004（10）：186–187.

[53] 彭继红，伍屏芝.前移后拓：构建师范大学思想政治教育专业四年连续性实践教学体系初探 [J].当代教育论坛，2012（5）：28–33.

[54] 蔡则祥，刘海燕.实践教学理论研究的几个角度 [J].中国大学教学，2007（3）：79–80.

[55] 李剑萍.大学教学论 [M].济南：山东大学出版社，2008.

[56] 陈威.建构主义学习理论综述 [J].学术交流，2007（3）：175–177.

[57] 覃志敏.建构主义学习理论对社会工作教学实践的影响 [J].亚太教育，2016（10）：246–247.

[58] 杨维东，贾楠.建构主义学习理论述评 [J].理论导刊，2011（5）：77–80.

[59] 何兵，王青青.从表象知识观到实践知识观——库恩哲学革命的意义 [J].重庆大学学报（社会科学版），2008，14（3）：107–110.

[60] 中共中央编译局.马克思恩格斯选集：第一卷 [M].北京：人民出版社，1972.

[61] 中共中央编译局.马克思恩格斯全集：第46卷（上）[M].北京：人民出版社，1979.

[62] 中共中央编译局.马克思恩格斯全集：第3卷 [M].北京：人民出版社，1974.

[63] 毛泽东.毛泽东选集：第1卷 [M].北京：人民出版社，1991.

[64] 唐文中.教学论 [M].哈尔滨：黑龙江教育出版社，1990.

[65] 张英彦.实践教学的理论基础探析 [J].中国大学教学，2006（6）：50–52

[66] 石中英.知识转型与教育改革 [M].北京：教育科学出版社，2001.

[67] 陈佑清.论活动于发展之间的相关对应性 [J].教育研究，2005（2）：77–82.

[68] 泰勒.课程与教学的原理 [M].北京：人民教育出版社，1994.

[69] 郭本禹.当代心理学的新进展 [M].济南：山东教育出版社，2004.

[70] 陶行知.陶行知全集：第3卷 [M].成都：四川教育出版社，1997.

[71] 宋晓玲，王娟.略论高校思想政治理论课实践教学的理论依据 [J].科技致富向导，2008（6）：13–14.

[72] 鞠巍.高校实践教学理论初探 [J].学理论，2012（33）：227–228.

[73] 赵晖，王和强.实践教学与理论教学的异质性辨析 [J].教育探索，2013（9）：4–5.

[74] 甄阜铭.理论教学与实践教学的同构关系 [J].现代教育科学（高教研究）2011（5）：79–80.

[75] 庄西真.学做技术工人——从职业技术学校到工厂过渡的实证研究 [M].北京：外语教学与研究出版社，2010.

[76] 张秀芳，付方方.国外实践教学经验对我国国贸专业本科实践教学体系构建的启示 [J].对外经贸，2016（2）：124–126.

[77] 白云，王环．思想政治理论课社会实践教学的思考与建议 [J]. 当代教育科学，2012（15）：61–62.

[78] 宇文利．现代思想政治教育课程论 [M]. 北京：北京大学出版社，2012.

[79] 陈松林，熊希玲．高校"思政课"社会实践教学的目标和原则新论 [J]. 长江大学学报（社会科学版），2014，37（5）：149–151.

[80] 田莉，柏洁茹．美国高校实践教学与我国高校思想政治理论课实践教学对比研究 [J]. 黑河学刊，2017（5）：132–133.

[81] 丽莎·麦克劳德–钱布利斯，邢宽，李欣樾．美国的社会学科教学实践 [J]. 中学历史教学，2016（1）：22–24.

[82] 张晓燕，俎文红．美国高等院校实践教学模式对我国高校的启示 [J]. 陕西教育：高教版，2016（3）：32–33.

[83] 陈园园，时伟．国外大学实践教学的模式与借鉴 [J]. 煤炭高等教育，2012，30（4）：38–41.

[84] 翁玮，张超，刘俊伯．国外实践教学经验探析 [J]. 价值工程，2016（31）：194–197.

[85] 陈超，赵可．国外大学实践教育的理念与实践 [J]. 外国教育研究，2005，32（11）：33–38.

[86] 别敦荣，李晓婷．麻省理工学院的发展历程、教育理念及其启示 [J]. 高等理科教育，2011（2）：52–60.

[87] 黄继英．国外大学的实践教学及其启示 [J]. 清华大学教育研究，2006，27（4）：95–98.

[88] 熊川武．实践教育学 [M]. 上海：上海教育出版社，2001.

[89] 江捷．英国高校实践教学的启示 [J]. 理工高教研究，2007，26（3）：40–41.

[90] 张翠琴．德国应用科技大学（FH）研究 [D]. 重庆：西南大学，2008.

[91] 程建芳．借鉴国外经验强化应用型本科教育实践教学 [J]. 中国高教研究，2007（8）：54–55.

[92] 谢三山，陈春霞，廖忠诚．德国双元制对我校汽车维修类专业教改的启示 [J]. 成都电子机械高等专科学校学报，2008（2）：40 － 43.

[93] 陶行知．教学做合一 [M]// 陶行知全集（第 2 卷）[M]. 成都：四川教育出版社，1991：124–127.

[94] 孔繁森,王瑞.实践教学体系的框架模型研究[J].高等工程教育研究,2017(5): 135-139.

[95] 孙芳芳,高曦.国外社会实践教学的历史沿革[J].西江月,2014（6）：83, 85.

[96] 肖朗,叶志坚.赫尔巴特实践哲学的教育学意蕴——以赫尔巴特与康德的思想关联为考察中心[J].中国教育科学,2014（2）：127-143,126,234.

[97] 陈裕先.德国应用科技大学实践教学模式及其对我国应用型本科教育的启示[J].国家教育行政学院学报,2015（5）：84-89.

[98] 张雪梅.构建三维开放式国际经济与贸易专业实践教学体系的探索——以仰恩大学为例[J].学术问题研究,2017（1）：59-64.

[99] 于苗,魏玉娟,岳庆荣.实践育人模式下应用型高校"三学期制"改革创新研究[J].辽宁师范大学学报（社会科学版）,2017,40（3）：61-65.

[100] 严怡,何晓阳.三学期制：高校学期制改革的反思与前瞻[J].西南农业大学学报（社会科学版）,2012（2）：177-180.

[101] 胡晓红,李美希.空间、时间、技术三位一体的教学实践探索——基于美国密西根大学的教学观察[J].教育理论与实践,2018,38（30）：38-40.

[102] 胡晓红.向学而教：培养创造性思维的教学策略——基于美国密歇根大学《女性学》课堂的教学观察[J].外国教育研究,2016,43（3）：82-93.

[103] 康燕,方建斌.高校思想政治理论课社会实践教学效果调查与分析——以西北农林科技大学为例[J]黑龙江教育（高教研究与评估版）,2014（10）：10-11.

[104] 冯艾,范冰.大学生社会实践导读[M].北京：社会科学文献出版社,2005.

[105] 唐慧玲.以实践育人为核心的思想政治教育专业课程体系优化研究[J].学校党建与思想教育,2016（23）：49-50.

[106] 郭艳丽.思想政治教育专业实践教学体系构建的几点思考[J].前沿,2013（1）：161-162.

[107] 叶方兴.论思想政治教育课程体系与教学策略的专业化建构——以思想政治教育本科专业学生的专业意识培养为中心[J].思想政治课研究,2018（6）：39-42,158.

[108] 宿美玲,汤瑞,谢旭光.大学生专业性社会实践提升实践育人效能探究[J].教育教学论坛,2017（27）：5-7.

[109] 钟华，范虹 . 目前高校思想政治教育专业实践教学存在的问题及对策 [J].
云梦学刊，2012，33（4）：125-127.

[110] 郑世冰，曾令辉，黄玮琍 . 思想政治教育专业实践性教学模式面临的困境及
其解决对策 [J]. 广西师范学院学报（哲学社会科学版），2012，33（4）：
83-86.

[111] 贾廷秀 . 思想政治教育专业实践教学体系改革研究 [J]. 长江大学学报（社会
科学版），2012，35（7）：98-100.

[112] 冯振强 . 地方普通本科高校思想政治教育专业实践教学体制的设计思路 [J].
学校党建与思想教育，2014（12）：37-38.

[113] 柯新凡 . 理论—训练—实践—反馈：思想政治教育专业学生教学能力提升路
径 [J]. 高教学刊，2017（10）：163-164.

[114] 田起香，刘少宝，宋跃芬 . "顶岗实习"实践教学模式探究——以思想政治
教育专业师范生为例 [J]. 教育探索，2019（1）：108-111.

[115] 麻陆东 . 思想政治教育专业"全程实践教学模式"实施路径研究——以河南
省部分师范院校为例 [J]. 现代教育科学（高教研究），2014（5）：133-137.

[116] 吴敏，唐凯兴 . 新建高等本科院校教学实践的困境与出路探究——以思想政
治教育专业为例 [J]. 吉林广播电视大学学报，2015（3）：38-39.

[117] 孔凡莉，于云海 . 浅析地方高校的社会职责及区域分工 [J]. 黑龙江高教研究，
2000（2）：97-98.

[118] 陶丹 . 地方高校产学研"I-U-R"协同创新机制研究 [D]. 重庆：西南大学，
2019.

[119] 蔡宗模，张海生，吴朝平，等 . 地方高校的区域化行动：泛在化与再地化 [J].
教育发展研究，2018，38（13）：67-76.

[120] 共中央中编译局 . 列宁选集：第 4 卷 [M]. 北京：人民出版社，1972.

[121] 田建国，韩延明 . 大学教育现代化 [M]. 济南：山东教育出版社，1999.

[122] 吴松，沈紫金 . WTO 与中国高等教育发展 [M]. 北京：北京理工大学出版社，
2002.

[123] 国家高级教育行政学院 . 中国高等教育体制改革 [M]. 北京：人民教育出版社，
2001.

[124] 朱国仁 . 高等学校职能论 [M]. 哈尔滨：黑龙江教育出版社，1999.

[125] 叶芃 . 地方高校定位研究 [D]. 武汉：华中科技大学，2005.

[126] 贾艳瑞，曾路．定位理论研究中的几个关键问题 [J]．商业研究，2002（2）：15-17．

[127] 项文彪．试论定位理论指导下的大学定位 [J]．江西财经大学学报，2003（5）：114-116．

[128] 周绍森，储节旺．地方高校如何走出误区科学定位 [J]．中国高等教育，2004,25（2）：8-10．

[129] 宋保忠．关于高等学校定位的理性思考 [J]．陕西教育学院学报，2003，19（4）：5-8．

[130] 郭桂英．在全面建设小康社会中地方高校的使命及其办学特征 [J]．扬州大学学报（高教研究版），2004,8（4）：13-18．

[131] 吴家玮．世界一流大学要找准自己的定位 [N]．中国青年报，2001-05-24（1）．

[132] 眭依凡．大学校长的教育理念与治校 [M]．北京：人民教育出版社，2001．

[133] 李福华．高等学校定位的几个问题 [J]．中国高教研究，2001（11）：74-75．

[134] 赵恒平，雷卫平．人才学概论 [M]．武汉：武汉理工大学出版社，2009．

[135] 郭世田．当代中国创新型人才发展问题研究 [D]．济南：山东大学，2012：20．

[136] 刘绍春．我国近代人才观的演变及启示 [J]．国家教育行政学院学报，2004(3)：30-34．

[137] 黄津孚．人才是高素质的人——关于人才的概念 [J]．中国人才，2001（11）：31．

[138] 罗洪铁．再论人才定义的实质问题 [J]．中国人才，2002（3）：23-24．

[139] 吴巧慧，邢培正．应用型本科人才培养模式研究与实践 [M]，北京：中国轻工业出版社，2011（1）．

[140] 潘懋元，车如山．略论应用型本科院校的定位 [J]．高等教育研究，2009，30（5）：35-38．

[141] 朱建新．地方应用型大学变革研究——以 X 学院为例 [D]．杭州：浙江大学，2019．

[142] 谢维和，文雯，李乐夫．中国高等教育大众化进程中的结构分析 [M]．北京：教育科学出版社，2007．

[143] 田映华，桂乐政．中国高等教育大众化的潜在矛盾 [J]．高等工程教育研究，2007（4）：64-66．

[144] 刘华. 应用型本科人才培养中存在的问题与对策研究 [D]. 重庆：西南大学，2010.

[145] 龚震伟. 应用型本科应重视创造性的培养 [J]. 江南论坛，1998（3）：41.

[146] 江小明. 积极探索加速发展应用型本科教育 [J]. 中国大学教学，2010（5）：26-27.

[147] 王硕旺，蔡宗模. 应用型大学的缘起、谱系与现实问题 [J]. 重庆高教研究，2016,4（2）：22-29.

[148] 阿什比. 科技发达时代的大学教育 [M]. 滕大春，滕大生，译. 北京：人民教育出版社. 1983.

[149] 伯顿·克拉克. 高等教育新论——多学科的研究 [M]. 王承绪，徐辉，郑继伟，译. 杭州：浙江教育出版社，2001.

[150] 奥尔格·皮希特. 德国教育的危难 [M]// 瞿葆奎. 联邦德国教育改革（教育学文集第 21 卷）北京：人民教育出版社，1991.

[151] 潘黎，刘元芳，霍尔斯特·赫磊. 德国建设"高等教育强国"之启示——德国高等教育机构的分层与分类 [J]. 清华大学教育研究，2008，29（4）：43-48.

[152] 刘献君. 建设教学服务型大学——兼论高等学校分类 [J]. 教育研究，2007（7）：31-35.

[153] 教育部思想政治工作司. 加强和改进大学生思想政治教育重要文献选编（1978—2008）[M]. 北京：中国人民大学出版社，2008.

[154] 彭涛，黄少成. 思想政治教育专业建设发展历程溯源及其启示 [J]. 学校党建与思想教育，2016（15）：18-22.

[155] 冯建军. 教育转型与教育学转型——基于新中国教育的考察 [J]. 河南大学学报（社会科学版），2012（3）：133-142.

[156] 冯建军. 论当代中国教育的双重转型［J］. 南京师大学报（社会科学版），2011（3）：104-109.

[157] 冯建军. 教育转型·人的转型·公民教育 [J]. 高等教育研究，2012（4）：9-15.

[158] 王建华. 论观念变迁与教育转型 [J]. 教育导刊，2010（9）：5-9.

[159] 王建华. 论制度变迁与教育转型 [J]. 教育导刊，2011（1）：5-9.

[160] 王建华. 论权力转移与教育转型 [J]. 复旦教育论坛，2011（1）：28-32.

[161] 胡建华. 论近年来的我国高等教育转型 [J]. 南京师大学报（社会科学版），2008（6）：74-79.

[162] 龚放 . 大学教育的转型与变革 [M].青岛：中国海洋大学出版社，2009.

[163] 王建华 . 我们时代的大学转型 [M].北京：教育科学出版社，2012.

[164] 赵宏强 . 高等教育转型的取向与路径 [M].北京：北京理工大学出版社，2011.

[165] 孙长智 . 中国高等教育转型矛盾的哲学反思 [D].长春：吉林大学，2007.

[166] 谢军 . 新建应用型本科高校"双师型"教师队伍建设研究——以 S 省"转型试点"高校为例 [D].西安：陕西师范大学，2019.

[167] 胡建华，王建华，王全林，等 . 大学制度改革论 [M]. 南京：南京师范大学出版社，2006.

[168] 道格拉斯·诺思 .陈郁，罗华平，译 . 经济史中的结构与变迁 [M].上海：上海人民出版社，1994.

[169] 阎光才 .大学组织的管理特征探析 [J]. 高等教育研究，2000，21（4）：53-57.

[170] 李伟 .借鉴、传承与发展——北京电影学院与美国综合大学影视制作专业的实践教学比较 [J].北京电影学院学报，2012（3）：11-16.

[171] 李白鹤 .迈克尔·波兰尼自由思想的理论逻辑 [J].广西师范大学学报（哲学社会科学版），2011，47（6）：31-35.

[172] 刘洋 .大学生社会实践课程化建设探究 [J].中国校外教育，2014（12）：48.

[173] 皮埃尔·布迪厄，华康德 . 实践与反思：反思社会学导引 [M].北京：中央编译出版社，2004.

[174] 张晋，马庆发 .高职实践教学的理论基础研究 [J].河北师范大学学报（教育科学版），2008，10（1）：127-131.

[175] 钟志贤 .面向知识时代的教学设计框架——促进学习者发展 [M].北京：中国社会科学出版社，2006.

[176] 陈亚绒，周宏明，付培红，等 .应用型工业工程专业人才培养的实践教学研究 [J].中国成人教育，2008（18）：147-148.

[177] 刘丽萍 .社会实践教学与大学生综合能力培养 [J]. 实验室研究与探索，2017，36（4）：212-214.

[178] 朱鹏，赵绍成 .开展研究性实践教学，创新实践教育模式 [J].西南农业大学学报（社会科学版），2009，7（5）：212-215.

[179] 周婧，高印寒 .创新实践教学 探索产学研合作的新途径 [J].实验室研究与探索，2011，30（5）：94-96，103.

[180] 周春晔.思想政治教育专业实践教学体系构建的思考[J].上饶师范学院学报，2017，37（4）：110-1154.

[181] 游柱然，胡英姿.体验与建构——当代美国高校实践教学研究[M].北京：中国社会科学出版社，2014.

[182] 吕丹，高鸣.社会科学类研究生实践教学体系构建[J].长春大学学报，2016，26（4）：90-94.

[183] 何玉长，赵玮，胡月，等."三位一体"教学质量内部评估模式的探索与思考[J].上海教育评估研究，2013（2）：55-59.

[184] 赵琳.从教育质量自我保障机制透视现代大学制度——以加州大学伯克利分校为例[J].清华大学教育研究，2010，31（4）：100-106，120.

[185] 张熙.分布式领导视域下高校教师教学发展的组织建设[J].高校教育管理，2017,11（5）：102-109.

[186] 刘丹.浅析高校教师发展中心的活动参与度问题[J].中国电力教育，2014（3）：160-162.

[187] 吴文胜.高校教师专业发展的困惑与挑战[J].当代教师教育，2009，2（2）：40-45.

[188] 吴洪富.高校教师教学发展中心的实践课题[J].高等教育研究，2014，35（3）：45-53.

[189] 李红惠.教师教学发展中心组织的建设趋势研究[J].复旦教育论坛，2013，11（1）：29-33.

[190] W·理查德·斯科特.制度与组织——思想观念与物质利益（第3版）[M].姚伟，王黎芳，译.北京：中国人民大学出版社，2010.

2.英文

[1] GIBBONS M. The university as an instrument for the development of science and basic research: The implications of mode 2 science[M]//DILL D D, SPORN B. Emerging patterns of social demand and university reform: Through a glass darkly. Paris: IAU Press, 1995.

[2] CARAYANNIS E G, CAMPBELL D F J. Mode 3 knowledge production in quadruple helix innovation systems: 21st-century democracy, innovation, and entrepreneurship for Development[M]. New York: Springer, 2012.

[3] DRUKER P F. The Practice of Management[M]. New York: Harper & Brothers, 1954.

[4] SCHULTZ T. P. Wage gains associated with height as a form of health human capital[J].American Economic Review, 2002, 92 (2): 349-353.

[5] DEWEY. Democracy and education, An introduction to the philosophy of education[M]. New York: Macmillan, 1916.

[6] COREORAM T, MOSHER F A, ROGAT A. Learning progression in science: An evidence—based approach to reform[R]. Philadelphia: Consortium for Policy Research in Education, 2009.

[7] ROUSE J. Knowledge and power: Toward a political philosophy of science[M]. Ithaca: Cornell University Press, 1987.

[8] BROWNBILL R J. Education and the nature of knowledge[M]. London: Biddles Ltd, 1983.

[9] R L E. Practical education [EB/OL].[2004-11-24]. Http://www. nal.vam.ac.uk./miniature libraries/practical eduction.htm.

[10] Council of Chief State School Officers. Common core state standards. Washington, D.C.: National Governors Association Center for Best Practices, 2010.

[11] Developing state and local social studies standards[M]. Silver Springs, MD: National Council for the Social Studies, 2014.

[12] Kathy Swan, Keith C Barton, Stephen Buckles, Flannery Burke, Meira Levinson. The college, career, and civic life (C3) framework for social studies state standards: Guidance for enhancing the rigor of K-12 civics, economics, geography, and history[M]. Silver Springs, MD: National Council for the Social Studies (NCSS), 2013.

[13] MCTIGHE J, SIEF E. " A summary of underlying theory and research base for understanding by design.2003, Retrieved from[EB/OB].http: //jaymctighe.com.

[14] WIGGINS G P, MCTIGHE J. Understanding by design[M].alexandria, VA: Association for Supervision and Curriculum Development, 1998.

[15] WIGGINS G P, MCTIGHE J. Understanding by design[M]. 2nd ed. Alexandria, VA: Association for Supervision and Curriculum Development, 2005.

[16] TILLEMA H H, KESSELSJ W M, EMEIJERS F. Competencies as building blocks integrating assessment with instruction vocational education: a case from the Netherlands[J]. Assessment & Evaluation in Higher Education, 2000, 25 (3): 265-278.

[17] VEST C. Pursing the endless frontier: Essays on MIT and the role of research university[M]. Cambridge, MA: MIT Press, 2004.

[18] R AI, T J.Positioning is a game people play in today in today' s me-too marketplace[J]. Industrial Marketing,1969(6): 89.

[19] COOK C E, SORCINELL I M D. The importance of teaching centers[N].The chronicle of higher education, 2002-04-26 (B21).

后 记

远行，注定奔着目标前进；教育改革，永远在路上！

社会实践教学的开展，打破了传统课堂理论教学的固有思维和教学模式。本研究经过 4 年多的探索实践，通过系统性推进与结构化建构，为课堂教学改革提供了一定的借鉴与思考。

当初选题，笔者怀着对教育事业的热爱，怀着对"三尺讲台"的敬畏，更不甘心于"一知半解"的教学。在高校转型发展中，思考教育的改革发展问题不仅关乎自己的饭碗，更关乎千家万户对教育的期待以及对子女未来的期盼——每个家庭都期待着读书的孩子有一个好的未来。经过探索与实践，应用型人才培养在摸索中前行，推进理论与实践融合；改革创新，行走在教与学之间；问计课堂，在互动中实现育人目标。

的确，从初中一年级班主任龙莲云老师在班会课上让每个人谈自己的理想和未来从事的职业开始，我就想长大后也像老师一样当一名教师。从那时起的初心梦想、欢喜热爱，到大学毕业后的职业选择，教书作为自己一生的事业满怀希冀蹒跚而行。随着年龄的增长，我越来越感到教师的责任重大，于教育而言何曾松懈，不敢也更不能松懈。我深刻地体悟到，教育带给千家万户的是一代人、两代人，甚至是几代人的辛苦、努力、期盼与希望。过了"不惑之年"更加深感教育的担子越来越沉，不敢松懈也害怕自己的无知而误人子弟。扎根一线教学的实践中，学术研究也就源起于学生的就业发展，对教育事业发展中的困惑与焦虑、煎熬与酸楚、思考与追问。可以说，追问既是职业成长的生存空间与奋进的目标归向，也是求解于教学相长的理论与实践，以达到"正人先正己"的目的。伴随高教改革的深入推进，越来越感到教师这个职业从外部到内在、从理论到实践、从思维到行动要求都越来越高。

在新时代、新文科、新形势下，要真正"教好书""育好人"，我时刻感觉如履薄冰，内心甚是诚惶诚恐。因为在万物皆流一切皆变的时代，工具异化与工具理性正在快速改变教育方式，变革教育理念使其价值理性被动牵引，但自己深知唯一不变的就是变革已经到来，且比以往任何时代都更加迅猛。传统教育教学的理念、思维、工具、方法正面临巨大挑战，传统文科专业尤其如此。

正是在转型发展背景下，从当初对学生的学习思考、教学思考、就业思考，到学生的未来发展，再到所在的教学系专业生存、教育事业发展。事实上，深入思考这一切亦关乎自己的生存问题、职业生命和事业人生。因为自己所教的学生90%来自农村，家庭条件和经济条件并不殷实，自己也深刻地理解农村孩子通过"读书改变命运"的道理。在困惑纠结中，笔者开始了本项目探究。从最初的问题困惑到教学开展，从实践推进到问题解答，从选题论证到具体实践，从研究测量到跟踪观测，从数据检验到能力形成，4年来，因教而变，因学而改。教学中的困惑与跋涉，既有个人的疑虑、纠结与追问，也有同行、家长、学生、社会等对专业发展的审慎考量与急迫求解。

在实践教学中，笔者时常感到理论的认知与转化能力亟待提升，与学生一样面对社会需求和岗位能力要求，强烈地感到知识的匮乏和转化力度较弱，带来了"无力感"的冲击，更深刻地领悟"纸上得来终觉浅"的道理。在改革实践中，所思、所想、所获不仅需要回应时代之问和社会需求，更要自觉地运用理论回应学生的密切关注与现实追问，努力推动教学相长与实践教学的生态位构建。同时，大学转型发展中"压力"与跟上时代步伐的"紧迫感"，既要牵引学子"韬略终须建新国，奋起还得读良书"，更要以家国情怀体悟"行是知之始，知是行之成"的结果，助推实践教学走向专业化、科学化，从学科发展角度、哲学思辨维度、理论实践厚度、实践创新宽度培养应用型人才，对当下生存与未来发展予以观照，诠释教育者的责任与使命担当。

实践教学是一个实现知识理解、运用转化、知识生成与能力发展的科学过程，思维视角遵循由近及远、由浅入深，由内向外，由表及里的基本规律。4年多的探索实践，思政专业应用型人才培养稳步前行，总体上成效是显著的，但不足也是明显的。就是说，应用型人才培养要回答"钱学森之问"还有很长的路要走。新文科建设背景下，推进思政专业特色化发展，需要按照OBE理念，以师范专业认证为导向，开展对标对表建设。其目的是为"中国凉都"六盘水培养合格的中学思政课教师。唯有立足现实中国、面向开放世界，观照教育事业，着眼未来发展，方能行稳致远。因此，我们应加强实践教学的前瞻性、系统性、集成性理论与实践研究，以全球视野观照当下的高等教育改革发展新形势，以中国立场的学术向度加以诠释，力求推进理论与实践创新，以审慎态度与科学理性促进应用型人才培养。

但就深化实践教学而言，从系统化、理论化角度丰富完善其理论与实践，如何"总结→应用→推广"实践教学的改革经验，按照学校建设区域性高水平应用型大学的顶层设计办学目标定位深化应用型人才培养，这是一项重要的时代课题和一个重大的理论问题。改革路上道阻且长，出路与希望仍在改革本身，守初心、担使命，吾辈愿与同仁执着前行。

张绪清

深夜于凉都

2021.8.31